GISELA BECKER

Deutsche Juristen und ihre Schriften auf den römischen Indices des 16. Jahrhunderts

Schriften zur Rechtsgeschichte

Heft 1

Deutsche Juristen und ihre Schriften auf den römischen Indices des 16. Jahrhunderts

Von

Dr. Gisela Becker

DUNCKER & HUMBLOT / BERLIN

Gedruckt 1970 bei Alb. Sayffaerth, Berlin 61
Printed in Germany

Vorwort

Die Anregung zum Thema verdanke ich Herrn Professor Dr. Hans Thieme in Freiburg i. Br., dem ich für die damit verbundene Förderung sehr verpflichtet bin.

Für den Fortgang der Arbeit sind die zahlreichen Gespräche mit meinem Vater und anderen Wissenschaftlern, die Korrespondenzen mit mehreren Rechtshistorikern und Theologen sowie Literaturvermittlungen durch die Universitätsbibliothek Heidelberg und die Pfälzische Landesbibliothek in Speyer nützlich gewesen. Mein Dank gilt insbesondere auch dem Inhaber des Verlages Duncker & Humblot, Herrn Ministerialrat a. D. Dr. Johannes Broermann, und der Wissenschaftlichen Gesellschaft in Freiburg i. Br., die den Druck der Arbeit ermöglicht haben.

Gisela Becker

Inhaltsverzeichnis

A. Einleitung

Die vorliegende Arbeit möchte ein Beitrag zur deutschen Rechtsgeschichte sein, auch wenn sie sich in erheblichem Maße der Kirchenrechtsgeschichte bedient. Sie will in erster Linie den Konflikt deutscher Juristen darstellen, der zu den kirchlichen Bücherverboten auf den römischen Indices von 1558/59, 1564, 1589/90 und 1595/96 geführt hat. Dabei kann es sich aber weder darum handeln, Stintzing's wertvolle Forschungen zur Geschichte der deutschen Rechtswissenschaft des 16. Jahrhunderts zu wiederholen, noch etwa Reuschs einmalige Darstellung der römischen Indices wiederzugeben, so unverzichtbar die Anknüpfung an beide gewesen ist. Das Ziel der vorliegenden Untersuchung ist enger begrenzt.

Sie will hauptsächlich erstmals ermitteln, welche deutschen Juristen mit allen Schriften oder mit Einzelschriften im Zeitalter der Reformation und Gegenreformation durch die römisch-katholische Kirche verboten worden sind, wie die Kirche solche Verbote gerechtfertigt hat, und welche Gründe allgemein und im Einzelfall für die Verbote maßgebend gewesen sind. Die Verwirklichung dieser Absicht bringt Schwierigkeiten mit sich, weil die Ermittlung in Anbetracht der Umstände vielleicht nicht lückenlos, die Rechtfertigung — trotz der vergleichenden Praxis der weltlichen Obrigkeit und anderer Kirchen — umstritten und die Begründung im konkreten Fall vorläufig nicht überprüfbar ist, da die beantragte Akteneinsicht in Rom und die dort erbetenen Auskünfte nicht zustandegekommen sind.

Die seltenen Hinweise auf die Indizierung bestimmter deutscher Juristen oder ihrer Schriften in der Literatur sind so zufällig und ergänzungsbedürftig sowie zum Teil fehlerhaft und ungenau, daß hieraus eine Übersicht etwa über Umfang, Art und Dauer dieser Verbote nicht zu gewinnen ist. Noch viel mehr gilt dies von den Gründen der Indizierung, die aus den Akten nicht zu erfahren sind. Ob in den Akten ein Verbot ausführlich schriftlich begründet ist, ob wenigstens das Ergebnis der Überprüfung festgehalten ist oder ob statt dessen die Zuweisung zu einer der drei Indexklassen jede Begründung ersetzt, kann mit Sicherheit nicht gesagt werden. Es muß auch für diese Zeit mit einem sehr unterschiedlichen Verfahren gerechnet werden, weil außer der Übernahme von Indizierungen aus Verbotskatalogen lokaler und territorialer Instanzen auch Verbotsverschärfungen, Milderungen und Streichungen früherer Verbote anzutreffen sind; dazu kommen solche Verbote, die erstmals ausgesprochen werden. Wenn man die in der Zeit bis 1596 gewaltig steigende Zahl von Skripten, Flugschriften Briefen und Büchern berücksichtigt und wenn man die Einbeziehung sämtlicher Äußerungen auf allen Gebieten der damals bekannten und zugänglichen Teile der Welt in Betracht zieht, so kann ja der Index überhaupt nur eine mehr oder weniger zufällige Auswahl verbotener Schriften enthalten. Deshalb sind nach Korrekturen des ersten römischen „Index autorum et librorum" von 1558/59 dem zweiten römischen „Index librorum prohibitorum" von 1564 zehn „allgemeine Regeln" für das Leseverbot von Schriften vorangestellt worden, die von den Gläubigen beachtet werden sollten. Damit ist aber nicht gesagt, daß diese allgemeinen Regeln wirklich auch für sämtliche Indexverbote des 16. Jahrhunderts maßgeblich gewesen sind, vielmehr können solche Verbote auch unter ganz anderen Gesichtspunkten erlassen worden sein.

Vermag somit die Überprüfung der indizierten deutschen Juristen und ihrer Schriften im Hinblick auf die „allgemeinen Regeln" nur unter Vorbehalten zu erfolgen, so können doch vielfach unternommene Korrektur- und Expurgationsversuche zusätzliche Hinweise für die Gründe eines Bücherverbots bieten, wenn sie auch überwiegend nicht für die ganze Kirche verbindlich gewesen sind, denn die römisch-katholische Kirche selber ist mit solchen Expurgationen äußerst zurückhaltend verfahren.

Ferner bleibt als Hauptanhaltspunkt für die Begründung von Indexverboten die Klasseneinteilung der Indices des 16. Jahrhunderts in die erste Klasse der Häresiarchen und Häretiker mit dem Verbot aller vorhandenen und zukünftigen Schriften, die zweite Klasse mit einzelnen Bücherverboten und die dritte Klasse mit den verbotenen Schriften ungenannter Autoren.

Es muß somit auch ganz allgemein der kirchlichen Rechtfertigung von Bücherverboten und überhaupt der Frage nach Rechtsnatur und Rechtssystematik der Indices und nach Wandlungen in der Auffassung hierüber eine um so größere Bedeutung zukommen, als die Gründe im einzelnen Fall ungenannt geblieben und für den Bearbeiter unzugänglich sind.

Die Bibliographie der verbotenen Bücher deutscher Juristen muß lückenhaft bleiben, soweit auf den Indices nur die Namen der Autoren ohne ihre Schriften genannt sind, wobei die Identifizierung in den nach den Vornamen geordneten Verzeichnissen der Indizierten einer Klasse mit allen Disziplinen nicht selten ebenso mühsam gewesen ist wie die Ermittlung ihres Schrifttums, zumal es häufig an gründlichen Vorarbeiten fehlt. Dabei sind in mehreren Fällen Namens- und Titelverstümmelungen sowie Doppeleintragungen und offensichtlich unbeabsichtigte Auslassungen berücksichtigt worden.

Soweit es Juristen betrifft, deren Bücher insgesamt verboten worden sind, muß es sich um den Vorwurf der Häresie handeln, der entweder im Verhalten des Autors durch Wort und Tat oder in seinen Schriften oder in beidem gefunden werden kann.

Es gibt also „verbotene Juristen", von denen im Zeitpunkt des Verbots noch keine Publikation vorlag, andererseits aber auch „verbotene Autoren", bei deren Expurgation von einigen Büchern im Unterschied zu anderen festgestellt worden ist, daß sie nichts Böses enthalten. Von dem Häresievorwurf werden hauptsächlich Protestanten, aber auch Katholiken getroffen, was nicht ausschließt, daß in den Indices auch Protestanten mit einzelnen Schriften in der zweiten Klasse stehen. Zugleich wandelt sich die Rechtsnatur des römischen Index von einem Listenverbot zu einer Verbotsliste; an die Stelle seiner konstitutiven Bedeutung treten „Dekrete", die das Verbot aussprechen. Der Index hat seit dem 17. Jahrhundert nur noch deklaratorische Bedeutung, weil er lediglich eine Sammlung alter Indexverbote und der neuen, durch Dekret erlassenen Verbote enthält. Vom Jahre 1900 ab sind die auf den Indices des 16. Jahrhunderts verbotenen Autoren und Bücher nicht mehr aufgeführt worden, was ihre Freigabe unter besonderen Bedingungen eröffnet hat. Seit 1966 ist der Index rechtlich aufgehoben, die moralische Verpflichtung der Gläubigen, sich von glaubensgefährdenden und unsittlichen Büchern fernzuhalten, bleibt jedoch bestehen.

Die Fragestellung dieser Arbeit zielt nicht auf die religiösen, rechtspolitischen und persönlichen Auswirkungen der kirchlichen Bücherverbote, sondern sie will versuchen, aus dem Leben und dem Werk der indizierten Juristen die Veranlassung dieser Verbote aufzudecken und insbesondere die Rechtsfragen herauszustellen, die in diesem Zusammenhang eine entscheidende Rolle gespielt haben. Es fragt sich insbesondere, inwieweit die Rechtsentwicklung gerade in Deutschland betroffen oder ob die Abwehr von Angriffen auf die Glaubens- und Sittenlehre der katholischen Kirche überhaupt maßgeblich gewesen ist. Besonders bei dem Reformationsstreit um das Kirchenrecht können sich aber beide Gesichtspunkte überschneiden.

B. Deutsche Juristen und ihre Schriften auf den römischen Indices des 16. Jahrhunderts

I. Ermittlungen

1. Schwierigkeiten in der Ermittlung von Juristen anhand der römischen Indices infolge ihrer äußeren Unzulänglichkeiten

Die Ermittlung von Juristen auf den römischen Indices des 16. Jahrhunderts[1] stößt auf große Schwierigkeiten, da die Indexdrucke dieser Zeit unübersichtlich, bio- und bibliographisch mangelhaft, ungenau und voller orthographischer Fehler sind. Eine Schilderung der äußeren Anlage eines römischen Index des 16. Jahrhunderts soll dies verdeutlichen.

Die Ordnung innerhalb des Index folgt den Buchstaben des Alphabets. Innerhalb eines jeden Buchstabens erfolgt in der Regel eine Einteilung in drei Klassen, die jedoch dann auf zwei Klassen reduziert wird, wenn die der dritten Klasse vorbehaltene Literaturgattung keine Verbotsgründe ergeben hat. Die erste Klasse besteht aus Autorenvornamen und -nachnamen mit der Wirkung des absoluten Schriftenverbots der genannten Autoren. Die Ordnung innerhalb der Namen erfolgt nach den Vornamen[2]. In der zweiten Klassen finden sich Einzelverbote von Schriften mit Verfasserangabe wie auch opera omnia-Verbote, wobei die Ordnung sich willkürlich entweder nach den Anfangsbuchstaben der Autorenvornamen oder der Titelanfänge richtet[3]. In der dritten Klasse stehen ano-

---

[1] Die Untersuchung beschränkt sich auf diejenigen Juristen und die juristischen Schriften, die durch die Indices des 16. Jahrhunderts verboten worden sind. Sie läßt die möglichen Autoren- und Bücherverbote unberücksichtigt, die auf die allgemeinen kirchlichen Bücherverbotsgesetze zurückzuführen sind.

[2] z. B. Index Pius IV. 1564, 1. Klasse des Buchstabens „A“, abgedruckt in Reusch: Index S. 252:
„Abydenus Corallus, alias Huldricus Huttenus.
Achilles Pyrminius Gassarus.
Adolphus Clarembach.
Albertus Brandeburgensis.
Albertus Draco ...“

[3] z. B. Index Clemens VIII. 1595/96, 2. Klasse des Buchstabens „A“, abgedruckt in Reusch: Index S. 539:
„Andreae Corvi liber de chyromantia.
Andreae Masii commentaria super Josue, usquequo emendentur.
Annales gentis Silesiae.
Joachimo Cureo auctore.

nyme, d. h. verfasserlose Veröffentlichungen gemischt mit allgemeinen Bücherverbotsvorschriften[4]. Diese Einteilungsprinzipien innerhalb der drei Klassen werden nicht immer eingehalten, was die Suche nach bestimmten Autoren und Schriften erheblich erschwert. Es kommt nicht selten vor, daß Autoren, die in der ersten Indexklasse stehen und deren Werke damit in ihrer Gesamtheit verboten sind, wider Erwarten in demselben Index in der zweiten Klasse mit dem Verbot einer oder mehrerer Einzelschriften nochmals auftauchen. Als Beispiel kann das Verbot in der ersten Klasse des römischen Index 1595/96 angesehen werden, das den Wittenberger Kanonisten Melchior Kling betrifft, dessen Name als Verfasser zweier verbotener Einzelschriften noch einmal in der zweiten Klasse erscheint. Es ist auch nicht selten, daß Verfasserschriften in der dritten Klasse der Anonyma ohne Nennung des Autors vorkommen. Zum Beispiel stehen die Werke „Dialectica legalis" des schon in der ersten Klasse indizierten Christoph Hegendorph und die „Methodica iuris utriusque traditio" des ebenfalls in der ersten Klasse indizierten Konrad Lagus zusätzlich in der dritten Klasse des Index von 1595/96[5].

Innerhalb der einzelnen Klassen kommen ebenfalls Unregelmäßigkeiten vor, die berücksichtigt werden müssen.

Beispielsweise wird die nach Vornamen geordnete erste Klasse oft durch einen dazwischen geschobenen Nachnamen unterbrochen. So steht der Reformator Calvin in der ersten Klasse des Buchstabens „C" im Index von 1564 nur unter seinem Nachnamen, in der ersten Klasse des Buchstabens „J" aber noch einmal mit Vor- und Zunamen: „Joannes Calvinus"[6].

Derselbe Vorgang zeigt sich bei der Indizierung des Freiburger Juristen Ulrich Zasius, der im ersten römischen Index von 1558/59 in der ersten Klasse des Buchstabens „U" als „Uldaricus Zasius J. C." und in der ersten Klasse des Buchstabens „Z" mit der Eintragung „Zasius" erscheint[7]. Außer der Schwierigkeit, die Anordnung der Namen und Klas-

Annotationes super Inst. Joannis Schenekdewini, nisi emendentur. (Gemeint ist Johann Schneidewin).
Antiochi Tiberti liber de chiromantia ..."

[4] z. B. Index Pius IV. 1564, 3. Klasse des Buchstabens „P", abgedruckt bei Reusch: Index S. 276:
„Pasquini et Marphorii hymnus in Paulum tertium.
Pasquillus Fagius.
Pasquillus Germanicus.
Pasquillus proscriptus a Tridentino concilio.
Pasquillus semipoëta.
Pasquillorum tomi duo.
Pasquilli omnes ex verbis s. Scripturae confecti ...
Passio Martini Lutheri secundum Marcellum ..."

[5] Reusch: Index S. 548 und S. 567.

[6] Reusch: Index S. 255 und S. 266.

[7] Reusch: Index S. 204.

sen zu durchschauen, verwirren die dauernd vorkommenden Namens- und Titelentstellungen sehr. Der schon erwähnte Melchior Kling figuriert im ersten und zweiten römischen Index des 16. Jahrhunderts (1558/59 und 1564) in der ersten Klasse des Buchstabens „M" als „Melchior Clinch"[8]. Der Index von 1595/96 bringt die Namensform: „Melchior Clinch vel Mlinch"[9], die dazu führt, daß man sie anläßlich der Indexreform unter Papst Benedikt XIV. nicht mehr verifizieren kann und daher seit 1758 ganz wegfallen läßt. Auch der Nachname des Wittenberger Juristen Johann Schneidewin, von dem die römischen Indices von 1589/90 und 1595/96 eine Einzelschrift verbieten, wird dort entstellt wiedergegeben. Er wird als „Joannes Schenekdewini" bezeichnet[10]. Das Verbot einer Einzelschrift von Joachim von Beust in den Indices von 1589/90 und 1595/96 war erst nach vielen bio-bibliographischen Ermittlungen erkennbar, da beide Indices das Verbot nur unter „Joachimus" unter Weglassung des Nachnamens aufführen[11].

Es fällt weiter auf, daß die in der ersten Klasse Indizierten dort ohne biographische Bemerkungen stehen, so daß man — wenn die Namen aus dem historischen Zusammenhang nicht schon bekannt sind — zunächst nicht weiß, ob der Indizierte Theologe, Philologe, Historiker, Mediziner oder Jurist ist. Die Nationalität des Autors ist aus der latinisierten Namensform ebenfalls nicht zu erkennen.

Eindeutiger im Hinblick auf die wissenschaftliche Herkunft des Autors sind die Verbote von Einzelschriften in der zweiten Klasse der römischen Indices des 16. Jahrhunderts. Allen dort aufgeführten Werken ist jedoch gemeinsam, daß das Impressum fehlt, so daß nicht erkennbar ist, ob das Werk im 16. Jahrhundert verfaßt worden ist. Da viele Einzelverbote von Schriften vergangener Jahrhunderte, die durch päpstlichen Erlaß oder durch allgemeine Konzilien ausgesprochen waren, in die römischen Indices des 16. Jahrhunderts übernommen wurden, kann man also nicht ohne weiteres davon ausgehen, daß sich die durch die Indices des 16. Jahrhunderts ausgesprochenen Einzelverbote nur auf die in dieser Zeit erschienenen Schriften beziehen, obwohl dies meistenteils der Fall ist.

Ferner sind die einzelnen verbotenen Schriften in den Indices titelmäßig so gekürzt, daß eine Identifizierung nicht allein anhand des Index, sondern häufig nur mit Hilfe von Bibliographien vorgenommen werden kann. Ein gutes Beispiel gibt hier nochmals die Indizierung einer Schrift

---

[8] Reusch: Index S. 197 und S. 273.

[9] Index librorum prohibitorum ... Clementis PP. VIII ... Coloniae apud Gosuinum Cholinum 1597. S. 40 r. (Da Reusch: Index den Clementinischen Index an einigen Stellen fehlerhaft abdruckt, wird im gegebenen Fall die Kölner Indexausgabe von 1597 zitiert.)

[10] Reusch: Index S. 560.

[11] Reusch: Index S. 559.

von Joachim von Beust im Index von 1595/96, wo es in der zweiten Klasse des Buchstabens „J" heißt: „Joachimus super titulum ff. de jurejurando[12]." Erst die Benediktinische Revision des Index hat das Verbot verbessert in: „a Beust Joachimus. Lectura in titulum Digesti veteris de jurejurando"[13]. Seit 1758 ist also erstmals der Verfasser der verbotenen Schrift aus dem Index ersichtlich (vgl. dazu S. 18, S. 57 Anm. 133 und S. 209).

Charakteristisch in diesem Zusammenhang ist auch das in der zweiten Klasse des Buchstabens „M" im Index von 1595/96 genannte Verbot zweier Schriften Melchior Klings: „Melchior Klingius in praecipuos secundi libri Decretalium titulos, et in Institutiones iuris civilis[14]." Die Benediktinische Indexrevision hat den Titel ergänzt und berichtigt: „Kling, seu Klingius Melchior. Commentarii in praecipuos secundi libri Decretalium titulos. — In quatuor Institutionum Juris Principis Justiniani libros Enarrationes[15]."

2. Ermittlung der indizierten deutschen Juristen des 16. Jahrhunderts auf bio-bibliographischem Wege

Die Beispiele haben gezeigt, daß es angesichts der unübersichtlichen Anlage der Indices des 16. Jahrhunderts, der bio-bibliographischen Unzuverlässigkeit und der allgemeinen Fehlerhaftigkeit schwer fällt, eine genaue Liste von Juristen und juristischen Schriften zu erstellen, die den indizierten Autor bzw. die indizierte Schrift ausweist.

Deshalb wurden hier anhand von Bio-Bibliographien allgemeiner und spezieller Art, von Rechtsgeschichten und Universitätsgeschichten diejenigen indizierten Juristen ermittelt, deren Publikationen ins 16. Jahrhundert fallen. Im wesentlichen sind folgende Nachschlagewerke der eben genannten Kategorien herangezogen worden:

Melchior Adam. Vitae Germanorum Jureconsultorum et politicorum, qui superiori seculo ... floverunt. Heidelbergae: Rosa 1620[16].

---

[12] Reusch: Index S. 559.

[13] Index librorum prohibitorum ... Gregorii XVI. Romae 1841. S. 39. Die Indices, die nach der Benediktinischen Indexrevision von 1758 bis zum Jahre 1900 erscheinen, sind im großen und ganzen durch neue Verbote erweiterte Nachdrucke des Benediktinischen Index von 1758. Deshalb können ohne weiteres die Indices des 19. Jahrhunderts zitiert werden, wenn die durch Benedikt veranlaßten Änderungen von Indexverboten des 16. Jahrhunderts gekennzeichnet werden sollen.

[14] Reusch: Index S. 567.

[15] Index librorum prohibitorum Gregorii XVI. 1841. S. 202.

[16] Bei der vor 1800 erschienenen Literatur wurde der Verlag zitiert, später nicht mehr.

Allgemeine Deutsche Biographie. Bd. 1 ff. 1875 ff.

Neue Deutsche Biographie. Bd. 1 ff. Berlin 1953 ff.

Burcardus-Struvius-Buder. Bibliotheca iuris selecta. Ed. 7. Jenae: Cuno 1743.

Egid Joseph Karl von Fahnenberg. Litteratur des Kaiserlichen Reichskammergerichts. Wetzlar: Winkler 1792.

Paul Freher. Theatrum virorum eruditione clarorum, in quo vitae et scripta Theologorum, Jureconsultorum, Medicorum & Philosophorum ... repraesentantur. Noribergae: Hofmann 1688.

Hallische Beyträge zu der Juristischen Gelehrtenhistorie. 3 Bde. Halle: Renger 1755.

Historischer Schauplatz vornehmer und berühmter Staats- und Rechtsgelehrten. Frankfurt, Leipzig: Rüdiger 1710.

Karl Ferdinand Hommel. Litteratura Juris. Ed. 2. Lipsiae: Fritsch 1779.

Theodor Muther. Aus dem Universitäts- und Gelehrtenleben im Zeitalter der Reformation. Vorträge. Erlangen 1866. Neudr. Amsterdam 1966.

Claudius Sincerus. Vitae et scripta magnorum jurisconsultorum. Wittenberg: Ludwig 1713—1718.

Adolf Stölzel. Die Entwicklung des gelehrten Richtertums in den deutschen Territorien. 2 Bde. Stuttgart 1872. Neudr. Aalen 1964.

Georg Andreas Will. Nürnbergisches Gelehrtenlexikon. Nürnberg, Altdorf: Schüpfel 1755. 1. Suppl.Bd. von Christian Conrad Nopitsch. Altdorf 1802.

Henning Witte. Diarium biographicum ... Gedani: Hallervord 1688.

Karl Sebastian Zeidler. Vitae professorum juris qui in Academia Altdorffina ... vixerunt. Norimbergae: Monath 1770.

M. Jo. Casp. Zeumer. Vitae professorum jurium ... qui in academia Jenensi ... vixerunt ... Jenae 1719.

Joh. Friedrich von Schulte. Die Geschichte der Quellen und Literatur des Canonischen Rechts von Gratian bis auf die Gegenwart. 3 Bde. Stuttgart 1875—1880.

Roderich Stintzing. Geschichte der deutschen Rechtswissenschaft. München, Leipzig 1880—1884.

O. Stobbe. Geschichte der deutschen Rechtsquellen. Braunschweig 1860—1864.

Carl Georg von Wächter. Beiträge zur deutschen Geschichte, insbesondere zur Geschichte des deutschen Strafrechts. Tübingen 1845.

Franz Wieacker. Privatrechtsgeschichte der Neuzeit. 2. Aufl. Göttingen 1967.

Erik Wolf. Große Rechtsdenker der deutschen Geistesgeschichte. 4. Aufl. Tübingen 1963.

Walter Friedensburg. Geschichte der Universität Wittenberg. Halle a. S. 1917.

Johann Friedrich Hautz. Geschichte der Universität Heidelberg. Heidelberg 1844.

Johann Gottfried Ludwig Kosegarten. Geschichte der Universität Greifswald. Greifswald 1857.

Otto Krabbe. Die Universität Rostock im 15. und 16. Jahrhundert. Rostock 1854.

Theodor Muther. Zur Geschichte der Rechtswissenschaft und der Universitäten in Deutschland. Jena 1876. Neudr. Amsterdam 1961.

Heinrich Schreiber. Geschichte der Albert-Ludwigs-Universität zu Freiburg im Breisgau. Freiburg 1859.

Aus diesen Nachschlagewerken ist eine Liste von Juristen des 16. Jahrhunderts entstanden, die so umfangreich war, daß von vornherein Abstriche gemacht werden mußten. So konnten guten Gewissens solche Autoren ausgeschieden werden, die in der Hauptsache Theologen gewesen waren und sich zur lutherischen Lehre bekannt haben. Zu denken ist hierbei besonders an Philipp Melanchthon, der über sehr gute juristische Kenntnisse verfügte und sogar juristische Vorlesungen gehalten hat, dessen Indizierung aber zweifellos auf seine religiöse Haltung zurückzuführen ist. So bleiben ferner alle Juristen unberücksichtigt, die sich in besonderer Weise auf theologisch-reformatorischem Gebiet beschäftigt haben, weil in diesen Fällen der Indizierungsgrund von vornherein nicht auf juristischem Gebiet zu suchen ist. Dasselbe gilt für Gelehrte, die vorwiegend Philosophen, Philologen und Historiker gewesen sind, wo also der Schwerpunkt des Interesses z. B. auf humanistischem Gebiet liegt (Ausnahme Christoph Hegendorph).

Eine zweite Einschränkung wurde hinsichtlich des Erscheinungsjahres der Schriften gemacht. Zum Beispiel sind die Arbeiten des Juristen Peter Heigius oder Heige erst posthum im 17. Jahrhundert erschienen und aus diesem Grund nicht in die Liste aufgenommen worden.

Eine dritte Begrenzung liegt in der Auswahl von juristischen Autoren, die der Geburt nach Deutsche sind, wobei die heutige Schweiz und die Niederlande zum Ausland gerechnet werden. Diese Eingrenzung ist an und für sich willkürlich, da man die Rechtswissenschaft des 16. Jahrhunderts europäisch sehen muß[17]. Die Juristen dieser Zeit haben dieselbe Sprache geschrieben, sich an denselben Vorbildern orientiert, da sie auf

[17] Koschaker S. 83.

antikem Recht und mittelalterlicher Interpretation fußten, und sie pflegten einen universellen Gedankenaustausch, ohne daß die territorialen Grenzen hinderlich wirkten. Der Grund der Beschränkung auf die deutschen Juristen liegt daher auch nur in der Absicht, die Zahl der behandelten Juristen überschaubar zu halten. Einzige Ausnahme bilden die Wittenberger Professoren Hieronymus Schürpf aus St. Gallen und Matthäus Wesenbeck aus Antwerpen, deren Bedeutung für die deutsche Rechtsentwicklung nicht weggedacht werden kann.

3. Vergleich der ermittelten deutschen Juristen mit den Indices des 16. Jahrhunderts

Die so entstandene Liste von indizierten deutschen Juristen und ihren Schriften ist nun mit den vier römischen Indices des 16. Jahrhunderts verglichen worden. In Anbetracht der aus den verschiedensten Quellen ermittelten Juristen und der Unzulänglichkeit der Indices kann jedoch nicht der Anspruch auf absolute Vollständigkeit erhoben werden. Immerhin haben sich insgesamt fünfundzwanzig Indizierungen von deutschen Juristen und juristischen Schriften herausgestellt.

Auf dem ersten römischen Index von 1558/59[18] haben sich nur Autorenverbote in der ersten Indexklasse ermitteln lassen. In der Reihenfolge der Vornamen sind dort indiziert:

Christianus Beyer. Christophorus Hegendorphinus. Conradus Lagus. Gregorius Bruck. Hartmannus Palatinus J. C. Hieronymus Schiurpff. Joannes Appellus Norinbergen. Joannes Oldendorpius. Laurentius Czoch. Leopoldus Dickius. Melchior Clinch. Uldaricus Zasius J. C.

Auf dem zweiten römischen Index von 1564[19] wiederholen sich alle eben aufgeführten Namen bis auf Ulrich Zasius, der aus diesem Index gestrichen worden ist. Es sind keine neuen Indizierungen hinzugekommen.

Im dritten römischen Index von 1589/90[20] stehen in der ersten Indexklasse folgende neue Verbote, wieder in alphabetischer Reihenfolge der Vornamen:

---

[18] Index autorum et librorum, qui ab Officio Sanctae Rom. et Universalis Inquisitionis caveri ab omnibus et singulis in universa Christiana Republica mandantur, sub censuris contra legentes, vel tenentes libros prohibitos in Bulla, quae lecta est in coena Domini, expressis, et sub alijs poenis in Decreto eiusdem Sacri officij contentis. Romae: Bladus 1559. Abgedruckt in Reusch: Index S. 176—208.

[19] Index librorum prohibitorum, cum Regulis confectis per Patres a Tridentina Synodo delectos, auctoritate Sanctiss. D. N. Pii IIII, Pont. Max. comprobatus. Romae: Manutius 1564. Abgedruckt in Reusch: Index S. 243—281.

[20] Bulla S^{mi} D. N. Sixti Papae V. Emendatioris indicis cum suis regulis super librorum prohibitione, expurgatione & revisione, necnon cum abrogatione

Conradus Hersbachius. Gulielmus Rodingus Hassus. Joachimus de Beust. Joannes Leumclaius. Joannes Ricardus, Osanaeus. Joannes Zangerus. Matthaeus Wessembeccius.

In der zweiten Klasse werden mit Einzelschriften indiziert:

Constantini Forsteri (gemeint ist Valentin Forster) Tractatus de successionibus ab intestato. Joachimus super titulum ff. de jurejurando. Joannis Ferrarii Montani De republica bene instituenda paraeneses, nisi prius ad regularum normam revisae et approbatae fuerint. Joannis Schenekdewini super Instit. commentaria seu annotationes, nisi prius ex praedictis regulis corrigantur[21]. Joannis Thomae Phrigii (gemeint ist Johann Thomas Freigius) opera omnia, [donec juxta earundem regularum fornam recognoscantur et approbentur][22]. Apologia Zasii contra Joannem Echium. Zasii opera, quamdiu ex superioribus regulis recogniti non fuerint.

Der vierte und letzte römische Index des 16. Jahrhunderts[23] von 1595/96[24] übernimmt mit wenigen Ausnahmen die Verbote von Juristen und juristischen Schriften seines Vorgängers. In der ersten Klase stehen die Namen:

Conradus Hersbachius. Guilelmus Rodingus Hassus. Joannes Georgius Godelmannus. Joannes Leumclarius vel Leunclajus. Joannes Ricardus, Osanaeus. Joannes Zangerus. Matthaeus Wessenbeccius.

In der zweiten Klasse finden sich die Schriftenverbote:

Joachimus super titulum ff. de jurejurando. Joannis Schenekdewini Super Instit. commentaria seu annotationes, nisi corrigantur[25]. Lexicon

---

caeterorum indicum hactenus editorum & revocatione facultatis edendorum, nisi ad praescriptam harum regularum normam. Romae: Bladus 1590. Abgedruckt in Reusch: Index S. 448—523.

[21] Dasselbe Verbot wird in der 2. Klasse des Buchstabens „A" ausgesprochen: „Annotationes super Instit. Joannis Schenekdeuvini, nisi ex earundem regularum praescripto emendentur."

[22] Auch dieses Verbot findet sich noch einmal in der 2. Klasse des Buchstabens „T": „Thomae Phreigii opera omnia." Beim Abdruck dieses Verbots in Reusch: Index S. 518 ist die Klammer, die den Expurgationsvorbehalt einleitet, zu weit nach unten gerutscht, so daß das Verbot versehentlich unter Expurgationsvorbehalt steht.

[23] Es soll noch ein Index von 1593 existiert haben. Es ist jedoch ungewiß, ob er jemals Beachtung gefunden hat.

[24] Index librorum prohibitorum cum regulis confectis per Patres a Tridentina Synodo delectos auctoritate Pii IIII. primum editus postea vero a Syxto V. auctus et nunc demum S. D. N. Clementis PP. VIII. iussu, recognitus, & publicatus. Instructione adjecta. De exequendae prohibitionis, deq. sincere emendandi, & imprimendi libros, ratione. Romae: Impressores Camerales 1596. Abgedruckt in Reusch: Index S. 524—578.

[25] Dieses Verbot steht auch hier wieder in der 2. Klasse des Buchstabens „A": „Annotationes super Inst. Joannis Schenekdewini, nisi emendentur."

Simonis Schardii, donec expurgentur. Thomae Phreigii opera omnia[26]. Valentini Forsterii De successionibus ab intestato, donec expurgetur[27]. Uldarici Zasii opera omnia, donec corrigantur. Apologia Zasii contra Joannem Eckium.

Die Erforschung der Indizierungsgründe, die ursächlich für das Verbot dieser Juristen und juristischen Schriften gewesen sind, soll anhand der kirchlichen Regeln und Maßnahmen untersucht werden, da Gründe im konkreten Fall weder angegeben noch zu ermitteln sind.

4. Nachträgliche Bücherverbote von Juristen und juristischen Schriften durch Dekrete des 17. Jahrhunderts

Zur Ergänzung sollen noch die Bücherverbote juristischer Autoren aufgeführt werden, deren Werke entweder noch im 16. Jahrhundert oder anfangs des 17. Jahrhunderts entstanden, publiziert oder posthum veröffentlicht worden sind und die durch die Dekrete des 17. Jahrhunderts verboten wurden. Die nach 1600 erschienenen Indices enthalten diese Dekrete entweder als Anhang oder eingeordnet in ein Alphabet von Vornamen (seit 1664) unter Aufgabe der Klasseneinteilung und seit 1758 nach Nachnamen geordnet. Als Grundlage ist der Index Gregors XVI. von 1841 benutzt worden, der die Dekretverbote enthält. In alphabetischer Reihenfolge der Autorennachnamen ergeben sich folgende Schriftenverbote:

Althusius Joannes. Dicaeologiae libri tres, totum, et universum Jus, quo utimur, complectentes. Decr. 16. Martii 1621. Politica methodice digesta, & exemplis, sacris, et profanis illustrata. Decr. 22. Oct. 1619. De utilitate, necessitate, et antiquitate Scholarum Admonitio panegyrica. Decr. 22. Oct. 1619. (S. 9 des Gregorianischen Index von 1841.)

Arumaeus Dominicus. Discursus Academici de Jure publico. Decr. 22. Oct. 1619. Commentarius Juridico-Historico-Politicus de comitiis Romano-Germanici Imperii. Decr. 18. Junii 1651. (S. 21.)

Besoldus Christophorus. Disputationum Nomico-Politicarum libri tres. Decr. 22. Oct. 1619. De Jurisdictione Imperii Romani Discursus. Decr. 22. Oct. 1619. Templum Justitiae, sive de addiscenda, & exercenda Jurisprudentia dissertatio. Decr. 16. Martii 1621. Dissertatio Politico-Juridica de Foederum jure. Decr. 3. Julii 1623. (S. 38.)

---

[26] Der Index in der Kölner Ausgabe von 1597 kennt keinen Expurgationsvermerk hinter dem opera omnia-Verbot des Freigius wie der Reusch'sche Abdruck S. 576, bei dem wieder die Klammer, die die Expurgationsmöglichkeit anzeigt, zu weit gerutscht ist.

[27] Die Kompilatoren des Index von 1595/96 haben den im vorhergehenden Index noch falsch angegebenen Vornamen Forsters richtiggestellt.

Calvinus, seu Kahl Joannes. Lexicon Juridicum Juris Caesarei simul, et Canonici. Decr. 4. Julii 1661. (S. 57.)

Camerarius Philippus. Operae horarum subcisivarum, sive Meditationes Historicae. Decr. 7. Aug. 1603. (S. 57.)

Cisnerus Nicolaus. Orationes de vita Othonis III., et Friderici II. Imperatorum, et de Conrado ultimo Sueviae gentis Principe. Decr. 10. Maii 1603. (S. 77.)

Krantzius Albertus. Saxonia. Editionis Francofurti cum praefatione, et notis Nicolai *Cisneri*, donec expurgetur. App. Ind. Trid.[28] (S. 204.)

Cludius Andreas. Ad illustr. Tit. Digest. et Codicis de Condictione ob turpem, vel injustam causam Commentarius. Decr. 16. Martii 1621. (S. 79.)

Colerus Mathias. Tractatus de Processibus executivis in causis civilibus, & pecuniariis ad practicam fori Saxonici accomodatus. Donec corrigatur. Decr. 2. Dec. 1622. (S. 81.)

Cothmannus Ernestus. Commentarius methodicus in librum Codicis Justinianei primum. Decr. 22. Oct. 1619. Responsa Juris, et Consultationes. Decr. 3. Julii 1623. (S. 96, 97.)

Friderus (Petrus) Mindanus. 1. Cl. Decr. 7. Aug. 1603. De Processibus, mandatis, et monitoriis in Imperiali Camera extrahendis Liber I., II. et III. Decr. 7. Aug. 1603, 8. Martii 1662, et 20. Nov. 1663. (S. 149.)

Goldastus Haiminsfeldius (Melchior). Politica Imperialia. Decr. 23. Aug. 1634. Et cetera ejusdem opera omnia. Decr. 4. Martii 1709. (S. 159.)

Harpprechtus Johannes. Tractatus Criminalis, planam, ac perspicuam aliquot titulorum libri IV. Institutionum Juris D. Justiniani explicationem complectus. Decr. 16. Dec. 1605. In quatuor Libros Institutionum Juris Civilis Justiniani Commentariorum Tomi quatuor. Decr. 7. Febr. 1718. (S. 169.)

Heigius Petrus. Quaestiones Juris tam Civilis, quam Saxonici, editae cura Ludovici Person. Decr. 7. Aug. 1603. (S. 170, 171.)

Hilligerus Osvaldus. Donellus enucleatus, sive Commentarii Hugonis Donelli de Jure Civili in compendium redacti. Decr. 5. Martii 1616. (S. 176.)

Hunnius Helfricus Ulricus. De interpretatione, et authoritate Juris libri duo. Decr. 18. Mai 1618. Et cetera ejusdem Opera omnia. Decr. 16. Martii 1621. (S. 183.)

Kirchovius Laurentius. Consilium XXVII. Quod habetur Tom. II. pag. 144. Matrimonialium Consiliorum Jo. Baptistae Ziletti & Nicolai Ruckeri. Decr. 16. Dec. 1605. (S. 202.)

---

[28] Dieses Verbot blieb bei der Zusammenstellung der Verbote der Indices des 16. Jahrhunderts unberücksichtigt wegen des vorwiegend historischen Inhalts der verbotenen Schrift.

Mejerus Justus. Juris Publici quaestio capitalis: sint ne Protestantes Jure Caesareo Haeretici, et ultimo supplicio afficiendi. Decr. 9. Maii 1636. (S. 248.)

Mollerus Daniel. Semestrium libri V. Decr. 30. Jan. 1610. (S. 258.)

Monnerus Basilius. Tractatus duo. I. de matrimonio. II. de clandestinis Conjugiis. Decr. 22. Nov. 1619. (S. 260.)

Reusnerus Nicolaus. Consilia. Decr. 12. Dec. 1624. (S. 326.)

Rittershusius Cunradus. Differentiarum Juris Civilis, et Canonici, seu Pontificii libri VII. Decr. 10. Maii 1619. Jus Justinianum, hoc est Justiniani, et aliorum Impp. Augg. Novellarum mixtarum expositio methodica. Decr. 10. Maii 1619. (S. 330.)

Rulandt Rutgerus. Tractatus de invocatione utriusque brachii, Causae praesenti Venetae accomodatus. Qui Habetur initio Thesauri Juris executivi Ecclesiastici, Criminalis, et Civilis. Decr. 7. Sept. 1609. (S. 337.)

Sixtinus Regnerus. Tractatus de Regalibus. Decr. 16. Martii 1621. (S. 361.)

Spiegelius Jacobus. Scholia in Ligurinum Guntheri. Decr. 7. Sept. 1609. (S. 367.)

Stephani (Joachimus) Pomeranus. Libri quatuor de Jurisdictione Judaeorum, Graecorum, Romanorum, et Ecclesiasticorum. Decr. 16. Dec. 1605. (S. 369.)

Stephani (Mattias) Pomeranus. Tractatus de Jurisdictione, qualemque habeant omnes Judices tam saeculares, quam Ecclesiastici in Imperio Romano. Decr. 12. Dec. 1624. (S. 369, 370.)

De Weihe Eberartus. Aulicus politicus diversis regulis, vel definitionibus selectis, proborum voto probe instructus, ante multos annos sub nomine Duro de Pasculo ablegatus, nunc multis thesibus auctior, & emendatior. Decr. 22. Oct. 1619. (S. 409, 410.)

Die Bücherverbote des 17. Jahrhunderts werden im folgenden nicht berücksichtigt. Sie sind jedoch sowohl zur Vervollständigung der Gesamtübersicht als auch zu Vergleichszwecken unentbehrlich.

II. Allgemeine Gesichtspunkte

1. Rechtfertigung der Bücherverbote aus dem Lehr- und Hirtenamt der katholischen Kirche zum Schutze der Glaubens- und Sittenlehre

Die katholische Kirche rechtfertigt alle Maßnahmen auf dem Gebiet der Bücherzensur aus ihrer Verpflichtung, für die Reinheit des Glaubens und der Sitten Sorge zu tragen[1]. Den Auftrag dazu entnimmt die Kirche

[1] Boudinhon S. 43, Connell S. 707, Naurois-Scheuermann S. 15.

der Übertragung des Lehr- und Hirtenamts durch Christus auf die Apostel (Johannes XXI, 15, 16; Matthaeus XXVIII, 18, 19, 20; Marcus XVI, 16; Paulusbrief II. Tim. II, 2; CIC can. 1322). Die Organe, denen in der Kirche die Ausübung des Lehr- und Hirtenamts zusteht, sind Papst und Bischöfe, deren Wirkungskreis innerhalb der katholischen Christenheit universell und theoretisch von keiner weltlichen Autorität einschränkbar ist[2]. Aus dem Recht zur Verurteilung von Glaubensirrtümern und sittlichen Verfehlungen wurde das Recht abgeleitet, Bücher zu verurteilen, die einen — im Sinne der katholischen Glaubens- und Sittenlehre — verderblichen Inhalt haben.

2. Maßnahmen der Kirche auf dem Gebiet der Bücherzensur im Mittelalter

Diese Bücherverbote sind seit dem 4. Jahrhundert nachweisbar, sie folgen gewöhnlich den konziliären oder seit Mitte des 13. Jahrhunderts päpstlichen Entscheidungen über die Verurteilung einer Lehre[3]. Das Verdammungsurteil über die Ketzer ordnet in der Regel die Verbrennung aller im Umlauf befindlichen Exemplare an, die Vollziehung des Urteils obliegt jedoch in der frühen Zeit den römischen Kaisern, später als Folge der politischen Erstarkung des Papsttums vollstreckt die Kirche diese Urteile selbst[4]. Als Vorbild für die Maßnahme der Verbrennung diente das vom Apostel Paulus in Apg. 19, 19 berichtete Ereignis einer öffentlichen Verbrennung von Zauberbüchern in Ephesus[5]. Beispiele[6] für Einzelverbote im Mittelalter sind die Verurteilungen der beiden Spiritualen Marsilius von Padua und Johannes von Jandun[7] als Häretiker durch eine im Jahre 1327 erlassene Bulle Johannes XXII., und die nachfolgende Verdammung des von beiden verfaßten Buches „Defensor pacis", in dem die Gleichberechtigung der weltlichen und der geist-

---

[2] Petit S. 8.

[3] Die Thalia des Arius wurde z. B. durch das Konzil von Nicaea 325 verboten.

[4] Eine eingehende Darstellung der kirchlichen Bücherverbote des Mittelalters geben Reusch I S. 14—53 und Feßler S. 131—134. Hier konnte auf eine ausführlichere Behandlung dieser frühen Zeit des kirchlichen Bücherverbots verzichtet werden, da der Schwerpunkt der Arbeit bei den Indices des 16. Jahrhunderts liegt.

[5] Eine zeichnerische Darstellung dieser Begebenheit enthalten beispielsweise noch die Indexausgaben von Pius VII. und Gregor XVI. von 1819 und 1841, denen folgendes Motto beigefügt ist: „Multi eorum qui fuerant curiosa sectati, contulerunt libros et combusserunt coram omnibus." Act. cap. XIX. V. 19.

[6] Es wurden im Hinblick auf das Gesamtthema solche Beispiele ausgewählt, die weniger theologisch-dogmatische als juristisch-staatstheoretische Verbotsgründe erkennen lassen.

[7] Reusch I S. 25.

lichen Gewalt vertreten wurde. In dieselbe Richtung zielt die in einer Bulle Gregors XI. 1374 ausgesprochene Verdammung von vierzehn Artikeln des Sachsenspiegels Eikes von Repgow. Im Gegensatz zu den in Bullen oder durch Konzilsbeschlüsse verdammten einzelnen Lehren und Schriften sind Listenverbote der römischen Kirche bis zum 16. Jahrhundert nicht nachweisbar. Einige Ähnlichkeit mit den Indices dieser Zeit hat nur das auf der römischen Synode im Jahre 496 erlassene „Decretum de libris recipiendis vel non recipiendis", das von Papst Gelasius I. promulgiert wurde und daher auch „Decretum Gelasianum" heißt[8]. Das Gelasianische Dekret enthält ein Verzeichnis von erlaubten Lehren und Büchern und von verbotenen Schriften, d. h. also die von der katholischen Kirche rezipierten kanonischen Bücher des Alten und Neuen Bundes, die anerkannten allgemeinen Konzilien, ein Verzeichnis der Kirchenväter, deren Schriften von der Kirche rezipiert, und ein Verzeichnis von apokryphen, häretischen und schismatischen Schriften, die von der katholischen Kirche verworfen worden sind[9].

Mit Hilfe des Buchdrucks jedoch, der die rasche Herstellung und schnelle Verbreitung der gedruckten Exemplare einer Schrift ermöglichte, fanden die nach Reform drängenden Kräfte in und außerhalb der Kirche in breiten Kreisen der Bevölkerung Beachtung, was die Kirche wiederum veranlaßte, mit Hilfe des Listenverbots — erstmals „Index"[10] genannt — der Glaubensgefährdung Herr zu werden, da sich Einzelverbote als wirkungslos erwiesen hatten.

3. Rechtsentwicklung des römischen Index des 16. Jahrhunderts unter Berücksichtigung der weltlichen Büchergesetzgebung

a) Maßnahmen der katholischen Kirche zur Bekämpfung der aufkommenden glaubensspaltenden Bewegung des 16. Jahrhunderts. Vorzensur, Verbot der lutherischen Lehren, Bedeutung der Bulla Coenae Domini für das Bücherverbot

Die kirchengesetzlichen Maßnahmen auf dem Gebiet des Bücherwesens setzen zur Bekämpfung der reformatorischen Bestrebungen um 1500 ein[11]. Der Erlaß der römischen Indices und der „Allgemeinen Regeln"

---

[8] Aufgenommen in das Corpus Iuris Canonici als c. 3, Dist. XV. des Decretum Gratiani.

[9] Siehe auch Diendorfer in Wetzer und Weltes Kirchenlexikon, Sp. 647.

[10] Die Bezeichnung „Index" ging von der römischen Kirche aus. Die vorhergehenden nationalen und lokalen Bücherverbotsverzeichnisse wurden „Catalogus" genannt.

[11] Boudinhon S. 43.

erfolgt erst, nachdem sich die Reformation faktisch ausgebreitet und reichsrechtlich auf Grund der Bestimmungen des Augsburger Religionsfriedens von 1555 gefestigt hatte.

Am 1. Juni 1501 erging die Bulle Alexanders VI. „Inter multiplices"[12], die in den Kirchenprovinzen Köln, Mainz, Trier und Magdeburg die Vorzensur durch kirchliche Stellen für Druckwerke aller Art (nicht nur religiöse Schriften) einführte. Die Mißachtung dieser päpstlichen Bestimmung wurde mit der „excommunicatio latae sententiae", d. h. der von selbst eintretenden Exkommunikation und anderen Strafen geahndet.

Am 3. Mai 1515 wurde auf dem 5. allgemeinen Laterankonzil durch Leo X. die Bulle „Inter sollicitudines"[13] verkündet, die die Vorzensur für alle Druckwerke auf die Gesamtkirche ausdehnte[14]. Diese Präventivmaßnahmen, die die Verbreitung glaubensfeindlichen Schrifttums hindern sollten, waren natürlich in Anbetracht der wachsenden Empörung der Fürsten und der Bevölkerung über die Mißstände in der Kirche nur begrenzt wirksam. Martin Luther, Erasmus, Hutten und viele andere traten in Wort und Schrift für eine Reform der Kirche ein, bis Leo X. in der Bulle „Exsurge Domine" vom 15. Juni 1520[15] ein Verbot der Lehren und der bis dahin erschienenen Schriften Luthers aussprach. Hierin wurden 41 Thesen Luthers als Irrlehren verurteilt, Luthers Widerruf verlangt und die Verbrennung aller Schriften gefordert, in denen Luther und seine Anhänger die katholischen Wahrheiten angreifen und schmähen. Bei Weigerung wurden die „excommunicatio latae sententiae" und andere Kirchenstrafen in Aussicht gestellt. Denselben Strafen setzten sich diejenigen aus, die sich mit den Schriften Martin Luthers in irgendeiner Form befaßten[16].

---

[12] Abgedruckt bei Zaccaria S. 133—135.

[13] Bull. I. S. 554—555.

[14] s. a. Bianchi S. 459.

[15] Eymericus-Pegna S. 90—95 und im Bull. I. S. 610—614.

[16] Zitiert bei Eymericus-Pegna S. 93: ... „Insuper quia errores praefati, & plures alii continentur in libellis seu scriptis cuiusdam Martini Luther, dictos libellos & omnia dicti Martini scripta seu praedicationes, in Latino vel quocunq; alio idiomate reperiantur, in quibus dicti errores seu eorum aliquis continentur, similiter damnamus, reprobamus, atque omnino rejicimus, & pro omnino damnatis, reprobatis, ac reiectis (ut praefertur) haberi volumus: mandantes in virtute sanctae obedientiae, sub poenis praedictis eo ipso incurrendis, omnibus & singulis utriusque sexus Christi fidelibus, superius nominatis, nec huiusmodi scripta, libellos, praedicationes seu Schedulas, vel in eis contenta capitula, errores aut articulos supra dictos continentia legere, asserere, praedicare, laudare, imprimere, publicare, sive defendere, per se, vel alium, seu alios, directe vel indirecte, tacite vel expresse, publice vel occulte, aut in domibus suis sive aliis publicis vel privatis locis tenere quoquomodo praesumant; quinimo illa statim post harum publicationem ubicunq; fuerint, per ordinarios & alios supradictos diligenter quaesita publice & solemniter in praesentia cleri & populi, sub omnibus & singulis supradictis poenis, comburant."

Die Exkommunikation Luthers und seiner Anhänger erfolgte schließlich in der Bulle „Decet Romanum Pontificem“ vom 3. Januar 1521[17]. Damit wurden Luther und seine Anhänger als Häretiker gebrandmarkt. Mehrere Definitionen des Häresiebegriffs sind im Directorium von Eymericus-Pegna zusammengestellt, die für das 16. Jahrhundert verbindlich gewesen sind. In der dort zitierten Erklärung Turrecrematas[18] heißt es: „Haeresis est opinio vel assertio falsa, sive dogma falsum catholicae veritati contrarium in eo qui Christianam fidem processus est.“ Eine ähnliche Definition gibt die Dokumentensammlung zu Thomas von Aquin und Alphons von Liguori[19], wo es heißt: „Haeresi ... idem sonat ac sectam; et definitur: error pertinax contra veritatem fidei catholicae, in baptizato qui profitetur religionem christianam.“

Nach der Exkommunikation Luthers und seiner Anhänger erließ Papst Hadrian 1524 die Bulla Coenae Domini, zu deutsch Nachtmahlsbulle. Diese Bulle erschien in ihrer ersten Fassung 1364 unter Urban V. und enthält alle Exkommunikationen, die seit dieser Zeit von der Kirche über bestimmte Klassen von Personen verhängt worden sind. Sie wurde jedes Jahr am Gründonnerstag in Rom verkündet und hat daher ihren Namen erhalten. Papst Hadrian reihte nun Luther und alle diejenigen, die die Bücher Luthers oder die Schriften der Lutheraner ohne päpstliche Erlaubnis lasen, in ihren Häusern behielten, druckten oder in irgendeiner Form verteidigten, öffentlich oder heimlich besaßen[20], in die Klasse der Häretiker ein.

Die für die ersten beiden Indices maßgebliche Form erhielt die Bulla Coenae Domini durch Paul III. in der Fassung vom 13. April 1536[21]. Hier wurden alle Häretiker und diejenigen, die der von Leo X. verdammten Ketzerei Martin Luthers anhingen oder diese begünstigten usw. exkommuniziert und anathematisiert[22].

---

[17] Bull. I. S. 614—615.

[18] Eymericus-Pegna S. 232.

[19] Theologia dogmatica S. 442.

[20] Abgedruckt bei Zaccaria S. 139.

[21] Bull. I. S. 718—720.

[22] Bull. I. S. 718 § 1 „Excommunicamus, & anathematizamus ex parte Dei ... omnes haereticos, Gazaros, Patarenos, Pauperes de Lugduno ... Wiclevistas, seu Hussitas, Fraticellos, de opinione nuncupatos, necnon per foel. rec. Leonem PP. X. praedecessorem nostrum superioribus annis damnatam, impiam, & abominabilem Martini Lutheri haeresim sequentes, ipsique Martino quominus puniri possit quomodolibet faventes, & quoslibet alios haereticos quocumque nomine censeantur, ac omnes fautores, & receptatores, librosque ipsius Martini, aut quorumvis aliorum eiusdem sectae sine autoritate nostra & Sedis Apostolicae, quomodolibet legentes, aut in suis domibus tenentes, imprimentes, aut quomodolibet defendentes, ex quavis causa publice vel occulte quovis ingenio vel colore. Et generaliter quoslibet defensores eorundem ...“

Im Hinblick auf das Bücherverbot ergibt sich, daß die Bulla Coenae Domini Kirchenstrafen über alle verhängt, die Schriften der von der Kirche zu Häretikern erklärten Personen lesen, besitzen, drucken etc. Verboten sind also alle literarischen Produkte von Ketzern ohne Rücksicht auf ihren Inhalt.

b) Weltliche gesetzliche Maßnahmen zur Eindämmung der von der katholischen Kirche verurteilten häretischen Lehren

aa) Wormser Edikt 1521

Da die Vollstreckung der geistlichen Maßnahmen zur Bekämpfung der Reformation unzulänglich blieb, forderte Leo X. in einem Breve vom 15. Januar 1521[23] Karl V. als „defensor ecclesiae" auf, seine weltliche Macht in den Dienst der Kirche zu stellen und für die Unterdrückung der immer stärker um sich greifenden Häresie zu sorgen. Der päpstliche Legat Aleander in Deutschland verlangte konkret ein Reichsgesetz, das die Forderungen und Bestimmungen der Bulle „Exsurge" formulieren und durchsetzen sollte[24]. Der Kaiser brachte die Angelegenheit vor den Reichstag, erließ aber in eigener Kompetenz, die ihm vom Reichstag bestätigt wurde[25], am 26. Mai 1521 nach einem Entwurf des Legaten Aleander das von ihm erwartete Edikt gegen Luther, in dem die verschiedenen Glaubensirrtümer Luthers aufgezählt, dieser als Ketzer verurteilt und schließlich in die Reichsacht erklärt wurde zusammen mit seinen Anhängern und Gönnern[26]. Ferner wurde die Verbrennung der lutherischen Schriften angeordnet und den mit lutherischen Schriften handelnden Buchhändlern schwere Strafen angedroht. Um die Ausbreitung glaubensfeindlicher Schriften zu hindern, wurde vor der Drucklegung die Einholung der kirchlichen Druckerlaubnis für alle von Religion handelnden Bücher vorgeschrieben. Die Bestimmungen des Wormser Edikts wurden durch die im Reichstagsabschied vom 19. November 1530 ausgesprochene Forderung nach Angabe des Druckers und des Druckortes ergänzt. Die Durchsetzung seiner Anordnungen in Deutschland mußte Karl V. aber im wesentlichen dem guten Willen der Reichsstände überlassen, da seine politische Macht in den deutschen Territorien dazu nicht ausreichte[27].

bb) Kaiserliche Verordnungen in den Niederlanden

Um der Masse der glaubensfeindlichen Literatur dennoch Herr zu werden und um die anderen Teile seines Reiches, die er fester in der Gewalt

[23] Hefele IX S. 193.
[24] Reichstagsrede Aleanders vom 13. Februar 1521, Hefele IX S. 196.
[25] Hefele IX S. 208.
[26] Hefele IX S. 245.
[27] Darüber ausführlich Reusch I S. 80—87.

hatte als seine im Glaubensstreit zerfallenen deutschen Gebiete, vor der Überflutung durch häretisches Schrifttum zu schützen, erließ Karl V. — nach der Publikation des Wormser Edikts — von 1521—1550 in den Niederlanden Verordnungen, Plakate genannt, weil sie in Form von Plakaten in den einzelnen Provinzen publiziert wurden[28]. Diese Verordnungen enthielten neben allgemeinen Bestimmungen zur Vorzensur und zum Bücherverbot die Verpflichtung der Untertanen zur Ablieferung oder zur Verbrennung der ketzerischen Bücher unter Androhung von Strafen für Leib und Gut. Verboten waren alle durch kaiserliche Verordnungen bezeichneten Bücher und die seit 1520 anonym oder ohne Impressum publizierten Schriften[29]. Für den Druck von Büchern religiösen Inhalts mußte die kirchliche Approbation und für alle Druckwerke die königliche Erlaubnis eingeholt und abgedruckt werden. Die Vorschriften richteten sich in erster Linie gegen die Häretiker. Den allgemeinen Bestimmungen folgten namentlich aufgeführte Einzelverbote, die sich zumeist auf protestantische Theologen und ihre Schriften bezogen. In einem Plakat vom 30. Juni 1546 verkündete Karl V. einen größeren Katalog von verbotenen Büchern, der auf seinen Befehl von der theologischen Fakultät der Universität Löwen zusammengestellt worden war[30]. Das Verbot von Schriften in Form einer Liste, hier noch nach sachlichen und sprachlichen Gesichtspunkten geordnet, war später maßgeblich für die Form des römischen Index. Der Katalog enthält ein Verzeichnis von verbotenen lateinischen, deutschen und welschen Bibeln und Neuen Testamenten; ein alphabetisches Verzeichnis von verbotenen lateinischen Büchern; ein Verzeichnis der verbotenen deutschen, hochdeutschen und welschen Schriften und die im Plakat von 1540 verbotenen Werke. Außerdem ist ein Verzeichnis von erlaubten Büchern beigefügt, die in den Schulen gelesen werden durften.

Das zweite Bücherverbotsverzeichnis dieser Art erhielt am 29. April 1550 durch kaiserliche Ordonnanz Rechtskraft und wurde von der Universität Löwen zusammengestellt[31]. Der Katalog verbotener Bücher (die allgemeinen Bestimmungen über das Bücherwesen gehen wieder voran und sind ähnlich wie die von 1546) enthält ein alphabetisches Verzeichnis

---

[28] Die Plakate vom 23. März 1524, vom 14. Oktober 1529 und vom 22. September 1540 sind in Auszügen bei Reusch: Index S. 23—26 abgedruckt. Das Plakat von 1540: „Ordnung, Statuten und Edikt Keiser Carols des fünfften, publicirt in der namhafften Stat Brüssel ... den 4. Octobris 1540“ lag im vollen Text vor.

[29] Reusch I S. 99.

[30] Titel bei Reusch I S. 114, Fußnote 1: Mandement der Keyserlycker Majesteit, wytgegeven int'jaer 46, met ..., im Auszug abgedruckt bei Reusch: Index S. 27—43. Später im Text zitiert als Löwener Katalog von 1546.

[31] "Les Catalogues des livres reprouvez, Et de ceul que lon pourra enseigner par ladvis de luniversite de Louvain. Avec ledict et mandement de la Maieste Imperiale. A Louvain, Par Servais Sassenus Imprimeur iuré. Lan de Grace 1550. Avec Grace et Privilege de la Maieste Imperiale", Reusch: Index S. 44—72. Später im Text zitiert als Löwener Katalog von 1550.

von lateinischen Schriften, geordnet nach den Vornamen der Verfasser, sodann ein Verzeichnis von lateinischen Schriften ohne Verfasser, ein Verzeichnis von Bibeln und Neuen Testamenten, eine Liste von verbotenen deutschen und welschen Büchern und schließlich die Aufführung der für die Schulen erlaubten Bücher. In diesem Katalog sind die 1540 ergangenen Verbote eingeordnet.

Durch Ordonnanz Philipps II. erging am 16. Dezember 1557, Druck 1558, ein dritter Katalog von verbotenen Büchern, der wiederum von der Universität Löwen bearbeitet worden war und die seit 1550 erschienenen ketzerischen Schriften verbietet[32].

cc) Kaiserliche Maßnahmen für Spanien

Auf Befehl Karls V. veröffentlichte die Suprema mit einem Anhang der bis dahin in Spanien durch die spanische Inquisition verbotenen Bücher den Löwener Katalog von 1550 in Spanien, der dort 1551 mit dem Anhang der bis dahin in Spanien ergangenen Bücherverbote im Druck erschien[33].

dd) Königliche Verzeichnisse von verbotenen Büchern in England 1526—1555

In der Regierungszeit Heinrichs VIII. wurden die ersten Bücherverbote auf Befehl des Königs erlassen. Sie erstreckten sich über den Zeitraum von 1526—1555 und enthielten fast ausschließlich theologisch-reformatorische Literatur. Den römischen Indices haben sie wohl nicht so sehr wie die Löwener Verzeichnisse als Vorlage gedient, Christoph Hegendorph ist jedoch darauf zu finden[34].

ee) Königliche und parlamentarische Verzeichnisse von verbotenen Büchern in Frankreich 1525—1555

Bis auf eine Ausnahme[35] ergingen die Verordnungen zur Regelung des Bücherwesens in Frankreich durch den König und die Parlamente mit

[32] "Le Catalogue Des Livres Reprouvez et des livres que lon pourra lire aux enfans es escholles particulieres, selon le jugement de Luniversité de Louvain. Imprimé par ordonnance de la Magesté Royalle. A Louvain, par Martin Verhasselt Imprimeur Juré. Lan de Grace 1558. Avec Grave et Privilege du Roy. Signé D'Overloepe", Reusch: Index S. 44—72. Später im Text zitiert als Löwener Katalog von 1558.

[33] „Catalogi librorum reprobatorum, et praelegendorum, ex iudicio Academiae Lovaniensis. Cum edicto Caesareae Maiestatis evulgati. Valentiae, Typis Joannis Mey Flandri 1551. Mandato Dominorum de consilio sanctae generalis Inquisitionis", abgedruckt ohne den Löwener Katalog bei Reusch: Index S. 73—77.

[34] Die einzelnen Mandate sind in Auszügen wiedergegeben bei Reusch: Index S. 5—22.

[35] Es handelt sich hier um die Dekrete der beiden Provinzialkonzilien von

dem Ziel der Unterdrückung des häretischen Schrifttums von 1525 bis 1555[36].

ff) Bücherverbotsverzeichnisse des Senats von Lucca 1545

Das erste in Italien publizierte Verzeichnis von verbotenen Büchern erschien als Anhang zu einer Verordnung vom 12. Mai 1545 des Senats von Lucca. Der lateinische Katalog enthält 28 Namen von Schriftstellern, deren sämtliche Werke verboten sind, und einige Verbote einzelner Schriften[37].

c) Lokale kirchliche Verzeichnisse von verbotenen Büchern

Die Kataloge verbotener Bücher, die von kirchlichen Stellen herausgegeben wurden zur Bekämpfung des reformatorischen Schrifttums, liegen zeitlich später als die weltlichen Verordnungen dieser Art und lassen deutlich das staatliche Vorbild erkennen.

aa) Bücherverbotsverzeichnisse der Kölnischen Synoden von 1549 und 1550

Der einzige deutsche Bücherverbotskatalog, der vor dem ersten römischen Index erschien, wurde 1549 zu Köln durch die Provinzialsynode erlassen[38]. Allen Gläubigen wird hier unter Androhung des Anathems geboten, sich vor allen Schriften der im folgenden namentlich aufgezählten bekannten evangelischen Theologen der Zeit (z. B. Luther, Melanchthon, Calvin, Bucer, Oecolampad, Bullinger usw.) und ähnlich gefährlichen Autoren, darunter auch Oldendorp und Hegendorph, zu hüten. 1550 folgte eine Instruktion der Diözesansynode[39] an die Äbte, Prälaten und Dechanten zur Beobachtung und gegebenenfalls Einziehung des ketzerischen Schrifttums bei Geistlichen und Laien. Die schon 1548 verbotenen Autoren und ihre Schriften werden erneut eingeschärft und ein absolutes Schriftenverbot für alle nicht ausdrücklich genannten Lutheraner

---

Paris und Bourges aus dem Jahre 1528, durch die die Schriften Luthers und seiner Anhänger verboten wurden, Reusch I S. 140.

[36] Reusch: Index S. 86—129. Hier werden die Bücherverbotskataloge aus den Jahren 1544, 1547, 1551, 1556 wiedergegeben, die von der theologischen Fakultät der Sorbonne angefertigt wurden und von König und Parlament ausgingen. Der Bücherverbotskatalog des französischen Generalinquisitors Vidal de Bécanis (Reusch: Index S. 130—135) ist kein rein geistlicher Katalog, da die französische Inquisition staatlich gelenkt war. Seine Entstehungszeit wird um 1548 (Reusch I S. 167) angesetzt.

[37] „Legge riguardante le nuove opinioni religiose, e divieto di libri ereticali", Reusch: Index S. 136—137.

[38] „Decret der provincialsynode von 1549", Reusch: Index S. 78.

[39] „Instruction für die visitation der erzdiöcese, promulgiert auf der dioecesansynode von 1550", Reusch: Index S. 78—81.

oder Anhänger einer anderen Sekte oder überhaupt aller von der katholischen Kirche Fernstehenden ausgesprochen.

bb) Bücherverbotsverzeichnisse von kirchlichen Einrichtungen in Italien von 1549—1554

In Italien erschienen von 1549—1554 vier Bücherverbotsverzeichnisse zur Bekämpfung der häretischen Literatur, die von kirchlichen Stellen herausgegeben wurden.

1549 publizierte Giovanni della Casa, der pästliche Nuntius in Venedig, wohl im Einverständnis mit Rom, einen nicht im Original erhaltenen Bücherverbotskatalog in italienischer Sprache[40], in dem alle Schriften der aufgeführten ketzerischen Autoren (142 Eintragungen ohne die Wiederholungen) verboten werden.

1552 soll von der Florentiner Inquisition nach den Angaben von Vergerio[41] ein Katalog von verbotenen Büchern ediert worden sein, der jedoch nicht erhalten ist.

1554 erließ der Erzbischof und Generalinquisitor von Mailand, Gio. Angelo Arcimboldi, mit Zustimmung des kaiserlichen Senats von Mailand ein in italienischer Sprache geschriebenes Edikt, dem ein Katalog mit Autorennamen von Ketzern mit absolutem Schriftenverbot und Einzelschriftenverbote folgen[42]. Der Katalog enthält insgesamt 500 Eintragungen ohne Wiederholungen.

Im Edikt wird außer den schon bekannten allgemeinen Bücherverbotsvorschriften die Verpflichtung aller Gläubigen der Diözese Mailand zur Denunziation von Ketzern oder der Ketzerei Verdächtigen ausgesprochen. Der Ankläger soll geheim gehalten werden und ein Drittel der Geldstrafe erhalten.

In demselben Jahr erschien ein Bücherverbotskatalog in Venedig, der von der Venezianischen Inquisition mit Genehmigung des päpstlichen Nuntius herausgegeben wurde. In der von Reusch[43] abgedruckten Fassung, der den von Vergerio wiedergegebenen Druck benutzt hat, geht dem Katalog der Namen- und Schriftenverbote kein Dekret oder Erlaß voran. Der Katalog stimmt fast mit dem Mailänder Verzeichnis überein, er ist

---

[40] „Intendonsi damnate et prohibite tutte le opere da gli infra scriti heretici et heresiarchi, che si ritrovano composte in sacra theologia et in ogni altra materia ecclesiastica, si Latine come volgari, cio è: . . ." Reusch: Index S. 138—142.

[41] Vergerio S. 5.

[42] „Catalogo degli Heretici", Reusch: Index S. 143—175.

[43] „Cathalogus librorum haereticorum, qui hactenus colligi potuerunt a viris Catholicis, supplendus in dies, si qui alii ad notitiam devenerint, de comissione Tribunalis Sanctissimae inquisitionis Venetiarum. Venetiis apud Gabrielem Julitum de Ferrariis et Fratres 1554", Reusch: Index S. 143—175.

um 70 Eintragungen erweitert und berichtigt an einzelnen Stellen Falscheintragungen des Mailänder Exemplars. In einem Anhang folgt das Decretum Gelasianum. Dem Venezianischen Katalog kommt besondere Bedeutung zu, weil seine Verbote hauptsächlich die Grundlage des ersten römischen Index gebildet haben[44]. Ein Vergleich zeigt, daß der Venezianische Katalog seinerseits bevorzugt die Löwener Verzeichnisse ausgewertet und den Katalog della Casas fast vollständig rezipiert hat. Die Übernahmen vorausgegangener lokaler Verbote durch andere Kataloge sind jedoch in der Regel nicht in derselben Verbotsschärfe erfolgt, vielfach hat man häufig die Position eines Verfassers, von dem im Löwener Katalog beispielsweise nur eine Schrift verboten war, in der Weise verschärft, daß man nur seinen Namen in das Verzeichnis aufgenommen hat, was absolutes Schriftenverbot bedeutete.

d) Die römischen Indices des 16. Jahrhunderts

Trotz der Maßnahmen der Vorzensur, der Erklärung der Reformatoren und ihrer Anhänger zu Häretikern und des daraus folgenden absoluten Schriftenverbots, erstrebte die römische Kirche Koordinationsmaßnahmen auf dem Gebiet des Bücherwesens mit Wirkung für die Gesamtkirche[45].

aa) Der erste römische Index von 1558/59

Paul III. gab 1542 der römischen Inquisition durch die Bulle „Licet ab initio“[46] die rechtliche Gestalt eines Inquisitionstribunals, das als letzte Instanz aller Glaubensgerichte fungierte und in den dem Papst reservierten Fällen erstinstanzlich entschied[47]. Zu den Aufgaben der Inquisition, die durch die Bulle Sixtus V. vom 22. Januar 1587 „Immensa aeterni“[48] an die erste Stelle aller kurialen Behörden de jure gerückt wurde und der bis 1968 der Papst selbst vorstand, gehörte die Verurteilung von Häresie, Apostasie, Schisma und ähnlichen Tatbeständen mit Wirkung für die Gesamtkirche. Sie konnte seit 1542 direkt ohne Einschaltung der Ortsbischöfe und überall gegen Ketzer und Ketzereiverdächtige vorgehen. Auch die Unterdrückung von häretischem Schrifttum fiel in ihren Aufgabenbereich und wurde durch sie ausgeübt. Hierüber gibt ein Dekret der Generalinquisitoren vom 12. Juli 1543 Auskunft[49], das die Beseitigung von ketzerischen und von Ketzern verfaßten Büchern bei Strafe der

---

[44] Reusch I S. 218.

[45] Hollweck S. 6, 7. Auch von protestantischer Seite wurden Indices erlassen. Eine Darstellung dieser Indices findet sich bei Bonnant.

[46] Bull. I. S. 762—763.

[47] Hinschius I S. 448.

[48] Bull. II. S. 667—674.

[49] Reusch I S. 170—171.

Exkommunikation und einer Geldstrafe, die zur Hälfte dem Ankläger zufallen sollte, gebietet und sich an die Buchhändler Italiens richtet. Den Buchdruckern wird bei Androhung derselben Strafen die Einholung der kirchlichen Approbation vorgeschrieben. Allen wird befohlen, ketzerische, irrige, temeräre und aufrührerische Bücher weder zu erwerben noch zu lesen oder anderen mitzuteilen.

Julius III. nahm in seiner Bulle vom 29. April 1550[50] alle jemals erteilten Leseermächtigungen von verbotenen Büchern zurück und ordnete die Ablieferung aller ketzerischen Bücher an. Die Generalinquisitoren sollten gegen die Ungehorsamen einschreiten.

Paul IV. gab der Inquisition den Auftrag, einen Katalog von verbotenen Büchern für die Gesamtkirche anzufertigen, um eine Konzentration der Bücherverbotsverzeichnisse allgemeinverbindlich herbeizuführen[51]. Dieses Verzeichnis erschien erstmals 1557 im Druck unter dem Titel: „Index auctorum et librorum qui . . . ab Officio S. Romanae Inquisitionis reprobantur et in universa Christiana Republica interdicuntur[52].“ Dieser Index wurde jedoch nicht verbreitet, sondern durch eine von Druckfehlern und Ungenauigkeiten gereinigte neue Ausgabe vom 30. Dezember 1558, gedruckt im Jahre 1559, ersetzt:

„Index autorum et librorum qui ab Officio Sanctae Rom. et Universalis Inquisitionis caveri ab omnibus et singulis in universa Christiana Republica mandantur, sub censuris contra legentes, vel tenentes libros prohibitos in Bulla, quae lecta est in coena Domini, expressis, et sub alijs poenis in Decreto eiusdem Sacri officij contentis. Index venundatur apud Antonium Bladum, Cameralem impressorem, de mandato speciali sacri officij, Romae, Anno Domini 1559, Mense Januarij[53].“

Diese zur Verbreitung gelangte erste offizielle Ausgabe eines römischen Bücherverbotskatalogs für die Gesamtkirche verwendet zum erstenmal die Bezeichnung „Index“, während seine nationalen und lokalen Vorgänger von „Catalogi“ sprechen. Aus dem Titel geht hervor, daß der Index nicht nur ein Verzeichnis von verbotenen Schriften, sondern auch von verbotenen Autoren enthält. Diese Unterscheidung wird in der Klasseneinteilung deutlich, da die erste Klasse nur die Autorenverbote enthält, während in der zweiten und dritten Klasse Einzelschriftenverbote zu finden sind. Aus der Titelfassung geht weiter hervor, daß der Index von der Inquisition erlassen wurde. In dem einleitenden, dem Index vorangestellten Dekret der Inquisition werden alle Christen bei den in der Bulla Coenae Domini (gemeint ist die letzte Fassung von 1536)

---

[50] Reusch I S. 171—172.

[51] Feßler S. 153.

[52] Reusch I S. 258.

[53] Reusch: Index S. 176—208.

und den Dekreten des Laterankonzils angedrohten Strafen und anderen aufgezählten Kirchenstrafen aufgefordert, die im folgenden Index erwähnten Autoren- und Einzelschriftenverbote zu beachten. Dieselbe Strafe soll den treffen, der ketzerische Schriften, die nicht Aufnahme im Index gefunden haben, wissentlich liest, besitzt, druckt, verbreitet und dergleichen mehr. Daraus geht hervor, daß der Index nur eine Auswahlliste von Verboten darstellt und daß die bis zum Erlaß des Index ergangenen allgemeinen Bestimmungen hinsichtlich des absoluten Verbots von Schriften ketzerischen Inhalts und von allen Schriften häretischer Verfasser weiter gelten[54].

Dem Index angehängt ist eine Liste von 61 vornehmlich deutschen Druckern (vgl. dazu auch S. 59), deren Verlagserzeugnisse unabhängig vom konkreten Inhalt absolut verboten sind.

Die Härte der allgemeinen und speziellen Verbote hatte im Jahre 1561 eine „Moderatio"[55] zur Folge, die am 14. Juni 1561[56] durch den für die Gesamtkirche zuständigen Generalinquisitor, Michele Ghislieri, in der Regierungszeit Pius IV. veröffentlicht wurde[57]. Die „Moderatio" enthält Konzessionen der Inquisition für das Lesen von Bibeln in der Volkssprache und eröffnet Expurgationen bestimmter Bücherkategorien durch Bischöfe und Inquisitoren. Die Druckerliste wird ganz gestrichen.

bb) Der zweite römische Index von 1564

Trotz der „Moderatio" konnte die Kirche den ersten römischen Index in den meisten europäischen Ländern nicht durchsetzen[58]. Deshalb beauftragte Pius IV. eine Kardinalskommission des in der dritten Periode tagenden Tridentinischen Konzils, den römischen Index einer Überprüfung zu unterziehen[59].

Diese Tridentinische Indexkommission entschloß sich, den ersten römischen Index von 1558/59 mit einigen Weglassungen, Zusätzen und Korrekturen beizubehalten[60]. Insbesondere hat man versucht, die Fehlent-

---

[54] s. a. Hilgers S. 68.

[55] Arndt S. 72.

[56] Nicht am 24. Juni, wie Zaccaria S. 147, Reusch I S. 299, Arndt S. 72 u. a. meinen.

[57] „Moderatio indicis librorum prohibitorum", abgedruckt von Hilgers in ZfB 28 (1911) S. 120—121.

[58] Spanien und Frankreich verpflichteten ihre Untertanen nicht zur Beachtung des römischen Index von 1558/59 und in den deutschen Territorien verfuhr man nach dem Grundsatz von 1555 „cuius regio eius religio".

[59] Gallemart S. 193 Sessio octava quae est secunda sub Pio IV. Pont. Max. 26. Februar 1562: Decretum: „De librorum delectu & omnibus ad concilium fide publica invitandis."

[60] Dies geht aus der Praefatio zum Tridentinischen Index hervor, die der Sekretär der Indexkommission, Franciscus Forerius, verfaßt hat, und die dem

scheidungen des ersten Index zu korrigieren, die infolge eines Irrtums oder aus anderen Gründen dazu geführt hatten, daß katholische und fromme Männer unter die häretischen Autoren eingereiht worden waren[61]. Die Kommission arbeitete zusätzlich zehn Allgemeine Regeln aus, die Vorzensur, Bücherverbot, Korrektur und Expurgation (oder Reinigung) von verbotenen Büchern betrafen. Der bei Konzilsende noch nicht ganz fertiggestellte Index wurde in der Schlußsitzung vom 4. Dezember 1563[62] zusammen mit den zehn Regeln zur Vollendung und Veröffentlichung an Papst Pius IV. weitergeleitet. Pius IV. sanktionierte und promulgierte den Index zusammen mit dem Regelwerk unter dem Titel:

„Index librorum prohibitorum ..."[63] in der dem Index vorangestellten Bulle „Dominici gregis" vom 23. März 1564. Die Rechtskraft trat drei Monate nach Anheftung der Bulle an den dafür üblichen Orten in Rom für die ganze Welt ein.

In der Bulle werden Index und Regeln als Maßnahmen der Reinhaltung des Glaubens gutgeheißen und die Gläubigen der ganzen Welt zu ihrer Beachtung verpflichtet. Zuwiderhandlungen werden mit Kirchenstrafen bedroht.

Die auffälligste Änderung gegenüber dem ersten Index liegt in der Titeländerung. Aus dem „Index autorum et librorum" ist ein „Index librorum prohibitorum" geworden. Trotzdem wird die Klasseneinteilung beibehalten und in derselben Weise weitergeführt. Für Verbote der zweiten und dritten Klasse werden gegebenenfalls Expurgationsvorbehalte eingeführt, die durch die Wendung „donec corrigatur" oder „donec expurgetur" ausgedrückt werden. In der Sanktionsbulle Pius IV. wird der erste römische Index nirgends erwähnt, es gibt daher auch keine Stelle, die eine Erklärung über die Titeländerung enthielte. Der neue Titel wurde jedoch bis zur Aufhebung des römischen Index 1966 beibehalten, wie auch der Tridentinische Index mit seinen Regeln die Grundlage der folgenden römischen Indices bis 1900 bildete[64].

Indexabdruck vorangestellt ist. Reusch: Index S. 246: „... nihil utilius fieri posse, quam si Romanus ille prohibitorum librorum index, ab Inquisitoribus Romae postremo confectus, paucis tantum demptis atque etiam additis retineretur ..."

[61] Dies geht aus einem Brief hervor, den der Prager Erzbischof, Anton Brus von Müglitz, der Vorsitzende der Tridentiner Indexkommission, am 18. Juni 1563 an König Maximilian II. schrieb. Abgedruckt bei Steinherz, Briefe Nr. 75, S. 109.

[62] Gallemart S. 629.

[63] „Index librorum prohibitorum, cum Regulis confectis per Patres a Tridentina Synodo delectos, auctoritate Sanctiss. D. N. Pii IIII, Pont. Max. comprobatus. Romae, aqud Paulum Manutium, Aldi F. 1564. In aedibus populi Romani", Reusch: Index S. 243—281.

[64] Péries S. 27; Arndt S. 73.

Trotz dieses für die Gesamtkirche verbindlichen Bücherverbotsverzeichnisses erschienen weiterhin nationale und lokale Bücherverbotskataloge, die teilweise den Tridentinischen Index rezipierten und eigene Verbote hinzufügten, teilweise den römischen Index nicht anerkannten und einen eigenen Katalog an seine Stelle setzten. Eine Kurzdarstellung einiger nach 1558/59 erschienenen außerrömischen Indices empfiehlt sich, da die folgenden römischen Indices des 16. Jahrhunderts ihre Verbote weitgehend aus diesen Verzeichnissen nahmen.

α) Die Rezeption des Tridentinischen Index von 1564 in den Bücherverbotskatalogen der Niederlande von 1569, 1570; Bayerns von 1582; Portugals von 1581; Parmas von 1580

Die auf Befehl Philipps II. in den Niederlanden herausgegebenen Bücherverbotskataloge haben den Tridentinischen Index rezipiert, aber eigene neue Bücherverbote hinzugefügt.

„Index librorum prohibitorum cum Regulis confectis per Patres a Tridentina Synodo delectos, authoritate ... Pii IIII. comprobatus. Una cum iis qui Mandato Regiae Catholicae Maiestatis et ... Ducis Albani Consiliique Regii Decreto prohibentur, suo quaeque loco et ordine repositis. Leodii: Hovius 1569[65].“

„Index librorum prohibitorum cum regulis confectis per patres a Tridentina Synodo delectos, Auctoritate ... Pii IIII ... comprobatus. Cum Appendice in Belgio ex mandato Regiae Cathol. Maiestatis confecta. Antverpiae: Plantin 1570[66].“

Der Nuntius Gregors XIII. für Oberdeutschland, Felicianus Ninguarda, veröffentlichte durch ein Mandat vom 20. Dezember 1581 eine vermehrte Ausgabe des Tridentinischen Index in München im Einvernehmen mit Herzog Wilhelm V. von Baiern[67]:

„Index Librorum Authorumque S. Sedis Apostolicae, Sacrique Concilij Tridentini authoritate prohibitorum, insertis suo loco nonnullis in Tridentino Indice non comprehensis, quorum tamen lectione omnibus Christi fidelibus in Bavaria existentibus interdixit Reverendissimus in Christo Pater ac ... Felicianus, Episcopus Scalensis, & ... Gregorii XIII. ad Bavariam & alias partes Germaniae superioris Nuncius, cum potestate legati de latere, etc. cum praefixo eiusdem Reverendissimi ... Nuncij hac de re mandato. Monachii: Berg 1582[68].“

---

[65] Reusch: Index S. 282—288.

[66] Reusch: Index S. 289—319.

[67] 1566 und 1569 wurden in Bayern durch den Herzog zwei Verzeichnisse von erlaubten Büchern veröffentlicht. Abgedruckt bei Reusch: Index S. 324—337.

[68] Reusch: Index S. 341—350.

Der Generalinquisitor von Portugal, Dom Jorge Dalmeida, Erzbischof von Lissabon, ließ 1581 den Index Pius IV. mit den Tridentiner Regeln und einem Anhang der für Portugal verbotenen Bücher und anderen auf das Verbieten von Büchern bezüglichen Regeln drucken:

„Index librorum prohibitorum cum regulis confectis per patres a Tridentina Synodo delectos, auctoritate ... Pii IIII ... comprobatus. Nunc recens de mandato ... Georgii Dalmeida Metropolyt. Archiepiscopi Olyssiponensis, totiusque Lusitanicae ditionis Inquisitoris Generalis in luce editus. Addito etiam altero Indice eorum Librorum qui in his Portugaliae Regnis prohibentur, cum permultis aliis ad eandem Librorum prohibitionem spectantibus, eiusdem quoque Illustriss. ac Reverendiss. Domini iussu. Olyssipone: Riberius 1581[69]."

Im Jahre 1580 ist zu Parma ein Index herausgegeben worden, von dem nicht feststeht, ob er in Kraft gewesen ist[70]. Der Index trägt den Titel:

„Novus Index librorum prohibitorum et suspensorum. Parmae: Viotus 1580[71]." Der Index enthält außer den tridentinischen Verboten neue Verbote und hat wahrscheinlich für das Inquisitionsgebiet Venetien und Lombardei Geltung gehabt[72]. Sicher ist er von den Kompilatoren des dritten römischen Index von 1589/90 benutzt worden[73].

β) Die spanischen Bücherverbotskataloge nach 1558/59

In Spanien fand der römische Index keine Beachtung. Sixtus IV. hatte durch die Bulle vom 1. November 1478[74] der spanischen Inquisition Selbständigkeit und Unabhängigkeit von der römischen verliehen, so daß die spanischen Maßnahmen auf dem Gebiet der Ketzerverfolgung nicht von Rom gelenkt wurden[75]. 1588 bestätigte Sixtus V. die 1478 verliehenen Privilegien[76], auf Grund deren die spanische Inquisition bis Ende des 19. Jahrhunderts Bücherverbotskataloge erließ[77].

Am 7. August 1559 erschien in Spanien durch Edikt des spanischen Generalinquisitors Fernando Valdés (einige Monate nach dem ersten römischen Index) der erste selbständige Index der spanischen Inquisition:

---

[69] Reusch: Index S. 351—376.

[70] Hilgers S. 519.

[71] Teilabdruck bei Reusch: Index S. 579—582.

[72] Hilgers S. 519.

[73] Reusch: Index S. 579.

[74] Lea I S. 95; Rouco-Varela S. 257.

[75] Lea III S. 44.

[76] Reusch I S. 175.

[77] Hollweck S. 13 berichtet, daß Rom die spanische Inquisition Ende des 19. Jahrhunderts aufgefordert habe, auf einen eigenen Index zu verzichten.

„Cathalogus librorum, qui prohibentur mandato ... Fernandi de Valdes Hispalensis Archiepiscopi, Inquisitoris Generalis Hispaniae. Necnon et Supremi Sanctae ac Generalis Inquisitionis Senatus. Hoc anno 1559 editus. Quorum iussu et licentia Sebastianus Martinez Excudebat Pinciae[78]."

Durch Erlaß vom 20. Mai 1583 veröffentlichte der spanische Generalinquisitor Gaspar Quiroga, Erzbischof von Toledo, den zweiten Bücherverbotskatalog für Spanien:

„Index et Catalogus Librorum prohibitorum, mandato ... Gasparis a Quiroga, Cardinalis Archiepiscopi Toletani, ac in regnis Hispaniarum Generalis Inquisitoris denuo editus. Cum consilio supremi Senatus Sanctae Generalis Inquisitionis. Madriti: Gomez 1583[79]."

cc) Der dritte römische Index von 1589/90 Gründung und Aufgabe der Indexkongregation

Der dritte römische Index des 16. Jahrhunderts kompiliert zum großen Teil die inzwischen ergangenen Autoren- und Bücherverbote der nationalen und lokalen Verzeichnisse. Er ist durch die Bulle Sixtus V. „Romanum Pontificem" vom 9. März 1589 sanktioniert und promulgiert worden.

Der Sixtinische Index weicht von der Tridentiner Titelfassung ab und trägt die Überschrift:

„Bulla ... Sixti Papae V. Emendatioris indicis cum suis regulis super librorum prohibitione, expurgatione & revisione, necnon cum abrogatione caeterorum indicum hactenus editorum & revocatione facultatis edendorum, nisi ad praescriptam harum regularum normam. Romae, Apud Paulum Bladum Impressorem Cameralem 1590[80]." Die Rechtskraft des Index trat nach Anheftung der Bulle an den üblichen Orten Roms mit Ablauf von einem Monat in Rom, von drei Monaten für Italien und von sechs Monaten jenseits der Berge (also für die ganze Welt) ein, so daß der Index mit den vorangestellten allgemeinen Regeln, die auf 22 Bestimmungen angewachsen waren, noch im Jahre 1589 für die ganze Christenheit verbindlich wurde.

In der Bulle wird der bisher in Kraft befindliche Index Pius IV. ausdrücklich aufgehoben und der neue, von der Indexkongregation ausgearbeitete Index zusammen mit den 22 Regeln an dessen Stelle gesetzt.

Um die Inquisition zu entlasten, hatte Pius V. in einem Motu Proprio vom 19. November 1570, das durch die Bulle Gregors XIII. vom 13. Sep-

[78] Reusch: Index S. 209—242.

[79] Reusch: Index S. 377—447.

[80] Reusch: Index S. 448—523.

tember 1572 „Dilectis filiis“[81] bestätigt wurde, die Indexkongregation ins Leben gerufen. Die Aufgabe der Kongregation bestand im Verbot von schlechten Büchern für die gesamte Kirche und in der Expurgation von verbotenen Büchern. Die Kongregation sollte regelmäßig Expurgationen veröffentlichen, um damit den Expurgationen anderer vorzubeugen[82]. Sixtus V. gab der Kongregation durch die Bulle vom 22. Januar 1587[83] Vollmacht, die Kataloge und Indices verbotener Bücher einschließlich der Regeln zu revidieren, die bereits verbotenen oder mit Expurgationsvorbehalt versehenen Bücher erneut zu untersuchen und „Indices Expurgatorii“ anzufertigen. Zu diesem Zweck sollten gelehrte Männer herangezogen und die katholischen Universitäten um ihre Mithilfe gebeten werden.

Einen Expurgationsindex hat die Indexkongregation nie herausgegeben[84], die folgenden römischen Verbotsindices sind aber im wesentlichen von ihr zusammengestellt worden und setzen sich aus ihren Verbotsdekreten zusammen.

Der von der Indexkongregation erstmals angefertigt Sixtinische Index erschien 1590 im Druck, die wenigen bis zum Tode Sixtus V. am 27. August 1590 ausgegebenen Druckexemplare wurden jedoch durch seinen Nachfolger, Clemens VIII., eingezogen und die Verbreitung und Kenntnisnahme des Index damit praktisch unmöglich gemacht. Die Erklärung von Hilgers[85], der Index sei nicht verbreitet worden, weil er im Druck noch nicht fertiggestellt war, als Sixtus V. starb, die er dem Breve

[81] Abdruck bei Hilgers, Anlage VI. S. 510—515.

[82] Es wird hier auf den ersten Expurgationsindex von 1571 Bezug genommen, der nicht von Rom, sondern von den Niederlanden ausgegangen war.

[83] Bull. II. S. 670: . . . „ut librorum ejusmodi catalogos, & indices, aut proxime confectos, eorumque regulas editas recognoscant, atque examinent, certorum auctorum libros prohibitos, aut quovis modo in prioribus indicibus suspensos diligenter excutiant, & prout expedire judicaverint, permittant libros, qui post Indicem Tridentini conc. jussu editum prodierunt, Catholicae doctrinae, Christianorumque morum disciplinae repugnantes, expendant & recognoscant, ac ubi nobis retulerint, nostra auctoritate rejiciant, hominum vero injuria & dolo depravatos emendent, eos libros qui paucis erroribus rejectis, alioquin utiles studiosis esse possent, expurgandi, atque corrigendi modum ineant, indicesque expurgatorios conficiant, novos praeterea libros approbandi & imprimendi rationem praescribant . . .“

[84] Von der Indexkongregation gehen in den kommenden Jahrhunderten die meisten Bücherverbote aus, die anderen römischen Kongregationen behielten jedoch die Kompetenz, Bücherverbote zu erlassen. Eine Regelung des Bücherverbotsverfahrens der Indexkongregation und der Inquisition erfolgte erst durch die Bulle Benedikts XIV. vom 9. Juli 1753 „Sollicita ac Provida“, abgedruckt in jeder Indexausgabe nach 1758. Durch das Motu Proprio „Alloquentes“ Benedikts XV. vom 25. März 1917 (AAS 9.1917. S. 167) wurde die Indexkongregation in eine „Sezione della censura dei libri“ des Heiligen Officiums umgewandelt.

[85] Hilgers S. 12.

Clemens VIII., das den Index von 1595/96 einleitet, zu entnehmen glaubt, ist mit Vorsicht aufzunehmen, da der Index nicht nur schon 1589 rechtskräftig geworden war, sondern auch gedruckte Exemplare, die einen vollständigen Index zeigen, vorhanden waren. Vielmehr ist anzunehmen, daß Clemens VIII. die Beachtung des Sixtinischen Index verhindern wollte und dies auch erreichte, indem er seine Verbreitung untersagte.

dd) Der vierte römische Index von 1595/96

Clemens VIII. setzte schließlich durch Breve vom 17. Oktober 1595 (das Druckerprivileg ist vom 29. Dezember 1596) einen neuen Index an die Stelle des Sixtinischen:

„Index librorum prohibitorum cum regulis confectis per Patres a Tridentina Synodo delectos auctoritate Pii IIII. primum editus postea vero a Syxto V. auctus et nunc demum S. D. N. Clementis PP. VIII. iussu, recognitus, & publicatus. Instructione adjecta. De exequendae prohibitionis, deq. sincere emendandi, & imprimendi libros, ratione. Romae, Apud Impressores Camerales 1596[86]." Die Rechtskraft trat am 27. März 1596 ein. Trotz der Einbeziehung des Sixtinischen Index in die Titelfassung des Clementinischen Index, weicht Clemens VIII. entscheidend von seinem Vorgänger ab, da er den Tridentinischen Index mit allen seinen Bestimmungen wieder voll einführt und die inzwischen ergangenen Verbote — um die Abhängigkeit vom Tridentinischen Index zu zeigen — in jeder Klasse durch einen „Appendix" anfügt. Neben den anerkannten 10 Tridentiner Regeln fügt Clemens den Tridentiner Regeln IV und IX sog. „observationes" bei und erläßt besondere Bestimmungen zum Talmud und anderen jüdischen Büchern. Außerdem werden Instruktionen über Bücherverbot, Bücherverbesserung und Buchdruck vorangestellt, die sich auf das von den Bischöfen einzuhaltende Verfahren beziehen. Der Index behält die Klasseneinteilung bei wie übrigens auch der Sixtinische Index und übernimmt zahlreiche Verbote des Sixtinischen Index.

4. Die Rechtsentwicklung der römischen Indices in den folgenden Jahrhunderten bis zu ihrer Aufhebung im Jahre 1966

Die Indices der folgenden Jahrhunderte sind dadurch gekennzeichnet, daß sie bereits rechtskräftig gewordene Bücherverbote kompilieren, und daß fortan das Personenverbot zugunsten eines reinen Bücherverbots aufgegeben wird. Die Bücherverbote ergehen in der Regel durch die Indexkongregation oder eine andere Kongregation (von den Bücherverboten durch den Papst oder die allgemeinen Konzilien soll hier abgesehen werden, sie gab es ja immer schon) in Form von sogenannten Dekreten.

---

[86] Reusch: Index S. 524—578.

Diese stellen eine Publikationsform von Bücherverboten dar, die sich erst nach dem letzten römischen Index des 16. Jahrhunderts nachweisen läßt. Durch die Dekrete werden meistens mehrere bis dahin nur aktenkundige und nicht veröffentlichte Bücherverbote publiziert[87]. Die einzige leider nicht vollständige Sammlung dieser Dekrete, die von 1603—1663 ergangen sind, enthält der „Index librorum prohibitorum" Alexanders VII. von 1664[88] in dem Teil, der mit „Index Decretorum" überschrieben ist[89]. Die Dekrete sprechen Einzelschriftenverbote oder opera omnia-Verbote aus, die Autorenverbote enden mit dem Abbruch der Klasseneinteilung im Jahre 1603.

In der Bulle „Speculatores" vom 5. März 1664 knüpft Alexander VII. an den Tridentinischen und Clementinischen Index an, indem er die in diesen Indices ausgesprochenen Verbote und die inzwischen durch Dekret ergangenen Verbote in ein Alphabet, geordnet nach Vornamen, einfügt. Die seit 1603 nicht mehr fortgeführte Klasseneinteilung wird offiziell aufgegeben. Die „allgemeinen Regeln" von 1564 und 1595/96 gelten weiter; hinzukommen „observationes" zur 10. Tridentiner Regel.

Der nächste einschneidende römische Index erscheint 1758 durch Breve Benedikts XIV. vom 23. Dezember 1737[90]. Der Index enthält die Tridentiner Regeln, die Vorschriften Clemens VIII. und Alexanders VII. und die Bulle „Sollicita ac provida", die das Verfahren der Indexkongregation und der Inquisition beim Bücherverbot und für die Bucherlaubnis verbindlich festsetzt. Außerdem werden „Decreta de libris prohibitis nec in Indice nominatim expressis", also ergänzende allgemeine Bestimmungen hinzufügt. Im Index werden alle bisher erlassenen Verbote in ein Alphabet der Nachnamen eingeordnet. Jede Eintragung enthält zusätzlich die Angabe der Quelle des Erstverbots. Von den vier römischen Indices des 16. Jahrhunderts werden als authentische Quellen nur die Indices von 1564 und 1595/96 als „Ind. Trid." und „App. Ind. Trid." angegeben. Bei den durch Dekret verbotenen Büchern wird das Datum des Dekreterlasses hinzugesetzt. Die früheren Indices sind einer gründlichen Revision unterworfen, Druckfehler verbessert, Irrtümer korrigiert und Titelergänzungen vorgenommen worden. Diese Revision hat den Indices des 16. Jahrhunderts besonders gut getan, viele Namens- und Titelentstellungen klären sich im Benediktinischen Index auf, allerdings ist er nicht

---

[87] Hilgers S. 86.

[88] „Index librorum prohibitorum Alexandri VII Pont. Max. iussu editus. Romae ex typographia Camerae Apostolicae 1664, Superiorum permissu & privilegio."

[89] Index Alexanders VII. S. 287—398.

[90] Der Index von 1758 lag nicht vor. Hier wurden die Indices von 1819 und 1841 benutzt, die die Benediktinischen Regeln und Reformen jedoch enthalten.

absolut verläßlich, da manchmal auch Verbote weggefallen sind, die wohl nicht mehr rekonstruiert werden konnten[91].

Die Indices des 19. Jahrhunderts folgen alle der Benediktinischen Fassung, weshalb sie in gleicher Weise die Änderungen, die Benedikt XIV. vorgenommen hat, wiedergeben.

Eine Zäsur zwischen den auf den Tridentinischen Indexregeln fußenden römischen Indices des 16., 17., 18., 19. Jahrhunderts und den römischen Indices des 20. Jahrhunderts setzt der Index Leos XIII., der 1900 im Druck erscheint[92]. In der vorangestellten Konstitution Leos XIII. „Officiorum ac munerum" vom 25. Januar 1897 setzt Leo XIII. die bisherigen allgemeinen kirchlichen Bücherregelungen, die in den Indices seit 1564 mitabgedruckt waren, außer Kraft. Allein die Konstitution Benedikts XIV. „Sollicita ac provida" gilt wieder. An die Stelle der alten Regel treten die „Decreta Generalia" als Grundlage für die allgemeinen Bücherverbote und Erlaubnisse, denen der Index mit den Einzelverboten als pars posterior nachfolgt. Generaldekrete und Indexteil werden als Ganzes gesehen, die Einzelverbote des Index beruhen auf den allgemeinen Vorschriften. Im Hinblick auf die im 16. Jahrhundert durch die Indices verbotenen Schriften interessieren besonders die Artikel 1—4 des ersten Kapitels: „De prohibitione librorum."

Nach Art. 1 sind die Schriften, die vor dem Jahre 1600 entweder von den Päpsten oder den allgemeinen Konzilien verboten wurden und nicht in den neuen Index aufgenommen worden sind, weiter verboten, es sei denn, sie werden durch die Bestimmungen der Decreta Generalia erlaubt[93].

Nach Art. 2 werden die Schriften der Häretiker, Schismatiker, Apostaten und anderer Schriftsteller, die Häresie und Schisma verteidigen oder

---

[91] Der Wittenberger Kanonist Melchior Kling steht noch im Index von 1704 S. 191 in der Clementinischen Fassung: „Melchior Clinch, vel Mlinch", es folgen im Alphabet „Melchior Goldast", Melchior Hofmannus" und dann „Melchior Klingius in praecipuos secundi libri Decretalium titulos & institutiones Juris Civilis". Aus der Auseinanderziehung des Autoren- und Schriftenverbots Klings geht hervor, daß man keinen Zusammenhang mehr zwischen dem Namen Clinch vel Mlinch und Klingius gesehen hat. Benedikt XIV. hat dann auch tatsächlich das Verbot Clinch vel Mlinch weggelassen, wahrscheinlich ließen sich Gegenstand und Ursache des Verbots nicht mehr feststellen.

[92] „Index librorum prohibitorum SSMI D. N. Leonis XIII iussu et auctoritate recognitus et editus praemittuntur Constitutiones Apostolicae de Examine et prohibitione librorum. Romae typis Vaticanis 1900."

[93] Die westeuropäischen Kommentatoren wie Boudinhon S. 83, Péries S. 62, Vermeersch S. 54 legen die Vorschrift streng aus und erkennen die durch die Kongregationen im 16. Jahrhundert erlassenen Bücherverbote nicht an. Da sich die Indices des 16. Jahrhunderts vorwiegend aus den Verboten der Inquisition und der Indexkongregation zusammensetzen, die als ganzes durch päpstlichen Erlaß Rechtskraft erhalten haben, ist wohl Art. 1 auf alle in den Indices des 16. Jahrhunderts enthaltenen Verbote zu beziehen. So auch Hilgers S. 105.

die Grundlagen der Religion untergraben, generell verboten. Die Bücher dieser vom katholischen Glauben abgefallenen Personen, die nicht diesen Inhalt haben, können also gelesen werden, wenn nicht andere Vorschriften entgegenstehen.

Art. 3 verbietet die Bücher von Akatholiken, die ex professo (d. h. speziell) von Religion handeln, es sei denn, sie sagen nichts gegen den katholischen Glauben aus. Suarez[94] zählt dazu theologische Werke mit dogmatischem, exegetischem, moralischem oder liturgischem Inhalt, auch Gebet- und Erbauungsbücher. Alphons von Liguori[95] schließt die kirchenrechtlichen Werke ein: „Sufficit igitur, ut liber unum tantum errorem contineat contra fidem, vel si ex professo agat de Religione, nempe de S. Scriptura, vel de Theologia Scholastica, Dogmatica, aut Morali, vel Mysteriis Fidei, De cultu Dei, aut Sanctorum, de Ritibus Ecclesiae, de Canonibus, de rebus spiritualibus & similibus . . .[96]."

Durch Art. 4 werden die Bücher, die nicht ex professo über Religion handeln, sondern nur nebenbei Glaubenswahrheiten berühren, erlaubt, wenn sie nicht speziell durch kirchliches Dekret verboten sind. Gemeint sind hier wohl Bücher mit hauptsächlich profanem Inhalt[97].

Nach 1900 müssen die im 16. Jahrhundert verbotenen Schriften durch die Gläubigen daraufhin überprüft werden, ob sie im Einklang mit den Leoninischen Vorschriften stehen. Steht keine Bestimmung dem Leseverbot entgegen, so kann das Buch gelesen werden.

Die Decreta Generalia Leos XIII. wurden von der neuen Kodifikation des Kirchenrechts im Jahre 1917 durch die can. 1395—1405 abgelöst. Can. 2318 enthält die Strafbestimmungen im Falle der Nichtbeachtung des Bücherverbots.

Der Codex sieht zwei Arten von Bücherverboten vor. Das Bücherverbot kann sich entweder direkt aus einem Gesetz ergeben (can. 1399), oder es wird durch Verwaltungsakt erlassen (can. 1384 § 1 und can. 1395 § 1)[98].

Der letzte römische Index erschien 1948 unter Pius XII.[99].

Die Aufhebung des Index erfolgte in drei Stadien, eingeleitet durch ein Motu proprio „Integrae servandae" vom 7. Dezember 1965[100], das

---

[94] Tom. 12. disput. XX. sect. II. S. 504.

[95] Tom. 3. lib. VII. n. 283 S. 106.

[96] Derselben Ansicht ist auch Schneider S. 58.

[97] Beispielsweise würde die Geschichte der Rechtswissenschaft hierhingehören, s. a. Schneider S. 60.

[98] May S. 549.

[99] „Index librorum prohibitorum S. S. Mi D. N. Pii PP. XII iussu editus. Romae 1948."

[100] AAS 57. 1965 S. 952—955.

Name, Verfassung und Aufgaben des Hl. Offiziums neu umrissen hat. Die entscheidende Bestimmung dieses MP ist in n. 5 zu suchen, der can. 247 § 4 erheblich abändert. Die hier geregelten Aufgaben des Hl. Offiziums, wie Verurteilung von Schriften von Amts wegen und Erinnerung der Oberhirten zur Schrifttumsüberwachung, werden im MP abgeschwächt in der Weise, daß nicht mehr vom Verbieten, sondern vom Mißbilligen die Rede ist[101]. Die nun entstandene Unklarheit, ob damit auch die allgemeinen Vorschriften des CIC über das Bücherverbot aufgehoben sind, klärte die „Notificatio" vom 14. Juli 1966[102]. In Verbindung mit n. 5 des MP wird hier eine verbindliche Erklärung über die Aufhebung des Index als Kirchengesetz und der damit verbundenen Zensuren ausgesprochen, wobei aber die moralische Geltung der Indexverbote aufrechterhalten wird[103]. Die neuen Zweifel, ob die Notificatio auch die can. 1399 und 2318 § 1 betrifft, wurden durch ein Decretum der Kongregation für die Glaubenslehre vom 15. November 1966[104] geklärt. Danach betrifft die Aufhebung auch die gesetzlichen Bücherverbote des can. 1399. Da can. 2318 § 1 die Strafen für die Nichtbeachtung von gesetzlichen Bücherverboten enthält, zieht die Aufhebung des can. 1399 die Aufhebung der Strafbestimmung des can. 2318 § 1 nach sich[105].

5. Die Rechtsnatur der römischen Indices des 16. Jahrhunderts

Über die Rechtsnatur und die Rechtssystematik der römischen Indices des 16. Jahrhunderts gibt es keine juristisch-dogmatischen Darstellungen. Das einzige umfassende Werk, das die Indizierungspraxis des 16. Jahrhunderts unter Aufdeckung vieler wichtiger Zusammenhänge beleuchtet, ist das Werk von Heinrich Reusch, der jedoch eine kirchengeschichtlich-beschreibende Darstellung gewählt hat. Die übrige Indexliteratur[106] stützt sich im großen und ganzen auf Reusch[107], wenn es sich um Vorgänge des 16. Jahrhunderts handelt. Etwas besser sieht es für die Zeit nach 1600 aus; beispielsweise wird die Rechtsnatur der römischen Indices des 17. und der folgenden Jahrhunderte gut in der Arbeit von Bortolotti[108] dargestellt. Die Aufgabe der Untersuchung lag u. a. darin,

[101] May S. 554.

[102] AAS 58. 1966 S. 445.

[103] Die römische Warte vom 28. Januar 1966. Folge 24. Jg. 7. S. 189.

[104] AAS 58. 1966 S. 1186.

[105] Darüber ausführlich May S. 547—571.

[106] Gemeint sind besonders die Werke von Feßler, Putnam, Hilgers, Hollweck, Schneider, Arndt, Boudinhon, Petit, Péries, Vermeersch und andere mehr.

[107] Ausgenommen sind die Schriften von Zaccaria und Mendham, die vor Reusch liegen.

[108] Robertus Bortolotti. Librorum prohibitio iuxta Notificationem. S. Congr. pro Doctrina Fidei, die 14. iun. 1966. In: Periodica de re morali, canonica, liturgica. Tom. 56. 1967. Fasc. 1. S. 116—138.

an Hand des vorhandenen allgemein zugänglichen Materials die rechtliche Gestalt der Indices des 16. Jahrhunderts und die damit zusammenhängenden rechtlichen Probleme herauszuarbeiten, um die Frage nach den Gründen, die zur Indizierung von Juristen geführt haben, beantworten zu können. Die Einführung in die Entwicklung der Indices des 16. Jahrhunderts ist oben gegeben worden. Die folgende Behandlung der Rechtsfragen baut auf den historischen Zusammenhängen auf.

a) Gemeinsame Merkmale der römischen Indices des 16. Jahrhunderts

aa) Der Index als Kirchengesetz

Die Indices des 16. Jahrhunderts enthalten unter der Überschrift: „Index autorum et librorum“ und „Index librorum prohibitorum“ allgemeine Bestimmungen über das Bücherwesen und den Index als Liste von Einzelverboten. Beides zusammen hat durch Inquisitionsdekret, das unter dem Vorsitz des Papstes beschlossen wurde, oder durch päpstlichen Erlaß Rechtsverbindlichkeit für die ganze Christenheit erhalten. Nach der Definition des Thomas von Aquin[109] ist das Gesetz eine „ordinatio rationis ad bonum commune ab eo qui curam habet communitatis promulgata“. Die Vorschriften der Kirche auf dem Gebiet des Bücherwesens sowohl allgemeiner wie spezieller Art, ergehen zum Schutze der Gläubigen vor Gefährdung ihres Seelenheils durch glaubens- und sittenfeindliche Literatur. Die Maßnahme richtet sich an die gesamte Christenheit. Als oberster Hirte der Gesamtkirche hat der Papst das Gesetzgebungsrecht, stellvertretend kann für ihn eine Kongregation, in deren Kompetenz die Maßnahme fällt, Recht setzen. Die äußere Form, in die die Maßnahme eingekleidet ist (Bulle oder Breve oder Motu Proprio) ist rechtlich gleichgültig. Die Indices haben durch Sanktionsdekret der dazu ermächtigten Inquisition bzw. durch päpstliche Bulle (Breve) Gesetzeskraft erhalten. Die Promulgation ist bei allen Indices — wie es Sitte war — durch Anheftung der Sanktionsbulle (-dekret) an den üblichen Toren Roms nach einer jeweils in der Bulle genannten Zeit für die ganze Welt eingetreten. Rechtskräftig wurden die Indices als Kirchengesetze, also durch Sanktion und Promulgation, nicht etwa durch den Druck, der nur dazu diente, daß die tatsächliche Kenntnisnahme des Kirchengesetzes durch die Gläubigen auf der ganzen Welt ermöglicht wurde.

Der Art nach ist der sogenannte Index ein allgemeines und ein besonderes Gesetz. Seinem Inhalt nach besteht er aus einem allgemeinen Teil, den Regeln, und einem besonderen Teil, dem aus Einzelentscheidungen zusammengesetzten Index der verbotenen Literatur.

---

[109] Aus Eichmann-Mörsdorf I S. 94.

Der Index des 16. Jahrhunderts erfüllt die für ein Kirchengesetz notwendigen Merkmale.

bb) Der Index als Listenverbot konstitutiver und deklaratorischer Art

Allen Indices des 16. Jahrhunderts ist gemeinsam, daß sie Listenverbote teils konstitutiver, teils deklaratorischer Art aussprechen. Was damit gemeint ist, wird leicht verständlich, wenn man die seit dem 17. Jahrhundert übliche Verbotspraxis zum Vergleich heranzieht. Vom 17. Jahrhundert an erfolgt ein Bücherverbot nach drei möglichen Publikationsformen:

1. durch Dekret einer Kongregation,
2. durch den Papst oder die allgemeinen Konzilien,
3. Ipso iure durch die allgemeinen Büchergesetze der Kirche.

Das dritte Verbot bleibt hier unberücksichtigt, weil es sich nicht im Index ausgewirkt hat.

Die Indices setzen sich also seit dem 17. Jahrhundert aus Dekreten und päpstlichen oder konziliären Bücherverboten zusammen. Sie waren damit reine Verbotslisten, also immer eine Sammlung bereits rechtskräftig gewordener Entscheidungen und hatten allein deklaratorische Bedeutung[110]. Im Gegensatz dazu sind die meisten Bücherverbote von Werken des 16. Jahrhunderts zu dieser Zeit durch den Index als solchen ausgesprochen und rechtskräftig geworden. Es handelt sich hier somit um Listenverbote. Abgesehen von den päpstlichen und konziliären Bücherverboten, die es ja immer gegeben hat, und deren Aufnahme in die Indices des 16. Jahrhunderts nur deklaratorisch wirkte, weil sie schon rechtskräftig ergangen waren, sind die übrigen Verbote in den Indices erst durch Sanktion und Promulgation der Indices durch die Inquisition oder den Papst rechtskräftig geworden. Die erstmals durch die Indices ausgesprochenen Bücherverbote haben also konstitutiven Charakter; soweit es sich dagegen um die Übernahme bereits ergangener päpstlicher oder konziliärer Bücherverbotsentscheidungen handelt, wirken die Indexentscheidungen deklaratorisch.

cc) Personen- und Schriftenverbote in den Indices des 16. Jahrhunderts

Allen Indices des 16. Jahrhunderts ist die Klasseneinteilung gemeinsam. In der ersten Klasse werden Autorenverbote mit der Rechtsfolge

---

[110] s. a. Bortolotti S. 121: „... nam liber aliquis prohibitus iuridice exsistit non ex eo quod materialiter in volumine Indicis recenseatur, sed ex eo quod proscribatur per actum positivum potestatis ecclesiasticae iurisdictionis, scilicet per Documentum ab Apostolica Sede latum et rite, publicatum et promulgatum.“

des absoluten Schriftenverbots ausgesprochen, die zweite Klasse enthält echte Schriftenverbote bestimmter Autoren, die dritte Klasse umfaßt verbotene Schriften ohne Angabe des Verfassers.

b) Besonderheiten unter den römischen Indices des 16. Jahrhunderts

aa) Besonderheiten des Sixtinischen Index von 1589/90 im Verhältnis zum Index von 1595/96

Während der erste römische Index bis zum Erlaß des Tridentinischen Index, eingeschränkt durch die „Moderatio Indicis" von 1561, in Kraft gewesen und durch den Druck verbreitet worden ist, ist zwar der Sixtinische Index rechtskräftig geworden, aber seine Verbreitung auf Widerstand gestoßen. Durch die Verhinderung der Verbreitung des Sixtinischen Index wurde erreicht, daß seine allgemeinen und speziellen Verbote nicht bekannt und damit praktisch auch nicht beachtet werden konnten. Da die Rechtskraft des Sixtinischen Index 1590 nicht angetastet wurde, hat er bis zum Erlaß des Clementinischen Index gegolten. Immerhin drückt wohl die Verhinderung der Verbreitung des Drucks, wodurch die Beachtung des Index unmöglich wurde, den päpstlichen Willen aus, diesem Index keine verpflichtende Kraft beizumessen.

bb) Unterschiede in der Titelfassung des ersten römischen Index zu den folgenden Indices

Auffällig ist, daß sich seit dem Tridentinischen Index von 1564 der Titel „Index librorum prohibitorum" durchgesetzt hat, obwohl im 16. Jahrhundert die Klasseneinteilung, die der Titelfassung des ersten römischen Index entspricht, „Index autorum et librorum", beibehalten und vermehrt wurde. Wenn man nicht eine Diskrepanz zwischen dem konkreten Indexverbot als einem Autoren- und Schriftenverbot und dem Indextitel, der den Index allein als einen Index von verbotenen Büchern bezeichnet, sehen will, muß die Wandlung des Titels aus einer Änderung der Anschauung von der Ursache des Verbots und der Verbotsfolge verstanden werden. Der erste römische Index geht von den Verbotsursachen aus, die einmal in der Person liegen, zum anderen sich in der als verboten angezeigten Schrift dokumentieren. In beiden Fällen besteht die Rechtsfolge der Verbote in der Verpflichtung der Gläubigen, alle Schriften der verbotenen Autoren und die verbotenen Einzelschriften zu meiden. Es handelt sich also auch im ersten Index um einen Index librorum prohibitorum, wenn man auf die Rechtsfolge abstellt. Diese Verlagerung des Schwerpunktes auf die Verbotsfolgen drückt der Tridentinische Index schon im Titel aus.

6. Die Rechtssystematik der römischen Indices des 16. Jahrhunderts

a) Die Gliederung der Indices des 16. Jahrhunderts

Alle Indices des 16. Jahrhunderts setzen sich aus drei Teilen zusammen, die untereinander wiederum verbunden sind. Unter dem Titel „Index autorum et librorum“ oder „Index librorum prohibitorum“ findet sich einleitend immer die Sanktionsmaßnahme, die dem nachfolgenden Teil Rechtskraft verleiht und außerdem die Strafandrohung enthält. Seit 1564 folgen dann die allgemeinen Bestimmungen, die sich auf das Bücherwesen überhaupt beziehen, aber auch auf den nachfolgenden, aus Einzelverboten bestehenden Indexteil. (Im ersten römischen Index sind diese allgemeinen Regeln in der dritten Klasse des Buchstabens L = Libri enthalten.) Sodann folgt der Index selbst mit den Einzelverboten. Es wird also nicht nur das Verzeichnis von Einzelverboten mit „Index“ bezeichnet, obwohl dies die engere Definition ist[111], sondern „Index librorum prohibitorum“ und „Index autorum et librorum“ meint als Überschrift Sanktionserlaß, allgemeine Regeln und den Index im engeren Sinne.

b) Die Klasseneinteilung der Indices im engeren Sinne

Alle römischen Indices des 16. Jahrhunderts sind in drei Klassen geteilt. Definitionen der Klassen enthalten der erste, der zweite und der Sixtinische Index. Da der Clementinische Index die Tridentiner Bestimmungen voll übernimmt, gelten für ihn die Definitionen von 1564.

Nach den Bestimmungen des Index von 1558/59 stehen nur die Namen derjenigen Personen in der ersten Klasse des Index, die mehr als die übrigen und ex professo geirrt haben[112]. Die Aufnahme eines Autors in diese Klasse bedeutet also, daß die Kirche dem Indizierten vorwirft, nicht nur nebenbei, sondern grundsätzlich in Glaubenssachen von der katholischen Lehrmeinung abgewichen zu sein. Als Folge dieser Glaubenshaltung verbietet die Kirche durch die Indizierung alle schriftlichen Äußerungen (Manuskripte und veröffentlichte Schriften), da sich hierin der Glaubenszweifel niedergeschlagen haben könnte. Es spielt dabei

---

[111] Im allgemeinen wird in der Arbeit das Wort „Index“ im engeren Sinne verwendet, jedoch ergibt der Zusammenhang leicht im Einzelfall, welche Bedeutung gemeint ist.

[112] Hier heißt es: „In primis nomina vel cognomina disponuntur eorum, qui prae caeteris et tanquam ex professo errasse deprehensi sunt, ac ideo universae ipsorum conscriptiones, cujuscunque argumenti sint, omnino prohibentur.“ (Reusch: Index S. 177.) Und weiter Reusch: Index S. 178 „Auctores, quorum libri et scripta omnia, et quaecunque sub eorum vel subsequacium ipsorum nomine vel cognomine conscripta aut edita sunt vel in posterum conscribentur sive edentur, etiam si nil penitus contra religionem vel de religione disserant, in universum prohibentur.“

keine Rolle, ob die Schriften tatsächlich glaubensfeindliche Äußerungen enthalten, es genügt die Wahrscheinlichkeit, daß der Inhalt der Werke von der vorgeworfenen häretischen Gesinnung des Indizierten infiziert sein kann. Da für das absolute Schriftenverbot allein die von der Kirche vermutete Gesinnung des Autors ausschlaggebend ist, erstreckt sich das Schriftenverbot auch auf die in Zukunft erscheinenden Werke des Autors.

In der von dem Sekretär der Tridentiner Indexkommission verfaßten und vor den Regeln abgedruckten Praefatio zum Tridentinischen Index werden ebenfalls alle drei Klassen definiert. Danach stehen in der ersten Klasse des Index nicht so sehr Bücher als Schriftsteller, die Häretiker oder Häresieverdächtige sind[113]. Damit wird praktisch die etwas vage ausgedrückte Definition des ersten Index konkretisiert, in dem der Begriff der Häresie und des Häresieverdachts als kennzeichnende Merkmale für die Einreihung in die erste Klasse gebraucht werden.

Sixtus V. hält sich an die Tridentiner Definition der ersten Klasse[114].

Die letzte Eintragung in die erste Klasse erfolgt 1603, danach treten opera omnia-Verbote an ihre Stelle. Die offizielle Aufhebung der ersten Klasse erfolgt durch Alexander VII.

Nach der Definition des ersten römischen Index enthält die zweite Klasse[115] Verbote von einigen Verfasserschriften, deren Inhalt zur Ketzerei, zu einer zauberischen Gottlosigkeit oder aber zu nicht zu duldenden Irrtümern mitunter verlockt. Das Verbot bezieht sich also eindeutig auf Schrifteninhalte, nicht auf die Autoren. Der Inhalt dieser Schriften braucht nicht verderblich zu sein, es genügt, wenn er dahin zielen könnte.

Die Tridentiner Definition[116] der zweiten Klasse entspricht, was den Inhalt der zu verbietenden Schriften angeht, ungefähr der des Index von 1558/59. In der zweiten Klasse stehen danach Einzelschriftenverbote von solchen Schriften, deren Inhalt ungesund, verdächtig oder sittlich anstößig ist. Umstritten bei der Interpretation des Nebensatzes der Defini-

---

[113] Reusch: Index S. 246 „In prima non tam libri, quam librorum scriptores continentur, qui aut haeretici aut nota haeresis suspecti fuerunt. Horum enim catalogum fieri oportuit, ut omnes intelligant, eorum scripta, non edita solum, sed edenda etiam, prohibita esse."

[114] Reusch: Index S. 461 „Primo loco ponuntur nomina auctorum, quorum libri et scripta omnia prohibentur: ii haeretici sunt vel haeresis nota suspecti."

[115] Reusch: Index S. 177 „His succedunt nomina sive cognomina certorum quorundam auctorum, quorum libri aliqui ea ratione rejiciuntur, quod vel ad haeresim vel ad aliquod praestigiosae impietatis genus vel omnino ad intolerabiles errores subinde allicere satis expertum est."

[116] Reusch: Index S. 246 „In secundam classem non auctores, sed libri sunt relati, qui propter doctrinam, quam continent, non sanam aut suspectam, aut quae offensionem etiam in moribus tantum fidelibus afferre potest, rejiciuntur, etiam si auctores, a quibus prodiere, ab ecclesia nunquam desciverunt."

tion „etiam si auctores, a quibus prodiere, ab ecclesia nunquam desciverunt“ ist die Deutung der religiösen Gesinnung des Verfassers. Vom philologischen Standpunkt aus gibt es zwei Möglichkeiten. Es könnten sowohl die Schriften von Verfassern gemeint sein, die niemals von der katholischen Kirche abgefallen sind, *oder* von Verfassern, die entweder von der Kirche abgefallen sind oder kirchentreu geblieben sind. v. Pastor[117] geht ohne Diskussion als selbstverständlich von der zweiten Möglichkeit aus. Für diese Meinung spricht die Indexpraxis. Seit dem ersten Index stehen nämlich auch Einzelschriften von Häretikern in der zweiten Indexklasse[118]. Meint die Definition tatsächlich Katholiken *und* Häretiker, dann verliert eine Unterscheidung zur ersten Indexklasse, die ja den Häretikern vorbehalten sein soll, ihren Sinn. Sixtus V. erklärt ausdrücklich, daß die Verfasser der in der zweiten Klasse stehenden Einzelschriften Katholiken sind[119]. Damit ist eine Unterscheidung zur ersten Klasse wiederhergestellt und auch logisch, jedoch finden sich auch in seinem Index viele protestantische Autoren mit verbotenen Einzelschriften in der zweiten Klasse[120]. Hier steht also die Praxis klar der Definition entgegen. Es muß jedoch angenommen werden, daß Sixtus V. glaubte, katholische Autoren zu treffen, so daß die Verbote von Schriften häretischer Autoren irrtümlich in die zweite Klasse gekommen sind. Da sich aber aus den verbotenen Schriften der schon genannten protestantischen Juristen klar erkennen läßt, daß der Autor Protestant gewesen ist, muß weiter angenommen werden, daß diese Schriften zumindest nicht eingesehen wurden, und daß die Verbote wahrscheinlich auf Grund von unvollständigen Informationen ergangen sind. Wenn also Sixtus V. infolge mangelnder Information glaubte, katholische Autorenschriften zu indizieren und Clemens VIII. diese Verbote in seinen Index übernimmt (bezogen auf das Beispiel der Juristen), dann hat er die Tridentiner Bestimmung wohl im Sixtinischen Sinne ausgelegt.

Eine Sonderstellung innerhalb der zweiten Klasse nehmen die opera omnia-Verbote ein. Sie kommen schon seit 1558/59 vor und widersprechen hier klar der Definition, die von „aliqui libri“ spricht, woraus man schließen könnte, daß einige Bücher, aber nicht alle Schriften ge-

---

[117] v. Pastor VII S. 303.

[118] z. B. eine Schrift des französischen Calvinisten und Juristen Franciscus Balduinus, 2. Klasse des Buchstabens „F“ (Reusch: Index S. 186): „Francisci Balduini J. C. Constantinus Magnus, sive de Constantini Imp. legibus ecclesiasticis atque civilibus comment.“

[119] Reusch: Index S. 461 „Deinde adduntur nomina catholicorum, quorum libri aut auctoris incuria aut etiam impressoris negligentia doctrinam non sanam, sed suspectam et bonorum morum offensivam continere videntur.“

[120] Hier sind erstmals einzelne Schriften von Joachim von Beust, Valentin Forster, Johann Ferrarius Montanus und Johann Schneidewin verboten worden.

meint sind. Ein Überblick hat ergeben, daß Katholiken und Protestanten[121] von dieser Verbotsart betroffen wurden.

Die dritte Indexklasse enthält Bücherverbote ungenannter Autoren, deren Schriften als verderblich angesehen werden im Sinne einer Glaubens- und Sittengefährdung[122]. Außer der definierten Bedeutung der dritten Klasse finden sich dort unter bestimmten Buchstaben allgemeine Bücherverbotsregeln.

Trotz dieser definitorischen Abgrenzungen gibt es Regelwidrigkeiten, die die Übergänge zu den einzelnen Klassen verwischen. Dazu gehören die in der zweiten oder dritten Klasse indizierten Schriften von Autoren, die im selben Index schon in der ersten Klasse stehen. Rechtlich wären diese zusätzlichen Verbote nicht notwendig, da die erste Klasse schon ein absolutes Schriftenverbot ausgesprochen hat. Diese zusätzlichen Eintragungen erklären sich wohl aus einer Vorsichtsmaßnahme, bestimmte Schriften von vornherein aus der Expurgationsmöglichkeit herauszunehmen, die die Regel II der Tridentiner Bestimmungen für die profanen Schriften der Häretiker eröffnet hat. Vielfach kommt es auch zu Einzelschriftenverboten bei wiederkehrenden Auflagen von bereits verbotenen Autoren oder Schriften.

c) Die Rechtsfolgen bei Übertretung des Indexverbots

Die Strafandrohungen für die Übertretung des Bücherverbots enthalten die den Indices vorangestellten Bullen (Dekrete), die die Indexbestimmungen allgemeiner und spezieller Art sanktionieren. Daneben galt die Bulla Coenae Domini in der Fassung von 1536, die die Exkommunikation und andere Kirchenstrafen über diejenigen verhängte, die die Bücher von Häretikern lasen[123]. Eine Einschränkung brachte die unter Gregor XIII. gegebene Fassung der Bulla Coenae Domini[124] vom 4. April

[121] Beispielsweise Ulrich Zasius, Konrad Kling, aber auch Guilelmo Grattarola und Johann Drusius.

[122] Definition der dritten Indexklasse im ersten römischen Index (Reusch: Index S. 177): „Postremo loco redactae sunt inscriptiones librorum, qui ut plurimum ab incerti nominis haereticis conficti, pestilentissimis doctrinis respersi sunt." Definition der 3. Indexklasse im Index von 1564 (Reusch: Index S. 246): „Tertia vero et ultima classis eos libros complectitur, qui sine scriptoris nomine exierunt in vulgus et eam doctrinam continent, quam Romana Ecclesia tanquam catholicae fidei aut morum integritati contrariam refutandam ac repellendam esse decernit."

Definition der 3. Klasse im Sixtinischen Index (Reusch: Index S. 461): „Novissime vero recensentur nonnullorum librorum tituli, quorum auctores incerti sunt, quorumque libri adhuc vel haeretica vel etiam scandalosa aut obscaena docent."

[123] Die Bulle ist in vielen europäischen Ländern, insbesondere Spanien und Frankreich, nicht beachtet worden. So Sachse S. 18, Peignot Tom. 1. S. XXI, Putnam S. 111.

[124] Bull. II. S. 496.

1583, die Kirchenstrafen nur noch gegen diejenigen aussprach, die Bücher von Häretikern lasen, deren Inhalt häretisch war oder über Religion handelte. Abgelöst wurde die Bulla Coenae Domini erst durch die Bulle „Apostolicae Sedis" Pius IX. vom 12. Oktober 1869[125], die bis zur Kodifikation des CIC in Kraft blieb. An ihre Stelle trat can. 2318 CIC[126].

7. Begründungen der römischen Kirche zum Bücherverbot durch die Indices des 16. Jahrhunderts

a) Keine Begründung der kirchlichen Bücherverbote in den Indices des 16. Jahrhunderts

Den Indexverboten sind keine Begründungen beigefügt. Die Kirche hat stets an der Geheimhaltung von Denunziant, Gutachten und Verbotsbeschlüssen festgehalten, die zu einem Indexverbot geführt haben[127]. Da das Bücherverbotssystem der Kirche im wesentlichen auf der Denunziationspflicht der Gläubigen (Klerus und Laien) beruht[128], mußte die Kirche dem Denunzianten einen Vertrauensschutz gewähren, um ihn vor Verfolgungen zu schützen[129]. Die von ihr immer geübte Geheimhaltung gegenüber dem Denunzianten[130] hat sich schließlich in der Vorschrift des CIC can. 1397 § 3 manifestiert.

Auch das Verfahren, das zur Verurteilung eines denunzierten Buchs in Rom geführt hat, unterlag strengster Schweigepflicht der daran Beteiligten[131]. Ausnahmsweise finden sich Gründe allgemeiner Art und globale Kennzeichnungen einer Schrift als „verwerflich, häretisch, die guten

---

125 In: Acta et decreta concilii Vaticani. S. 77—85.

126 s. a. Jone II S. 568—571.

127 May S. 551, Kühner S. 58, Scherer S. 11.

128 s. a. §§ 3 und 8 der Konstitution „Sollicita ac provida" vom 9. Juli 1753.

129 Kühner S. 55, Eichmann-Mörsdorf II S. 411.

130 § 12 der Konstitution „Sollicita ac provida" verpflichtet die Relatoren, Konsultoren und die Kardinäle der Indexkongregation und der Inquisition zum Schweigen. Allenfalls darf der Sekretär die zu einem Buch gemachten Bemerkungen auf Verlangen dem Verfasser des Buches mitteilen, ohne aber den Denunzianten oder den Zensor zu nennen. Der Verfasser hat jedoch keinen Anspruch auf Nennung der Gründe.

131 Die Geheimhaltungspflicht beim Bücherverbotsverfahren kannte aber schon das 16. Jahrhundert. Darüber gibt ein von v. Pastor im Hist. Jahrbuch 1912. Bd. 33. S. 496 abgedrucktes Dekret vom 23. April 1556 Aufschluß, in dem es heißt: „In congregatione coram S. Domino nostro Papa Paulo quarto et r. dominis inquisitoribus S. mandaverit omnibus intervenientibus in Officio s. inquisitionis vel in congregatione ut non audeant modo aliquo secreta quae dicuntur in sancta congregatione alicui propalare sub poena excommunicationis latae sententiae, in destructionem tamen seu damnum dicti s. officii et non aliter vel praejudicium negociorum."

Sitten verletzend usw." in Bücherverboten, die durch Papstbriefe[132] ausgesprochen worden sind oder in Verbotsdekreten der Inquisition nach 1600. Die Indexkongregation, die die Hauptmasse der Literatur zu überprüfen hatte, enthielt sich in der Regel jeder Begründung.

Angesichts dieser Situation schien eine eindeutige Klärung der Indizierungsgründe der ermittelten Juristen nur durch Akteneinsicht in den Archiven der römischen Inquisition möglich zu sein. Eine dahingehende Anfrage bei dem Präfekten der Glaubenskongregation blieb ohne Erfolg. Es muß daraus geschlossen werden, daß man in Rom weiter an der Geheimhaltung der Gründe für die Indizierung von Personen und Schriften festhält.

b) Zweifel an der Aufzeichnung von Verbotsgründen

Es haben sich jedoch Zweifel ergeben, ob wirklich in allen Fällen Verbotsgründe aufgezeichnet worden sind. Dies ist nicht anzunehmen, wenn die römischen Indices wörtliche Übereinstimmungen der Verbote mit ihren lokalen Vorgängern zeigen unter Übernahme von Schreib- und Druckfehlern[133].

Im Falle der Indizierung in der ersten Klasse sind sicher keine Gründe zum Schrifttum der indizierten Autoren festgehalten worden, weil sich die Verbotsgründe auf die Person, nicht auf die Schriften bezogen. Da das Verbot der Schriften der persönlichen Qualifizierung als Häretiker anhaftete, konnte es auch vorkommen, daß Bischöfe und Inquisitoren über die Tridentiner Regel II alle Werke eines Häretikers erlaubten, die keine religiösen Aussagen enthielten. Sehr aufschlußreich ist in diesem Zusammenhang die 1587 im Auftrag der Indexkongregation in Rom angefertigte Expurgation der Werke des Ulrich Zasius. Im Vorwort der Expurgation wird ausdrücklich darauf hingewiesen, daß gelehrte Theologen, Kanonisten und fromme Männer zur Überprüfung des Werkes zusammengetreten sind (vgl. S. 90 Anm. 100). Diese Betonung der Kompetenz aller Mitglieder der Expurgationskommission wäre nicht erfolgt, wenn es sich nur darum gehandelt hätte, etwaige aufgezeichnete verbotene Stellen aus den Werken des Zasius zur Zeit des Verbots in der ersten Indexklasse für eine Expurgation auszuwerten. Die Expurgierung bereits angemerkter Stellen hätte schließlich jedermann vornehmen können.

Ein Indiz für die nicht erfolgte Aufzeichnung und Anmerkung von verbotenen Stellen in den Schriften der Indizierten der ersten Klasse

---

[132] z. B. Breve Clemens VIII. von 1602: „Prohibitio operum Caroli Molinaei", abgedruckt im Index Decretorum des Index Alexanders VII. S. 291—293.

[133] Beispielsweise wiederholen die römischen Indices von 1589/90 und 1595/96 das Verbot einer Schrift von Joachim von Beust, das sich erstmals auf dem Index von Quiroga 1583 (Reusch: Index S. 412) findet, in der gleichen Form: „Joachimus supra titulum ff. de iureiurando"; vgl. S. 18, S. 19, S. 209.

des römischen Index stellt auch der Expurgationsindex dar, den der Magister Sacri Palatii Fr. Jo. Maria Brasichellen 1607 in Rom erlassen hat, und der vier Jahre lang Geltung hatte. Auch Brasichellen beruft sich auf die Mithilfe von Gelehrten und Universitäten bei der Expurgation von verbotenen Schriften, die er in amtlicher Eigenschaft vorgenommen hat. Die Expurgationen der vier seit 1558/59 bzw. 1589/90 in der ersten Klasse des römischen Index stehenden Juristen Dick, Kling, Oldendorp und Wesenbeck sind wörtlich dem Antwerpener Expurgationsindex von 1571 entnommen worden, wobei die Wesenbeck'sche Expurgation durch Brasichellen eine kleine Erweiterung erfahren hat.

Es ist aber möglich, daß sich in den Akten zu den in der ersten Klasse indizierten Juristen Gründe zur Person finden ließen. Da der Grund für die Aufnahme einer Person in die erste Indexklasse ihre von der Kirche vermutete häretische Gesinnung ist, ist in denjenigen Fällen eine Akteneinsicht überflüssig, in denen sich aus Sekundärmaterial die Häresie im Leben der indizierten Person nachweisen läßt. Interessant bleiben die Indizierungen, die Katholiken betroffen haben. Hier würden die Akten eventuell eine Denunziation freigeben, auf Grund deren die Indizierung erfolgt ist.

Da die Bücherverbote der zweiten Klasse einen bestimmten Schriftinhalt verbieten, müßte es hierzu Verbotsunterlagen geben. Aber auch das ist sicher generell nicht so gehandhabt worden. Da nach den Definitionen der Indices in der zweiten Indexklasse nur Schriften katholischer Autoren stehen dürften und die in der zweiten Klasse des Sixtinischen und Clementinischen Index verbotenen juristischen Schriften von Forster, Schard und Schneidewin dem Inhalte nach eindeutig auf die protestantische Gesinnung des Verfassers schließen lassen, sind wenigstens diese Schriften wohl nicht gelesen worden. Sehr aufschlußreich ist in diesem Zusammenhang ein Bericht der Tridentiner Indexkommission, den v. Pastor erwähnt[134]. Danach haben die Konzilsväter, die sich mit der Bücherzensur befaßten, im Dezember 1562 in einer Denkschrift über den Mangel an Büchern geklagt, der sie zwinge, Bücher zu verbieten, ohne sie gelesen zu haben.

c) Zweifel an der Zugrundelegung der allgemeinen Regeln bei Erlaß der Indexverbote

Wenn es unmöglich ist, Akteneinsicht in die römischen Archive zu erhalten und es außerdem fraglich erscheint, ob diese Akten Gründe enthalten, liegt es nahe, zu untersuchen, ob die allgemeinen Indexregeln Verbotsgrundlage der Indexverbote gewesen sein können.

[134] v. Pastor VII S. 301.

Im ersten römischen Index von 1558/59, der für die Ergründung der Verbotsursachen der ersten dort indizierten Juristen herangezogen werden muß, deren Indizierung der Tridentinische Index bis auf eine Ausnahme wiederholt hat, sind die allgemeinen Vorschriften in der dritten Klasse des Buchstabens „L“ Libri zusammengestellt[135].

1. Es werden generell verboten alle Schriften ohne Unterschied des Inhalts und der Sprache, die seit 40 Jahren ohne Angabe des Verfassers oder Druckers oder der Zeit und des Druckortes gedruckt sind, und alle Schriften, die in Zukunft mit oder ohne diese Angaben ohne kirchliche Erlaubnis, die im Druck vermerkt sein muß, erscheinen.

2. Weiterhin verboten sind die Schriften, die schon einmal durch den Papst oder die Konzilien verdammt worden sind.

3. Ebenfalls verboten sind alle Bücher und Traktate, gleich welchen Inhalts und welcher Sprache, Auslegungen, Übersetzungen, Kommentare, Geschichten, Briefe, Gedichte, Dialoge, Apologien und überhaupt alle Schriften, die von Ketzern verfaßt oder unter dem Namen oder dem Patronat von Ketzern gedruckt worden sind, auch wenn sie nichts über Religion aussagen.

4. Verboten werden auch alle Bücher über Chiromantie, Physiognomie, Aeromantie, Geomantie, Hydromantie, Zauber- und Hexenbücher und dergleichen.

5. Absolut verboten sind endlich die Verlagserzeugnisse aus den Offizinen bestimmter Buchdrucker, die am Ende des Index in einer Liste: „Typographi e quorum officinis diversorum haereticorum opera prodiere“[136] zusammengestellt sind. Sie ist im Jahre 1561 durch die „Moderatio“ aufgehoben worden; vgl. S. 38.

6. Unter dem Buchstaben „P“ in der dritten Klasse werden Pasquilli ... verboten, in denen Gott, den Heiligen, den Sakramenten oder dem Kultus der Kirche oder dem Heiligen Stuhl irgendwie zu nahegetreten wird[137].

---

[135] Reusch: Index S. 196—197.

[136] Reusch: Index S. 206—208. Einige Beispiele daraus: In Basel: Adamus und Henr. Petri. Cratander, Lasius, Westhemerus, Hervagius, Curio, Bebel, Oporinus, Isyngrinus, Stella Brylinger, Winter, Platter, Wolfius.
Frankfurt-Marburg: Chr. Egenolphus.
Hagenau: Secerius.
Leipzig: Blum, Wolrab.
Nürnberg: Peypus, Wachter, Jo. Montanus, Petraeius, Neuber.
Straßburg: Crato Mylius, Machaeropeus, Ulricher, Cammerlender, Hervagius, Knoblouchus, Rihelius, Apiarius, Cephaleus.
Wittenberg: Raw, Jo. Crato, Lufft, Klug, Seitz.
Zürich: Gesnerus, Froscoverus, Wyssenbachius.

[137] Reusch: Index S. 200.

Für die Juristen, die in der ersten Klasse genannt sind, kommt nur die Vorschrift 3 in Frage, die alle Ketzer mit einem generellen Schriftenverbot belegt. Sie entspricht der Definition der ersten Klasse und den Voraussetzungen, an die die Bulla Coenae Domini 1536 die Straffolgen knüpft.

Die Vorschriften, die bestimmte Schriftinhalte verbieten, bleiben hier außer Betracht, weil im ersten römischen Index Juristen nur in der ersten Klasse vorkommen.

Die Tridentiner Regeln knüpfen teils an die Bestimmungen des ersten Index an, teils modifizieren sie sie mit Tendenz zur Milderung.

1. Die Tridentiner Regel I[138] entspricht etwa der Vorschrift 2 des Index von 1558/59; hier werden alle Schriften, die vor 1515 von Päpsten und allgemeinen Konzilien verboten wurden und nicht in den Index aufgenommen worden sind, weiterhin für verboten erklärt.

2. Regel II ändert das absolute Schriftenverbot der oben unter Nr. 3 aufgeführten Vorschrift nicht ab, eröffnet jedoch eine Erlaubnis- bzw. Expurgationsmöglichkeit für das nicht über Religion handelnde Schrifttum der Häretiker durch Bischöfe und Inquisitoren. Von diesem Freigabevorbehalt ausgenommen sind in jedem Fall nur die sogenannten Häresiarchen, d. h. Sektengründer oder Religionsführer häretischer Sekten, wie Luther, Calvin, Bucer, Melanchthon.

3. Regel III enthält keine Bücherverbotsvorschrift, sie bezieht sich auf die Freigabe von Schriften gewisser Autoren in der ersten Klasse.

4. Regel IV ermöglicht die Erteilung von Leseerlaubnissen der in der Volkssprache geschriebenen Bibeln durch Bischöfe und Inquisitoren, wenn die Lektüre von Nutzen sein kann.

5. Regel V sieht einen Erlaubnisvorbehalt — gegebenenfalls nach Expurgation — von Sammelwerken vor, deren Herausgeber Ketzer sind. Gemeint sind Lexika, Konkordanzen usw.

6. Regel VI bezieht sich auf in der Volkssprache geschriebene Bücher über Streitfragen zwischen Katholiken und Ketzern, für die dasselbe gilt wie für die Bibeln in der Volkssprache.

7. Regel VII verhängt ein absolutes Schriftenverbot über Bücher mit unzüchtigen Inhalt. Ausgenommen sind die alten, von Heiden geschriebenen Werke, die wegen der Schönheit der Sprache gelesen werden dürfen (jedoch nicht von Schülern).

8. Regel VIII räumt einen Erlaubnisvorbehalt für die Bücher ein, die nur nebenbei Ketzerei, Wahrsagerei, Gottlosigkeit und Aberglauben enthalten, ihrem Hauptinhalte nach aber gut sind.

[138] Die Tridentiner Regeln sind bei Reusch: Index S. 247—251 abgedruckt.

9. Regel IX entspricht der Vorschrift unter Nr. 4 des ersten Index.

10. Regel X handelt von der Vorzensur. Für die Drucklegung von Büchern werden die Bestimmungen Leos X. zur Vorzensur (1515) erneut verpflichtend eingeschärft. Danach müssen alle zu druckenden Bücher in Rom durch den Vikar des Papstes oder den Magister Sacri Palatii, in der übrigen Welt durch den Bischof des Druckortes geprüft und approbiert werden, wobei die Approbation schriftlich zu erteilen und an der Spitze des Buches abzudrucken ist.

Bei Nichtbeachtung dieser Vorschrift tritt die Exkommunikation für Verfasser, Drucker und Leser des nicht approbierten Buches ein. Außerdem ergehen noch Einzelbestimmungen an Drucker und Buchhändler.

Für den Tridentinischen Index selbst werden diese Regeln nicht mehr relevant, soweit es sich um die Juristen handelt, die einfach vom ersten Index übernommen wurden.

Da der Clementinische Index die Regeln voll anerkennt, können erst die Verbote von Juristen und juristischen Schriften von 1595/96 daraufhin überprüft werden, ob sie auf den allgemeinen Bestimmungen von Trient fußen.

Hinsichtlich der ersten Klasse besteht kein Unterschied zum ersten römischen Index.

Den Inhalt von Schriften betreffen nur Regel VII und IX. Die in diesen beiden Regeln enthaltenen Gründe für ein Schriftenverbot sind jedoch von vornherein zur Klärung der in der zweiten Indexklasse des Clementinischen Index verbotenen juristischen Schriften unanwendbar.

Es ist somit anzunehmen, daß die allgemeinen Regeln — soweit sie Verbotsgründe angeben — sich in erster Linie auf die allgemeine Buchproduktion erstrecken und daß Indexverbote zwar auf ihnen beruhen können, aber es nicht müssen[139]. Die allgemeinen Tridentiner Regeln sind also als Grundlage für die Indizierung nur begrenzt brauchbar.

Die 22 allgemeinen Regeln Sixtus V.[140] enthalten im wesentlichen die Tridentiner Bestimmungen zum Bücherverbot. Es sind Modifikationen hinzugekommen und Zusätze, die jedoch im Hinblick auf die indizierten Juristen und die juristischen Schriften nicht relevant werden. Für die Häretiker gilt dasselbe wie 1558/59 und 1564. Die Einzelschriftenverbote sind um Bestimmungen wie das Verbot von Duellbüchern erweitert worden (Regel XV.). Diese Vorschrift ist dann auch unter dem Buchstaben „D“, dritte Klasse, in den Clementinischen Index übernommen worden.

---

[139] May S. 549.

[140] Abgedruckt bei Reusch: Index S. 452—460.

d) Allgemeingültige Aussagen für Indizierungsgründe der Indexverbote des 16. Jahrhunderts

aa) Bedeutung der ersten Klasse

Nach den Definitionen und den allgemeinen Regeln muß davon ausgegangen werden, daß die Kirche alle Personen, deren Namen die Inquisitionsbehörde in die erste Indexklasse gesetzt hat, der Häresie verdächtigt oder sogar von ihrer häretischen Gesinnung überzeugt ist. Somit ist die von der Kirche vermutete Häresie in der Person des Indizierten der Grund für die Aufnahme dieser Person in die erste Indexklasse[141]. Im Directorium Inquisitorum des Nicolaus Eymericus, bearbeitet von Franciscus Pegna[142], wird der Begriff des „haereticus", der den Anschauungen des 16. Jahrhunderts entspricht, in der Quaestio XXX[143] wie folgt umschrieben: „Nam doctrinam falsam & perversam primo eligit: post illi electae pertinaciter adhaeret: per quae ab alius sane sapientibus dividitur & elongatur." Anschließend führen Eymericus-Pegna die möglichen Erscheinungsformen des häretischen Tatbestandes auf[144].

1. Primo dicitur haereticus, quilibet excommunicatus. 4. q. 1. Quod autem.
2. Secundo dicitur haereticus quilibet simoniacus. 1. q. 1. Quisquis.
3. Tertio dicitur haereticus, qui adversus Romanam Ecclesiam agit, & eius dignitatem a Domino traditam auferre conatur, dist. 22. Omnes.
4. Quarto dicitur haereticus, quicumque errat in expositione sacrae scripturae. 24. quaest. 1. Haereticus.
5. Quinto dicitur haereticus, quicunque confingit novam sectam, vel confictam sequitur. 24. q. 1. Haereticus.
6. Sexto dicitur haereticus, quicunque male sentit de Ecclesiae sacramentis, de haere. ad Abolendam.
7. Septimo dicitur hareticus, quicunque aliter sentit de articulis fidei, quam Romana Ecclesia. 24. q. 1. Haec est fides.
8. Octavo dicitur haereticus, quicunque est in fide dubius, de haeret. c. Dubius.

---

[141] Peignot S. 240 sieht das Wesen der ersten Klasse folgendermaßen: „quelques personnes qui ont été condamnées pour cause d'opinions, et dont la plupart n'ont pas ecrit".

[142] Directorium Inquisitorum F. Nicolai Eymerici cum commentariis Francisci Pegne . . . 1607.

[143] Eymericus-Pegna S. 318.

[144] Eymericus-Pegna schließen sich damit der Kommentarliteratur des Bernhard von Botone und des Hostiensis zu den Decretalen Gregors IX. und der Kommentierung des Liber sextus durch Johannes Andreae an.

Die Aufzählung wird in den Quaestionen XL ff. weiter spezifiziert, die oben genannten Tatbestandsmerkmale reichen jedoch aus, um eine Prüfung der in der ersten Klasse indizierten Juristen danach auszurichten. Die Aufstellung der häretischen Tatbestandsmerkmale läßt erkennen, daß der Übertritt zum Protestantismus eindeutig als ein auf Häresie beruhender Indizierungsgrund angesehen worden ist.

So ist der Indizierungsgrund schon für die protestantischen Juristen in der ersten Klasse gefunden wie Apel, Beyer, Brück, Hartmanni, Hegendorph, Kling, Lagus, Oldendorp, Schürpf, Zoch und im letzten römischen Index: Heresbach, Godelmann, Leunclavius, Roding, Wesenbeck. Unklar bleiben nur die Fälle des Ulrich Zasius und des Leopold Dick im ersten römischen Index und im Index von 1595/96 Johann Richard Ossanaeus, dessen Identifizierung Schwierigkeiten macht.

bb) Bedeutung der zweiten Klasse

Eindeutige Aussagen, die für die zweite Klasse zutreffen und den Verbotsgrund generell festlegen, können nicht getroffen werden. Jeder von der Kirche selbst für die zweite Klasse aufgestellten Regel ist durch die Indexverbotspraxis zuwidergehandelt worden.

1. Es stehen nicht nur Bücher katholischer Autoren in der zweiten Klasse, sondern auch in großer Anzahl Bücher protestantischer Autoren.

2. In der zweiten Klasse sollen nach der Tridentiner Definition Bücherverbote, keine Autorenverbote stehen. Es werden jedoch seit dem ersten römischen Index opera omnia-Verbote hier eingereiht, wobei das verbotene Gesamtwerk — was die Überprüfung der Werke von Zasius und Freigius zeigen wird — in vielen Fällen nicht der Anlaß zum opera omnia-Verbot gewesen ist.

8. Sekundäre Hilfsmittel zur Erforschung der Indizierungsgründe der Verbote auf den römischen Indices des 16. Jahrhunderts

a) Heranziehung von Bio- und Bibliographien

Um den Tatbestand der Häresie im Leben der indizierten Juristen der ersten Klasse nachzuweisen, muß auf sekundäre biographische Darstellungen zurückgegriffen werden, teilweise sind die biographischen Daten, die eine Aufhellung der religiösen Einstellung des Indizierten ermöglichen, aus den Werken selbst entnommen.

b) Heranziehung der von kirchlichen Stellen verfaßten Expurgationen zur Klärung der von der römischen Kirche durch Index verbotenen Schriften

Um bei der Ergründung der Verbotsursache bei verbotenen Schriften in der zweiten Indexklasse nicht Vermutungen Platz greifen zu lassen, sind die Expurgationen aus den verschiedenen Expurgationsindices herangezogen worden, die von katholischen Theologen im 16. und 17. Jahrhundert für den Bereich der Niederlande, Spaniens und Portugals teils auf Befehl des Königs (wie in den Niederlanden), teils auf Befehl der kirchlichen Stellen angefertigt wurden. Die dort gefundenen Expurgationen sind jedoch nicht verbindlich für die römische Kirche, weil sie nie von ihr anerkannt worden sind. Der schon erwähnte Expurgationsindex von Brasichellen ist nach vier Jahren unterdrückt worden; damit wollte die Kirche deutlich machen, daß sie die dort enthaltenen Expurgationen nicht mehr zuläßt. Immerhin kann angenommen werden, daß die Expurgationen, die von katholischen Theologen der damaligen Zeit angefertigt wurden, ungefähr den Verbotsgrund wiedergeben, der auch für Rom maßgeblich gewesen wäre. Der erste Expurgationsindex erschien 1571 in Antwerpen[145] auf Befehl des Königs. Er wurde hinsichtlich seiner Expurgationen von deutschen juristischen Schriftstellern in der ersten Klasse des römischen Index von Fr. Jo. Maria Brasichellen abgeschrieben[146].

Weiter wurde benutzt der zweite spanische Expurgationsindex (im ersten Expurgationsindex der Spanier von Quiroga 1584 sind keine deutschen Juristen expurgiert worden) des Generalinquisitors Sandoval[147], der 1612 erschien. Auch der portugiesische Expurgationsindex des Generalinquisitors Mascaregnas von 1624[148] leistete gute Dienste.

---

[145] „Index expurgatorius librorum qui hoc seculo prodierunt, vel doctrinae non sanae erroribus inspersis, vel inutilis & offensivae maledicentiae fellibus permixtis, iuxta sacri Concilii Tridentini decretum: Philippi II Regis Catholici iussu & auctoritate, atque Albani Ducis consilio ac ministerio in Belgia concinnatus; anno 1571. Benutzte Ausgabe: Apud Joannem Mareschallum Lugdunensem 1586.

[146] „Indicis librorum expurgandorum in studiosorum gratiam confecti. Tomus primus in quo quinquaginta auctorum libri prae caeteris desiderati emendantur. Per Fr. Jo. Mariam Brasichellen. Sacri Palatii Apostolici Magistrum in unum corpus redactus & publicae commoditati aeditus. Romae ... 1607. Superiorum permissu."

[147] „Index librorum prohibitorum et expurgatorum Ill. ac R. D. D. Bernardi de Sandoval & Roxas Card. & Archiep. Tolet. Hispaniarum Primatis, Majoris Castellae Cancellarij, Generalis Inquisitoris, Regij status Consiliarij, auctoritate & iussu editus. De consilio Supremi Senatus S. Generalis Inquisitionis Hispaniarum. Madriti ... 1612 cum appendice 1614."

[148] „Index auctorum damnatae memoriae, tum etiam librorum, qui vel simpliciter vel ad expungationem usque prohibentur, vel denique iam expurgati permittuntur. Editus auctoritate Ill. Domini D. Ferdinandi Martins Mascaregnas Algarbiorum Episcopi, Regii status Consiliarii, ac Regnorum Lusitaniae Inquisitoris Generalis ... De consilio supremi senatus S. Generalis Inquisitionis Lusitaniae. Ulyssipone ... 1624."

Stark erweitert erschien im Jahre 1667 der spanische Expurgationsindex des Generalinquisitors Sotomaior[149], der die vor ihm liegenden Antwerpener und spanischen Expurgationen benutzte und eigene neue Expurgationen hinzugefügt hat.

III. Versuch einer besonderen Begründung im konkreten Fall

1. Indizierte deutsche Juristen auf dem ersten und zweiten Index von 1558/59 und 1564

a) Allgemeines

Alle ermittelten deutschen Juristen stehen in den beiden ersten römischen Indices in der ersten Klasse. Ursache der Indizierung ist damit die von der Kirche unterstellte Häresie in der Person des Indizierten. Dies im Einzelfall zu ermitteln, wird die Aufgabe der kommenden Untersuchung der verbotenen Juristen sein. Obwohl der Indizierungsgrund gefunden ist, wenn der Tatbestand der Häresie in der Person des Indizierten geklärt ist, wurde zusätzlich eine Überprüfung des Schrifttums der Indizierten angeschlossen, um zu ergründen, ob oder in welcher Weise die häretische Gesinnung einen Einfluß auf das Werk des Autors gehabt hat. Diese Fragestellung ist im Hinblick auf die Indizierungsursache irrelevant, weil sie sich mit den Auswirkungen des Verbots befaßt, sie gibt jedoch Aufschluß über die Beeinflussung der deutschen Rechtsentwicklung durch protestantische Juristen. Die Untersuchung der Schriften stützt sich wiederum vorwiegend auf Expurgationen der genannten Indices, um die als verbotswürdig bezeichneten Stellen zu kennzeichnen. Es wird also jeweils nur die beanstandete Stelle herausgegriffen.

Bei den meisten Juristen in der ersten Klasse ergibt sich bis 1561 ein zusätzlicher Indizierungsgrund aus dem der Liste verbotener Drucker zu entnehmenden Schriftenverbot. Dieser formelle Indizierungsgrund, der nur zwei Jahre verbindlich war, ist neben dem sachlichen Indizierungsgrund der Häresie zweitrangig. Ein Vergleich zwischen der Druckerliste und den im Literaturverzeichnis genannten Impressa zeigt, welche Schriften der indizierten Juristen zusätzlich von 1558/59 bis 1561 durch das Druckerverbot betroffen wurden.

Für die Reihenfolge der Behandlung der zwölf indizierten deutschen Juristen der ersten Klasse des römischen Index von 1558/59 bieten sich

---

[149] „Index librorum prohibitorum et expurgandorum novissimus pro catholicis Hispaniarum regnis Philippi IV, Regis Cathol. Jll. ac R. D. D. Antonii a Sotomaior, Supremi Praesidis & in regnis Hispaniarum, Siciliae & Indiarum Generalis Inquisitoris & c. jussu ac studiis ... recognitus. De consilio supremi senatus inquisitionis generalis. Madriti ... 1667."

verschiedene Möglichkeiten an. Die Erwägung, eine Gruppierung nach protestantischen und katholischen Autoren vorzunehmen, bietet leider nicht genügend Differenzierungsmöglichkeiten, da es sich um zehn Protestanten und nur zwei Katholiken handelt. Die Einhaltung einer chronologischen Reihenfolge, angefangen bei dem ersten Verbot auf einem Bücherverbotskatalog des 16. Jahrhunderts bis zum ersten römischen Index, würde den sachlich juristischen Zusammenhang unter den indizierten Juristen gesprengt haben.

Der Aspekt, einen Zusammenhang unter rechtlichen Gesichtspunkten herzustellen, z. B. eine Linie von Zasius über Hegendorph zu Apel zu ziehen, um den Weg und die gegenseitige Beeinflussung pädagogisch-kritischer Reformbestrebungen hinsichtlich der Rechtsmethodik und der Rechtssystematik aufzuzeigen, würde völlig an dem Indizierungsgrund der katholischen Kirche vorbeigehen, der primär auf der religiösen Einstellung eines jeden Juristen fußt.

Aus diesem Grund hat es sich empfohlen, diejenigen beiden Juristen am Anfang zu behandeln, die sich erheblich mit theologischen Fragen beschäftigt haben.

Christoph Hegendorph, der nicht nur Kommentare zu den einzelnen Evangelien verfaßte, der einen lutherisch geprägten Katechismus publizierte und der wegen seines lutherischen Bekenntnisses schließlich gezwungen wurde, ein juristisches Studium zu beginnen, ist als einziger der in der ersten Klasse des ersten römischen Index indizierten deutschen Juristen schon auf einem der englischen Verzeichnisse zu finden. Seitdem fehlt sein Name auf keinem der bis zum ersten römischen Index erschienenen größeren Bücherverbotsverzeichnisse.

Ihm zur Seite soll Leopold Dick stehen, Beisitzer beim Reichskammergericht in Speyer, der als Katholik in mehreren zeitkritischen Schriften scharf die Mißstände in der katholischen Kirche anprangerte.

Es folgt dann die Gruppe der Juristen, die über das Verbot einer juristischen Schrift auf einem der Bücherverbotskataloge in die erste Klasse des Index von 1558/59 gekommen sind. Es handelt sich hier um Ulrich Zasius, Hieronymus Schürpf, Melchior Kling, Konrad Lagus und Johann Oldendorp.

In der dritten Gruppe werden die Juristen behandelt, die vorher auf keinem der Bücherverbotskataloge zu finden sind. Die Juristen Apel, Brück, Beyer, Hartmanni und Zoch zeichnen sich durch politische Betätigung im Dienste protestantischer Fürsten als deren Ratgeber und Kanzler aus. Bis auf Apel sind sie weniger als juristische Schriftsteller als durch ihre Kanzlerschaft von Bedeutung.

b) Einzelindizierungen (aufgeführt nach der in den römischen Indices gebräuchlichen Namensform)

aa) Christophorus Hegendorphinus (Christoph Hegendorph) 1500—1540[1]

Verzeichnis seiner verbotenen Schriften

Zunächst ein Verzeichnis der Verbote, die die Schriften Hegendorphs oder seine Person betreffen. Es werden auch die Verbote vor 1558/59 erwähnt, um zu zeigen, welche Verbote den Kompilatoren des ersten römischen Index vorlagen. Der Vollständigkeit halber werden die Hegendorph betreffenden Indexverbote bis 1966 aufgeführt.

1. Dekret oder Dekretentwurf eines englischen Provinzialkonzils aus der Zeit von 1530—1538[2]

Buchstabe „A“: „Annotationes in Christophori Hegendorphini in Sancti Marci evangelium.“

2. Plakat Karls V. vom 22. September 1540

„De instituenda vita et moribus corrigendis Parenesis Christoffori Hegendorphini. Ejusdem Christiana institutio studiosae juventutis cum expositione orationis dominicae Philippi Melanchthonis[3].“

3. Löwener Katalog von 1546[4]

Unter Buchstabe „C“: „Christophorus Hegendorphinus De rhetorica legali. Ejusdem Methodus conscribendi epistolas cum locis dialecticis.“ Unter dem Buchstaben „Q“: „Querela eloquentiae habens adjunctum Helleborum, authore Christophoro Hegendorphino[5].“

4. Löwener Katalog von 1550[6]

Unter Buchstabe „C“: „Christophori Hegendorphini Parenesis de vita instituenda et moribus corrigendis juventutis. Ejusdem Christiana institutio studiosae juventutis, cum expositione orationis dominicae Philippi Melancthonis. Idem De rhetorica legali. Ejusdem Methodus conscribendi epistolas cum locis dialecticis. Ejusdem Helleborum adjunctum Querelae eloquentiae. Idem in Marcum, in epistolam ad Hebraeos et in Acta apostolorum.“

5. Der Löwener Katalog von 1558 wiederholt die Verbote von 1550

6. Dekret der Kölnischen Provinzialsynode von 1549[7]

---

[1] Die latinisierte Form ist die im Index gewählte. Im Text soll die gebräuchliche deutsche Form verwendet werden.

[2] Reusch: Index S. 14.

[3] Eine alphabetische oder sachliche Ordnung ist hier nicht ersichtlich. Verwendet wurde der ungezählte Druck von 1540.

[4] Reusch: Index S. 37.

[5] Reusch: Index S. 38.

[6] Reusch: Index S. 53.

[7] Reusch: Index S. 78.

Hier werden erstmals alle Schriften von Hegendorph verboten. Dies wird ausgedrückt durch: „... fugiant etiam ... Christophorum Hegendorphinum."

7. Instruktion für die Visitation der Erzdiözese Köln. 1550

Das Verbot von 1549 wird wiederholt: „Libri qui sequuntur in universum omnibus ... interdicti: quotquot venerunt ex officina Lutheri ... Christophori Hegendorphini[8]."

8. Katalog der Sorbonne. 1551[9]

Unter Buchstabe „H": „Ex libris Hegendorphini. Christiana studiosae juventutis institutio" und „De vita juventutis instituenda moribusque ac studiis corrigendis." Diese zweite Schrift steht unter den Anonyma[10]. Sie wird also nicht unbedingt in Verbindung zu Hegendorph gebracht.

9. Katalog des spanischen Generalinquisitors Valdes von 1551 für Spanien

Die Löwener Verbote von 1550 werden wiederholt, zusätzlich erscheint unter dem Buchstaben „E" folgendes Verbot: „Egendorfini Paranense. Ejusdem Institutio christiana pro juvenibus, cum expositione Pater noster Philippi Melanchtonis[11]." Unter dem Buchstaben „V" findet sich eine verfasserlose verbotene Schrift, die es unter diesem Titel nicht gegeben hat, aber wohl Hegendorph zuzurechnen ist: „Vita juventutis cum annotationibus aut additionibus Melanchtonis[12]." Gemeint sind sicherlich die beiden schon im Plakat von 1540 verbotenen Schriften, deren Überschriften zu einem Titel zusammengefaßt worden sind. Diese Eintragung ist deshalb aufschlußreich, weil sie in dieser Form auch in den römischen Index eingegangen ist, ohne daß man dort gemerkt hätte, daß es ein Buch mit einem solchen Titel nicht gibt.

10. Katalog des Giovanni della Casa von 1549

Hier wird ein allgemeines Schriftenverbot über alle Werke der namentlich aufgeführten Häretiker und Häresiarchen ausgesprochen. Auf Hegendorph bezieht sich folgende Eintragung: „Di Christophoro Hegendorphino, Paraenesis et Instructio christiana juvenibus, cum expositione Pater noster del Melanthone[13]."

11. Katalog von Mailand 1554

Ein absolutes Bücherverbot wird über die Schriften Hegendorphs ausgesprochen: „Cristoforus Hegendorphinus[14]." Zusätzlich wird die ano-

[8] Reusch: Index S. 78, 79.
[9] Reusch: Index S. 101.
[10] Reusch: Index S. 111.
[11] Reusch: Index S. 74.
[12] Reusch: Index S. 76.
[13] Reusch: Index S. 139.
[14] Reusch: Index S. 153.

nyme Schrift „Christiana institutio“[15] verboten, die man wohl infolge von Abschreibefehlern nicht mehr als Schrift Hegendorphs identifizieren konnte.

12. Der Venezianische Katalog von 1554 enthält dieselben Verbote wie Mailand: „Christophorus Hegendorphinus“ und das anonyme Verbot: „Christiana institutio[16].“

13. Index autorum et librorum 1558/59

Die erste Klasse enthält das Verbot: „Christophorus Hegendorphinus[17].“ Trotz dieses absoluten Schriftenverbots finden sich weitere Schriften Hegendorphs unter den Anonyma der dritten Klasse im römischen Index. In der dritten Klasse des Buchstabens „C“ steht die „Christiana institutio“[18], wörtlich vom Mailänder und Venezianischen Katalog übernommen. Eine weitere Schrift taucht unter dem Buchstaben „L“ in der dritten Klasse auf: „Liber de vita juventutis instituenda, moribus et studiis corrigendis[19].“ In diesem Falle scheint der Katalog der Sorbonne von 1551 Vorbild gewesen zu sein.

14. Index librorum prohibitorum Pius IV. 1564

Das Verbot in der ersten Klasse des Buchstabens „C“ wird wiederholt: „Christophorus Hegendorphinus“[20], ebenso die „Christiana institutio“ in der dritten Klasse des Buchstabens „C“[21] und in der dritten Klasse des Buchstabens „L“ folgt „Liber inscriptus: de vita juventutis instituenda, moribus et studiis corrigendis“[22]. Der Tridentinische Index hat also an den Verboten des ersten römischen Index nichts geändert.

15. Portugiesischer Index von 1581[23]

Unter Buchstabe „D“ wird verboten: „Dialectica legalis, vel cum nomine autoris vel absqe illo[24].“ Dieses Verbot läßt offen, ob es sich um eine Verfasserschrift handelt oder nicht. Gemeint ist mit ziemlicher Sicherheit die „Dialectica legalis“ Hegendorphs, da das Verbot in den Clementinischen Index eingegangen ist und bei der Benediktinischen Revision des Index dann unter die Hegendorph'schen Schriftenverbote eingereiht worden ist.

---

[15] Reusch: Index S. 153.
[16] Reusch: Index S. 153.
[17] Reusch: Index S. 181.
[18] Reusch: Index S. 182.
[19] Reusch: Index S. 195.
[20] Reusch: Index S. 256.
[21] Reusch: Index S. 257.
[22] Reusch: Index S. 272.
[23] Es werden nach dem Index von 1564 bei allen Juristen nur noch die nationalen und lokalen Bücherverbotskataloge aufgeführt, deren Verbote für den darauffolgenden römischen Index maßgeblich gewesen sein können.
[24] Reusch: Index S. 355.

16. Index librorum prohibitorum Clemens VIII. 1595/96[25]

Clemens VIII. kompiliert alle Verbote seiner drei Vorgänger und fügt in der dritten Klasse des Buchstabens „V“ hinzu: „Vita juventutis cum annotationibus seu additionibus Philippi Melancthonis[26].“ Dieses Verbot ist dem Valdes'schen Verbotskatalog von 1551 entnommen worden. Die Aufführung des Verbots einer mit diesem Titel nicht existenten Schrift zeigt, daß einfach abgeschrieben wurde, ohne daß eine Überprüfung in Rom erfolgt wäre. In der dritten Klasse des Buchstabens „D“ erscheint: „Dialectica legalis, etiam cum nomine auctoris[27].“ Bei diesem Verbot hat offensichtlich der Portugiesische Index von 1581 Pate gestanden.

17. Index librorum prohibitorum Gregors XVI. 1841

Die Benediktinische Indexrevision von 1758, die von den folgenden Indices bis 1900 übernommen worden ist, hatte zur Folge, daß einige Verbote der römischen Indices des 16. Jahrhunderts korrigiert worden sind. So heißt es jetzt:

„Hegendorphinus Christophorus. 1. Cl. Ind. Trid.

— Dialectica legalis, sive disserendi, demonstrative ars. App. Ind. Trid.[28].“

Die Dialectica legalis der dritten Indexklasse bei Clemens VIII. wurde also als eine Schrift Hegendorphs verifiziert, überprüft, im Titel ergänzt und in das Hegendorph'sche Schriftenverbot eingereiht. Geblieben sind die anderen anonymen Verbote: „Christiana Institutio.“ Ind. Trid.[29]. „De vita juventutis instituenda, moribusque, ac studiis corrigendis.“ Ind. Trid.[30]. In der nächsten Zeile steht der Titel: „Vita juventutis cum annotationibus Philippi Melanchthonis. App. Ind. Trid.“

18. Index librorum prohibitorum Leos XIII. 1900

In diesem Index werden die erstmals vor 1600 durch Index verbotenen Bücher nicht mehr im Verzeichnis der Einzelverbote aufgeführt, ohne daß sie damit generell als erlaubt gelten. Über die Fortdauer des Leseverbots entschieden ab 1900 die Art. 1—4 der Decreta Generalia, deren Bedeutung auf S. 46 dargestellt wurde. Danach können alle Bücher Hegendorphs gelesen werden, die keine Häresie enthalten, bzw. nichts gegen den katho-

---

[25] Der Index Sixtus V. von 1589/90 enthält dieselben Verbote wie der Clementinische Index. Da der Sixtinische Index nach dem Willen Clemens VIII. — obwohl in Kraft — keine Beachtung finden sollte, wird er bei der Aufzählung der Indizierungen von deutschen Juristen in den Indices des 16. Jahrhunderts nur dann ausführlicher besprochen, wenn seine Verbote vom Clementinischen Index abweichen.

[26] Reusch: Index S. 577.

[27] Reusch: Index S. 548.

[28] Index Gregors XVI. S. 170.

[29] Index Gregors XVI. S. 75.

[30] Index Gregors XVI. S. 404.

lischen Glauben aussagen. Die rechtliche Aufhebung aller Schriftenverbote Hegendorphs erfolgte erst 1966, wobei jedoch die moralische Wirkung des ehemaligen Leseverbots aufrechterhalten bleibt.

Beobachtungen anhand der Schriftenverbote Hegendorphs im 16. Jahrhundert

Es ist festzustellen, daß Hegendorph den geistlichen Zensoren, die auf kirchlichen oder weltlichen Befehl handelten, schon verhältnismäßig früh durch zwei theologische Schriften auffiel (Plakat Karls V. von 1540). Die folgenden Bücherverbotskataloge haben die Verbote der englischen Dekrete und Karls V. von 1540 übernommen und diese teilweise entstellt, teilweise auch erweitert (Löwener Index von 1550). Die Einzelverbote vor dem ersten römischen Index weisen Hegendorph als einen Schriftsteller der reformatorischen Bewegung aus. Seine juristischen Veröffentlichungen wurden bis auf die in den Löwener Katalogen von 1546 und 1550 verbotene Schrift „De rhetorica legali" nicht indiziert. Die Zensoren der Bücherverbotskataloge vor 1558/59 sahen in Hegendorph einen theologischen Schriftsteller, dessen Werke häretischen oder häresieverdächtigen Inhalt aufwiesen und deshalb verbotswürdig waren. Die Kataloge von Mailand und Venedig sprachen deshalb ein generelles Bücherverbot über seine Werke aus, um so seine Gefährlichkeit auszudrücken.

Der erste römische Index übernahm das Namensverbot in die erste Klasse mit der Folge des absoluten Bücher- und Schriftenverbots, da man in Hegendorph auf Grund der vorhergehenden Verbote einen Häretiker sah. Die zusätzlich im römischen Index verbotenen und in der dritten Klasse der Anonyma stehenden Schriften Hegendorphs zeigen nur, daß man in Rom auch die Pariser und spanischen Kataloge eingesehen und deren Verbote durch Übernahme in den römischen Index für die Gesamtkirche verbindlich gemacht hat.

Überprüfung des Häresievorwurfs der Kirche anhand einer Lebensdarstellung Hegendorphs

Christoph Hegendorph, 1500 zu Leipzig geboren, betrieb zunächst an der Universität Leipzig humanistische Studien. Als Schüler des berühmden Gräzisten Petrus Mosellanus begann er in Anlehnung an dessen seit 1558/59 indizierte Schrift: „Paedologia in puerorum usum conscripta" und Erasmus' „Encomium Moriae"[31] selbst schriftstellerisch hervorzutreten[32]. 1518 gab er Huttens Stichologie mit einer Widmung an Eoban

[31] Erasmus von Rotterdam wurde von Paul IV. im Index von 1558/59 in die erste Klasse aufgenommen, der Tridentinische Index hat ihn mit einigen Schriften in die zweite Klasse versetzt, die 1587 in Rom angefertigte Expurgation der Werke des Zasius, die im folgenden noch besprochen wird, zeigt jedoch, daß man Erasmus noch nach 1564 in Rom als Häretiker angesehen hat; vgl. S. 109.

[32] Kawerau S. 12.

Hesse heraus[33]. Er trat als Komödiendichter hervor und besorgte Ausgaben von Nonnus, Chrysostomos, Lucianus, Aristoteles, Demosthenes, Cicero und Terenz[34]. Als Ohr- und Augenzeuge der Leipziger Disputation zwischen Luther und Johann Eck verfaßte er ein Gedicht[35], aus dem klar seine lutherische Gesinnung hervorgeht[36]. Angeregt durch Luthers Quellenstudien der Bibeltexte und voll Begeisterung für die lutherische Sache[37], begann Hegendorph nach einem kritischen Studium Vorlesungen über die Evangelien und einige Apostelbriefe zu halten. 1523 erwarb er den Baccalaureus der Theologie der theologischen Fakultät der Universität Leipzig. Sein offenes Eintreten für die lutherische Lehre in Vorlesungen und Schriftwerken wurde jedoch bald durch den katholisch gesinnten Fürsten Georg von Sachsen unterbunden, auf dessen Veranlassung die lutherischen Prediger des Landes verwiesen und jede antikatholische Aktivität scharf verfolgt wurden. Wer als Lutheraner weiter im Lande leben wollte, mußte sich still verhalten und auf neutrale Studienfächer ausweichen. Hegendorph wehrte sich bis 1524 energisch gegen diese Maßnahmen, fügte sich aber schließlich doch, als der Bischof Adolf zu Merseburg gegen ihn vorzugehen drohte, und wandte sich dem Studium des römischen Rechts zu, das er in Leipzig innerhalb von fünf Jahren absolvierte[38]. Besonders beeinflußt hat ihn wohl sein Lehrer Ludwig Fachs.

In dieser Zeit veröffentlichte Johann Secer in Hagenau[39] die Leipziger exegetischen Vorlesungen Hegendorphs, den Kommentar zum Marcus-Evangelium, den ersten Petrusbrief, die Passionsgeschichte, später auch die Apostelgeschichte[40]. Diese Schriften sind später im Löwener Katalog von 1550 einzeln verboten worden. Hegendorph wirkte in Leipzig als Lehrer und publizierte verschiedene Lehrbücher[41]. Erwähnenswert ist, daß Hegendorph schon damals mit Lorenz Zoch, dem kurmainzischen Kanzler in Verbindung stand, und seinem Sohn, dessen Erzieher er war,

[33] Ulrich von Hutten und Eoban Hesse sind seit 1558/59 als „autores primae classis" in der ersten Klasse des römischen Index geblieben.

[34] Kossowski S. 9.

[35] Carmen Christophori Hegendorffini, Lipsici de Disputatione Lipsiensi inter praestantissimos Theologiae Professores, Joh. Eccium, Carolstadium & Mart. Lutherum. Lipsiae: Monacensis 1519.

[36] Henschel S. 337.

[37] Schelhorn II S. 507 zitiert einen Brief des Wolfgang Rychard an Hegendorph vom 5. Februar 1521, aus dem seine herzliche Zuneigung zu Luthers Sache hervorgeht.

[38] Henschel S. 339.

[39] Der Drucker Johann Secer aus Hagenau gehört auch zu den durch den Index von 1558/59 geächteten Druckern.

[40] Siehe Nr. 2 der theologischen Schriften Hegendorphs.

[41] z. B. die bei Gesner angegebenen Schriften: Dialogi pueriles duodecim. Coloniae: Cervicornus 1535. u. ö. Rudimenta Grammatices Donati cum nonnullis novis praeceptiunculis. Moguntiae: Jordan 1532. u. ö.

seinen „Methodus conscribendi epistolas" von 1520 zueignete[42], der in den Löwener Katalogen von 1546 und 1550 einzeln verboten wurde. 1526 erschien im protestantischen Wittenberg sein in deutscher Sprache geschriebener Katechismus, noch bevor Luther seinen Katechismus publiziert hatte.

Von 1530—1535 hielt sich Hegendorph als Lehrer für die „bonae litterae" an der von Bischof Johann Lubranski 1519 in Posen gegründeten „Neacademia Lubransciana" auf[43]. Der Ruf nach Posen ging von Bischof Latalski aus, der zwar Hegendorphs lutherische Gesinnung kannte, ihn aber wegen seines Ruhmes auf dem Gebiet der humanistischen Wissenschaften als Erzieher der Posener katholischen Jugend wünschte. Auch der polnische Bischof Krzycki schätzte sich in einem Brief vom 22. November 1529 an Hegendorph[44] glücklich, den „vir doctissimus" in Posen begrüßen zu dürfen, zugleich hegte er die Hoffnung, den lutherisch Gesinnten zur katholischen Kirche zurückzuführen. Es sind also bischöfliche Gönner, die Hegendorph nach Posen berufen, ungeachtet der bis dahin in Wort und Schrift gezeigten offenen theologisch abweichenden Gesinnung Hegendorphs. Aber nicht nur Hegendorph wirkte in Posen als Humanist vorbildlich, auch Melanchthon wurde in Posen neben Erasmus als Symbol der Erschließung antiker Sprach- und Philosophiestudien gefeiert. Obwohl Hegendorph am Anfang seiner Posener Tätigkeit nicht offen seine theologische Einstellung zeigte und verbreitete, sondern sich ausschließlich dem Studium der Antike und seiner philosophischen Lehrtätigkeit widmete, blieb er ein Bekenner des neuen Glaubens. Allmählich begann er, theologische Vorlesungen in seine Lehrtätigkeit einzubeziehen. Er untermauerte die Thesen in seinen Vorträgen durch Zitate von Bibelstellen und interpretierte zu Hause in privatem Kreise die Heilige Schrift[45]. Zum offenen Bekenner der Lehre Luthers wurde er schließlich durch eine öffentliche Rede zu Ehren Luthers, der 1533 eine theologische Schrift für seine Posener Schüler folgte[46]. Von da an begannen die Gegenaktionen von katholischer Seite, die schließlich zu seinem Weggang von Posen geführt haben. Hegendorphs Hauptgegner war der Posener Kanonikus Gregor von Szamotuly, der sich grundsätzlich allen humanistischen Neuerungen widersetzte, weil er in dem selbständigen Quellenstudium — wie alle überzeugten Scholastiker — die Wurzel allen Übels erblickte.

[42] Methodus conscribendi epistolas autore Christophoro Hegendorphino. In: De conscribendis epistolis Des. Erasmi Roterodami opus. S. 537—577. Moguntiae: Schoeffer 1550.

[43] Kossowski S. 8.

[44] Abgedruckt bei Kossowski S. 15.

[45] Kossowski S. 37.

[46] Rudimenta pietatis Christianae, versibus, et Pueri ea facilius in memoriam reponere possint, conscripta a Ch. Hegendorphino. Lipsiae: Faber 1533. u. ö. Aus: Kossowski S. 37.

Anfang 1534 trat Szamotuly öffentlich gegen Hegendorph auf und beschuldigte ihn der Häresie in seinen Werken und Schriften, was jedoch von Hegendorph energisch bestritten wurde. Hegendorph behauptete vielmehr, nicht das „Luthertum" zu vertreten, sondern den reinen Glauben zu haben, den Luther predige und worin er keine Häresie erkennen könne[47]. Im übrigen warf er Szamotuly vor, er handele nicht als Vertreter der katholischen Kirche gegen ihn, der über die Reinheit des Glaubens wache, sondern als Scholastiker, der den Humanisten hasse. Die von dem immer noch auf Hegendorphs Seite stehenden Bischof Latalski 1535 herbeigeführte Versöhnung zwischen den beiden Gegnern konnte den Streit letztlich nicht schlichten, die Auseinandersetzung wurde auf literarischem Sektor weitergeführt. In mehreren Schriften[48] klagte Hegendorph über die ihm erwiesene Ungerechtigkeit und legte wiederum seinen Standpunkt dar. Ende 1535 verließ Hegendorph Posen und wandte sich nach Frankfurt a. d. O., um dort zum Doktor der Rechte zu promovieren. Zum zweitenmal in seinem Leben wich Hegendorph auf die Jurisprudenz aus, um den Verfolgungen, die seine religiöse Gesinnung nach sich zog, zu entgehen. In den letzten Jahren seines Lebens hielt sich Hegendorph (1537) in Lüneburg als Syndikus auf, 1539 nahm er eine Professur für römisches Recht an der Universität Rostock an, die er aber noch im selben Jahr zugunsten des Amtes als Superintendent der reformierten Kirche in Lüneburg auf Empfehlung des — seit 1558/59 in der ersten Klasse des Index stehenden — Urbanus Rhegius aufgab[49]. Seine Absichten, das Doktorat der Theologie in Wittenberg zu erlangen, ließen sich durch seinen frühen Tod im Jahre 1540 in Lüneburg nicht mehr verwirklichen.

Zusammenfassend kann gesagt werden, daß Hegendorphs Leben geprägt ist von Auseinandersetzungen auf theologischem Gebiet, wobei ihm seine hervorragenden philologischen und philosophischen Kenntnisse die Voraussetzungen für ein theologisches Quellenstudium boten. Die Erkenntnis der Richtigkeit der lutherischen Interpretation des Evangeliums und der Apostelbriefe lassen ihn zum Bekenner des reinen Glaubens werden, der unbeirrt von scholastischen Verfälschungen auf dem Evangelium allein beruht.

Es ist weiter festzustellen, daß sowohl die Beschäftigung mit dem Studium des römischen Rechts in Leipzig als auch die reine Lehrtätigkeit

[47] Kossowski S. 41.

[48] Querela eloquentiae, Helleborus Gregorio Schamotulano Archidiacono Posnensi non satis compotimentis, paratus, a Christophoro Hegendorphino. Cui accessit farrago errorum pudendorum eiusdem Archidiaconi Posnensis, & in rebus Sacris & Iure. Explicantur autem in hoc libello & leges multas & iura pontificia, loca sacrarum scripturarum & alia non indigna cognitione. Vittembergae: Klug 1536.

[49] Bertram S. 160.

am Posener Gymnasium von der Kirche nicht beanstandet wurden. Vielmehr konnte er in Leipzig trotz seiner bekannten lutherisch-theologischen Überzeugung als Jurist bleiben, und in Posen begrüßten ihn die Katholiken als einen vorbildlichen Lehrer für die heranwachsende katholische Jugend. Die Vereinbarkeit zwischen Humanismus und katholischem Bekenntnis ist also durchaus gegeben, wenn humanistischer Forschergeist und humanistische Bildung nicht zu dogmatisch-theologisch abweichenden Auffassungen in bezug auf die katholische Glaubenslehre führen. Im Falle Hegendorphs hat sich ein Gesinnungswandel zum lutherischen Bekenntnis vollzogen, der sich in den theologischen Schriften manifestiert hat. Die darin geoffenbarte Häresie — Anschluß an die von der Kirche verdammte lutherische Sekte — hat zu den Einzelverboten in den „Catalogi" geführt, die wiederum für den römischen Index Ursache der Qualifizierung in der ersten Klasse der Häretiker gewesen ist.

Überblick über Hegendorphs Schriften

Die Auswirkung der häretischen Gesinnung auf die theologischen Schriften ist offensichtlich. Nur einige davon sollen kurz charakterisiert werden.

1. Carmen Lipsici de Disputatione Lipsiensi inter praestantissimos Theologiae Professores, Joh. Eccium, Carolstadium & Mart. Lutherum. Lipsiae: Monacensis 1519.

In dieser dichterischen Darstellung wird Hegendorphs negative Stellungnahme zu Ecks Thesen und seine Begeisterung für die lutherischen Lehren offenbar.

2. Annotationes in Evangelium Marci; in Epistolam Pauli ad Hebraeos; in Epistolam Petri Priorem; in Passionem Matthaei, Johannis. Haganoae: Secer 1525.

Diese von Secer herausgegebenen exegetischen Schriften Hegendorphs zeigen, daß Hegendorph in der Rechtfertigungslehre mit Luther übereinstimmt, in der Sakramentenlehre und in der alleinigen Anerkennung des Evangeliums unter Ablehnung der Tradition als für den Glauben verbindlichen Grundsätzen Luther folgt. Die Kommentierungen zeigen den Geist Luthers, sie sind deshalb auch einzeln verboten worden.

3. Die zehen gepot der glaub, und das Vater unser, für die kinder, kürtzlich ausgelegt durch Christophorum Hegendorff. Wittenberg o. J.[50].

Der Katechismus Hegendorphs besteht aus den zehn Geboten, dem Taufgelübde, dem Glaubensbekenntnis und dem Vaterunser. In der Interpretation scheint sich Hegendorph an die ältere Auffassung Luthers hinsichtlich der Abendmahlslehre anzuschließen, da er die Worte des

[50] Kawerau S. 13 hat festgestellt, daß der Katechismus wahrscheinlich bei Georg Rhau in Wittenberg im Jahre 1526 gedruckt worden ist.

Vater unser „unser täglich Brot gib uns heute“ rein geistlich auf das „brod der Evangelischen lere“ bezieht[51].

4. Christiana studiosae iuventutis institutio. Explicatio locorum implicatissimorum in colloquiis Erasmi. Hagenoae: Secer 1526.

Dieses Werk ist an den Studenten gerichtet, weist auf die Notwendigkeit innerer Frömmigkeit, des Studiums der Heiligen Schrift und der dieser zugrundeliegenden Begriffe hin und bringt zu Beginn einen lateinischen Katechismus mit einer Interpretation des Vaterunser durch Melanchthon. Dieser Umstand galt als so verwerflich, daß seit dem Verbot der Schrift durch Karl V. 1540 in den Verboten der einzelnen Kataloge vor 1558/59 immer wieder der Zusatz „cum expositione Pater noster Philippi Melanchthonis“ beigefügt wird, obwohl dieser nicht im Titel enthalten ist.

5. De instituenda vita, et moribus corrigendis Iuventutis, Paraeneses ... Haganoae: Secer 1529.

Diese Schrift ist an die Jugend gerichtet. Ihr Anliegen ist es, der Verdorbenheit der Sitten durch eine klare Auslegung der Glaubenswahrheiten und konkrete Festlegung der Glaubensgrundsätze zu begegnen.

6. Querela eloquentiae, Helleborus Gregorio Schamotulano Archidiacono Posnensi non satis compotimentis, paratus. Cui accessit farrago errorum pudendorum eiusdem Archidiaconi Posnensis, & in rebus Sacris & Iure. Explicantur autem in hoc libello & leges multas & iura pontificia, loca sacrarum scripturarum & alia non indigna cognitione. Vittembergae: Klug 1536.

Die in dieser Schrift enthaltene Schilderung der Auseinandersetzung mit Gregor von Szamotuly, der als Verteidiger der katholischen Glaubenslehre gegen Hegendorph auftritt, zeigt Hegendorph als Verfechter des reinen Glaubens in lutherischer Interpretation.

Neben diesen kurz skizzierten theologischen Werken hat Hegendorph viele philologisch-humanistische Schriften verfaßt, die hier jedoch außer Betracht bleiben müssen.

Es könnte jedoch sein, daß sich seine theologische Gesinnung auf sein juristisches Werk ausgewirkt hat.

1. Oratio de artibus, futuro iurisconsulto & necessariis & frugiferis, comparandis. Item consilium de compendiaria discendi Iura civilia, ratione. Haganoae: Secer 1529.

Die „Oratio“ ist als erste juristische Schrift Hegendorphs 1529 erschienen und Philipp von Hessen gewidmet. Hegendorph überträgt die ihm durch den Humanismus auf geisteswissenschaftlichem Gebiet geläufigen

---

[51] So Kawerau S. 15 und 58.

Forderungen nach einem Quellenstudium als Voraussetzung für die Erforschung jeder Wissenschaft auch auf das Studium der Jurisprudenz. Dieses bedarf seiner Meinung nach seit langer Zeit einer Erneuerung von Grund auf, die in einem Zurückdrängen des mittelalterlichen Autoritätenglaubens zugunsten einer vom Geistesgut der Antike getragenen und durch die philologischen Hilfswissenschaften erschlossenen Textinterpretation besteht. Um den Geist und den Sinn der von Justinian kodifizierten antiken römischen Gesetze zu erfassen, soll sich jeder Student erst in einem gründlichen Studium der griechischen und lateinischen Sprache die Fähigkeiten verschaffen, den Text selbst lesen zu können. Zur Textbeherrschung gehöre aber weiter die Beherrschung der Grammatik, der Dialektik und der Rhetorik, die gleichermaßen zum Verständnis der Gesetze wie zur eigenen Anwendung in richtiger Form verhelfen.

Im zweiten Teil der Arbeit befaßt sich Hegendorph mit Sinn und Zweck des Studiums des römischen Rechts. Er fordert für jeden Juristen sittliche Reinheit und echte Frömmigkeit als Grundlage eines von Mißbräuchen freien Rechtsstudiums und vor allem einer gerechten Rechtsanwendung. Im folgenden schlägt er einen konkreten Studiengang vor, indem er empfiehlt, das Justinianische Gesetzbuch in einer bestimmten Reihenfolge der einzelnen Gesetzbücher zu lesen.

Theologische Fragen werden nicht angesprochen, die Forderung nach einem Quellenstudium für die Jurisprudenz richtet sich zwar gegen die von der Kirche für die theologische Disziplin noch anerkannte scholastische Methode der Beweiskraft eines Gesetzes oder eines Begriffes durch eine Autorität, nicht durch freie Auslegung der Textstelle selbst, sie berührt jedoch keine dogmatischen Fragen, die den Verdacht der Häresie in der Person des Verfassers begründeten.

2. Compendiariae titulorum Codicis Iustiniani Exegeses. Haganoae: Secer 1529.

Dieser kleine Kommentar, gewidmet Ludwig Fachs, hält sich im Rahmen der bisher üblichen Codexinterpretationen. Hegendorph bemüht sich besonders um Klarstellung von Begriffen und Ausräumung von Mißverständnissen.

3. Dialecticae legalis libri quinque. Lugduni 1534[52].

Diese eindeutig unter dem Einfluß der Melanchthon'schen Dialektik entstandene Schrift hebt die Nützlichkeit der Beachtung der Dialektik

[52] Gesner S. 5 und Lipenius I, S. 401 geben die Schrift in der von Benedikt XIV. gewählten Form an: „Dialectica legalis, sive disserendi demonstrative ars, ita iuri civili accomodata, ut & nihilominus sit omni studiorum generi usui futura: ita nunc demum scripta ab authore, ut in tota rerum dispositione atque adeo verbis, cum priore conveniat prorsus nihil. Basileae: Henricpetri 1535. u. ö.

für die Jurisprudenz hervor. Im wesentlichen strebt Hegendorph eine rationellere Durchdringung des juristischen Stoffes durch die geregelten Formen einer dialektischen Begriffsbildung und Beweisführung an. Diese im Geiste des Agricola, des Erasmus und eben Melanchthons[53] entstandene Schrift ist das erste Mal im Portugiesischen Index von 1581 verboten worden und von da in die römischen Indices gelangt. Inhaltlich können weder abfällige Bemerkungen gegen die Kirche festgestellt werden, noch sind dogmatische Abweichungen von der katholischen Theologie zu bemerken. Auch der Antwerpener Expurgationsindex von 1571[54] gibt die Schrift ohne Verbesserungen zum Lesen frei mit der Bemerkung: „nihil habet quod offendit". Es liegen damit zwei abweichende Entscheidungen über dasselbe Buch vor. Da jedoch die in einem Expurgationsindex freigegebenen Bücher von Häretikern mit Sicherheit überprüft worden sind, bevor sich die kirchlichen Stellen zu diesem Schritt entschlossen, muß wohl das Portugiesische Verbot entweder auf eine nicht überprüfte Denunziation hin oder auf Grund der im Verbot zum Ausdruck gebrachten Anonymität des Verfassers erfolgt sein. Wenn man unterstellen will, daß die Antwerpener Theologen das Buch nach Überprüfung für ungefährlich befunden haben, so muß daraus hinsichtlich des Inhalts geschlossen werden, daß die von Hegendorph für die Jurisprudenz geforderte dialektische Methode Melanchthons von der Kirche nicht als anstößig empfunden wurde.

4. Epitome Tyrocinii iuris civilis. In: Varia opuscula de exercitatione Jurisconsultorum. S. 539—600. Argentorati: Rihel 1554.

Auch in diesem Werk setzt sich Hegendorph mit der Erneuerung des Rechtsstudiums auseinander. Er rechtfertigt anfangs das Studium des römischen Rechts als ein notwendiges, nützliches und frommes Unterfangen, weil es aus den Naturgesetzen entstanden sei. Das Sprichwort, das den Juristen als einen bösen Christen bezeichnet, tut er als ungerecht[55] ab. Er wirft dann die Frage nach möglichen Widersprüchen zwischen dem ius civile und dem Evangelium auf und behandelt das Problem, ob etwas nach römischem Recht erlaubt sei, was die Religion einem Christen zu tun verbiete[56]. Hegendorph verneint mit Accursius scheinbare Widersprüche, weil er streng zwischen den jedem Christen obliegenden geistlichen Pflichten und den Anforderungen, die die irdische Gemeinschaft an ihn stellt, trennt[57]. Er nimmt auch zu den Rechtsfragen des nach römischem Recht erlaubten Konkubinats und des Zinsenneh-

[53] Wieacker: Apel S. 50.

[54] Ebenda S. 114.

[55] Ebenda S. 542.

[56] Ebenda S. 545.

[57] Ebenda S. 546.

mens Stellung, beides Tatbestände, die nach Kirchenrecht verboten sind[58]. Er hält weder das Konkubinat noch den Zinsfuß für grundsätzlich verbotswidrig, weicht aber einer klaren Entscheidung aus, indem er meint, das römische Recht dulde zwar beides, schreibe jedoch nicht ausdrücklich vor, beides zu tun. Im Kapitel II geht Hegendorph wieder auf die schon mehrmals von ihm erörterten dialektischen, rhetorischen und grammatikalischen Grundlagenforschungen für die Jurisprudenz ein, wobei Cicero immer wieder in Aufbau, Stil und Auslegung der Gesetze als Vorbild hingestellt wird. Auch hält er es für unbedingt erforderlich, daß sich der Student mit den Gebieten der Politik, Ethik, der Ökonomie und der Philosophie befaßt, weil viele Rechtsvorschriften aus diesen Disziplinen erklärlich sind oder in sie hineinragen. Im übrigen empfiehlt er den Studenten, Alziat[59] zu lesen und das Lexicon Juridicum des Jakob Spiegel[60] zu benutzen. Es folgen dann wieder Vorschläge für die beste Reihenfolge des Studiums der einzelnen Teile des Justinianischen Gesetzbuches. Am Schluß werden dem Studenten noch Hilfsmittel an die Hand gegeben zur besseren Einprägung des juristischen Lernstoffes, nämlich der Gebrauch sog. „loci communes“[61] empfohlen.

Gegenüber den vorangegangenen Werken ist im Hinblick auf die Indizierung des Verfassers die am Anfang zum Ausdruck gebrachte Auffassung zu der Frage der möglichen Widersprüchlichkeit zwischen römischem Recht und Heiliger Schrift interessant. Obwohl nicht zu verkennen ist, daß Hegendorph der lutherischen These von der Scheidung der weltlichen Angelegenheiten von den res spirituales nahesteht, versucht er im Falle der Auseinandersetzung um Konkubinat und Zinsenerhebung die doch hier tatsächlich zwischen dem römischen und dem kanonischen Recht bestehende Antinomie zu überbrücken. Letztlich entscheidet er sich für eine Anwendung der römisch-rechtlichen Vorschriften. Obwohl hierin ein Widerspruch der kanonistischen Lehrmeinung gesehen werden könnte, der aus der gewandelten theologischen Gesinnung des Verfassers herrührt, ist diese Schrift im Antwerpener Expurgationsindex von 1571 ohne Verbesserungen freigegeben worden[62]. Daraus geht hervor, daß im Interesse der Studierenden, für die in erster Linie die Expurgationen in den einzelnen Ländern gemacht wurden, die Expurgationsanweisungen in Antwerpen großzügig gehandhabt worden sind.

---

[58] Nach kanonischem Recht steht die „usura“ dem Diebstahl oder dem Raub gleich: C. 10-12. caus. XIV. qu. 4.; C. 8. dist. 47; C. 4. c. 1-3. caus. XIV. qu. 3.

[59] Der humanistisch ausgerichtete italienische Jurist Andreas Alziat ist nicht indiziert worden.

[60] Das „Lexicon juridicum“ von Spiegel ist von den Spaniern verboten worden, nicht aber von Rom.

[61] Ebenda S. 590.

[62] Antwerpener Expurgationsindex S. 113.

5. Commentarii in sex titulos Pandectarum juris civilis. Basileae: Brylinger 1537.

Die kurze sachliche Bearbeitung einiger Pandektentitel enthält keine Anhaltspunkte für Indizierungsgründe. Der Antwerpener Expurgationsindex löscht einen einzigen Satz auf S. 105, Zeile 5: „Nondum fortasse fuisse vel pontifices vel clericos qui missas canerent", der keinen juristischen Bezug hat.

Der Überblick über den größten Teil der juristischen Schriften Hegendorphs zeigt, daß Hegendorph im Hinblick auf die Einführung des Quellenstudiums und einer an antiken Vorbildern orientierten Methodik (Dialektik, Rhetorik, Grammatik usw.) zu den humanistischen Neuerern in der Rechtswissenschaft gehört, daß sich hierin jedoch nicht der Häretiker, sondern der Humanist zeigt. Es ist somit festzustellen, daß Hegendorph als Theologe, nicht aber als Jurist der Indizierung verfiel.

bb) Leopoldus Dickius (Leopold Dick) um 1500 bis ca. 1570

Verzeichnis seiner verbotenen Schriften

1. Löwener Katalog von 1546[63]

Unter dem Buchstaben „P" erscheint folgendes Verbot „Paraphrastica meditatio in sacrosanctam precationem dominicam Leopoldi Dickii."

2. Die Löwener Kataloge von 1550 und 1558[64]

führen dasselbe Schriftenverbot unter dem Buchstaben „L" auf: „Leopoldi Dickii Paraphrastica meditatio in saccrosanctam precationem dominicam."

3. Der Mailänder Katalog von 1554

erwähnt mit der Folge des absoluten Schriftenverbots nur den Namen Dicks, den man unter die Häretiker einreiht: „Leopoldus Dilcius[65]." Der Nachname ist verdruckt, es kann aber nur Dick gemeint sein.

4. Der Venezianische Katalog von 1554

entscheidet sich nicht für ein absolutes Schriftenverbot, hier steht unter dem Buchstaben „L": „Leopoldus Dikius paraphrast. meditat[66]."

5. Index autorum et librorum 1558/59

Die römische Inquisition hat den Häresietatbestand im Falle Dick als erwiesen betrachtet und ihn in die erste Klasse des Buchstabens „L" gesetzt: „Leopoldus Dickius[67]."

[63] Reusch: Index S. 38.
[64] Reusch: Index S. 60.
[65] Reusch: Index S. 164.
[66] Reusch: Index S. 164.
[67] Reusch: Index S. 193.

Da Dick auf fünf Verbotskatalogen immer wieder mit derselben religiösen Schrift erscheint, der Mailänder Katalog ihn sogar unter die Häretiker einreiht, ist auch hier anzunehmen, daß die Vorverbote den römischen Zensoren Anlaß genug waren, in Dick einen Häretiker zu sehen und die bisher vereinzelt ergangenen Verbote zu einem Verbot erster Klasse mit Wirkung für die Gesamtkirche auszudehnen.

6. Index librorum prohibitorum Pius IV. 1564

Der Tridentinische Index wiederholt das Verbot von 1558/59 in der ersten Klasse des Buchstabens „L": „Leopoldus Dickius[68]." Dieses Verbot wird auf allen bis 1900 erscheinenden römischen Indices ohne Änderungen weitergeführt. Für die Zeit nach 1900 gelten bis zur Aufhebung des Index 1966 die Leoninischen Bestimmungen und die Vorschriften des Codex Juris Canonici.

Überprüfung des Häresievorwurfs der Kirche anhand einer Lebensdarstellung Dicks

Leopold Dick wird in den alten juristischen Bio- und Bibliographien nirgends erwähnt, auch Stintzing berücksichtigt ihn nicht in seiner Geschichte der Rechtswissenschaft, und die Allgemeine Deutsche Biographie widmet ihm keinen Artikel. Erst der Aufsatz von Nikolaus Paulus im „Katholik"[69] und die ausführliche Besprechung der wichtigsten Werke Dicks durch Schottenloher im Zentralblatt für Bibliothekswesen[70] haben sein Wirken als Jurist (Beisitzer beim Reichskammergericht in Speyer) und als literarischer Vorkämpfer für einen von Mißständen gereinigten Katholizismus wieder in die Erinnerung gebracht. Sekundäre biographische Darstellungen sind bis auf die Hinweise bei Paulus und Schottenloher nicht vorhanden. Deshalb muß versucht werden, seine Haltung zu den religiösen Fragen der Zeit anhand seiner Schriften zu ermitteln.

Ende des 15. Jahrhunderts im schwäbischen Babenhausen geboren, studierte Dick Anfang der zwanziger Jahre Rechtswissenschaft. In Turin soll er nach Paulus[71] 1521, nach Schottenloher[72] zwischen 1526 und 1530 promoviert haben. Schottenloher[73] berichtet, daß Dick 1525 von den aufständischen Bauern zu einem ihrer Schiedsrichter vorgeschlagen wurde, da diese in ihm wohl einen Anhänger der neuen Lehre gesehen haben. Von 1523—1530 erschienen viele zeitkritisch-theologische Schriften von ihm, in denen er die Mißstände in der katholischen Kirche tief bedauert,

[68] Reusch: Index S. 270.

[69] Jg. 1895 S. 193—213.

[70] Jg. 1921 S. 26—33.

[71] Der Katholik. 1895. S. 198.

[72] ZfB. 1921. S. 31.

[73] ZfB. 1921. S. 33.

Luther zunächst als Reformator des Alten auf dem Boden der katholischen Glaubenslehre begrüßt, aber sich dann vom werdenden Protestantismus abkehrt und zu einem von Mißständen befreiten Katholizismus zurückfindet.

Um 1530 wurde Dick Beisitzer beim Reichskammergericht in Speyer, wo er bis 1570 geblieben sein soll[74]. Kurz darauf muß er gestorben sein.

Überblick über seine theologischen und zeitkritischen Werke

1. Gnad Frid und barmhertzigkait von unserm herrn Jesu Christo. L. D. L. In summa summe: das ist so vil alles mit diser binden beknüpfft. Allen und yden, inn was stands, gaystlichen oder weltlichen, auß sonderer briederlicher trew un Christenlicher liebe zu leßen. Nolite confidere in principibus, neque in filijs hominum in quibus non est salus. Benedictus dominus deus israhel quia visitavit et fecit Redemptionem. Babilonice venationis plebecule sue. Sic ad fortunatorum vireta balsamitice stillantia itur. At nostrates sacrificuli papistici compluscculi exletheo inferorum gurgite. Longissima evangelice Doctrine. Oblivia biberunt. Quod erroris poculum permanus quasi nobis tradidere. o. O. u. J.

In dieser Schrift, die wie Schottenloher[75] nachweist, von Dick geschrieben wurde und wahrscheinlich in das Jahr 1522 fällt, prangert Dick mit heftigen Worten die Mißstände in der katholischen Kirche an. Auf die „wüterliche Regierung" der weltlichen und geistlichen Fürsten (einschließlich Papst und Bischöfe) führt Dick die Unterdrückung der christlichen Freiheit, der Wahrheit und den Mangel an Liebe untereinander zurück. Den Geistlichen wirft er Wucher und Geiz vor. Die vielpfründigen Pfaffen beuteten in ihrer Geldgier die Ärmsten aus, sie seien nicht viel besser als die weltlichen Herren. Die christliche Liebe und Nächstenliebe, die der Herr fordere, vermißt Dick bei Laien und Geistlichkeit. Ihn selbst habe man vielfach für einen Ketzer gehalten, weil er versucht habe, selbständig die Heilige Schrift zu interpretieren. Nach langem Nachdenken sei ihm nämlich klar, daß Martin Luther von Gott geschickt sein müsse, um die unterdrückte göttliche Lehre wieder herzustellen. Für Dick ist Luther ein „heiliger und evangelischer Mann, der christlichen Güte ein Aufrichtiger". Die Erkenntnis von der Bedeutung des lutherischen Sendungsauftrags habe ihn in seinem Gottvertrauen bekräftigt und seine Glaubensbereitschaft wieder verstärkt.

Dick drückt in dieser Zeit den Wunsch vieler Christen nach einer Reformierung der katholischen Kirche aus und sieht in Luther den Mann, der von Gott dazu ausersehen wurde, diese Aufgabe auf dem Boden der katholisch-theologischen Glaubenslehre zu erfüllen. Obwohl aus dieser

[74] Paulus, in: Der Katholik. 1895. S. 200, Fußnote 1.

[75] Schottenloher, in: ZfB. 1921. S. 27 ff.

Schrift keine dogmatischen Zweifel an der katholischen Glaubenslehre ersichtlich sind, könnte sie Dick in den Ruf gebracht haben, mit der reformatorischen Lehre zu sympathisieren, falls seine Anonymität durchschaut worden ist. Ob die in dieser Schrift gezeigte Gesinnung den Tatbestand der Häresie schon erfüllt, hängt von der Interpretation des dritten von Eymericus-Pegna aufgeführten Tatbestandsmerkmals der Häresie (vgl. auf S. 62) ab. „Tertio dicitur haereticus qui adversus Romam Ecclesiam agit, & eius dignitatem a Domino traditam auferre conatur." Diese Variante des Häresietatbestandes sollte vermutlich in der damaligen Zeit die Personen treffen, die Verfasser von Schriften mit hauptsächlich satirischem Einschlag waren, in denen sehr kritisch zu der sittlichen Verrohung des geistlichen Standes Stellung genommen wurde. In dieselbe Richtung zielt ja auch die Vorschrift im Index von 1558/59 unter „Pasquilli"[76], die alle Schriften verbietet, die in irgendeiner Form kirchlichen Einrichtungen zu nahe treten. Vermutlich würden die Vertreter der Kirche im 16. Jahrhundert also in Dick einen Häretiker gesehen haben, wenn sie die Schrift, die ja keine Verfasserangabe trägt, ihm zugerechnet hätten.

2. Paraclesis, id est adhortatio, ad universos sub velamine Christi merentes christiculos, per modum Contionis, ut errorum pedicis illaqueatos corrigent, ac passim varias ingeniorum opiniones nostra iam tempestate anhelantes, charitatis symbolum renatum denuo efflorescere patiantur, ecclesiaeque sacrae Cymbam ad salutis portum remigent.

Eiusdem ad Antistitem Maximum & illustrissimum principem Matthaeum cardinalem & Archiepiscopum Saltzburgensem epistola nuncupatoria. O. o u. J.

Diese Schrift ist dem Salzburger Erzbischof Matthäus Lang gewidmet und wahrscheinlich im Jahre 1523, dem Datum der Widmungsvorrede, enstanden. Hier zeigt sich Dick als unparteiischer Zuschauer bei den religiösen Streitigkeiten der Zeit. Er nennt die Namen von Luther, Melanchthon und Eck in einem Zusammenhange und fordert, daß man allen Theologen Objektivität entgegenbringe. Diejenigen, die für die christliche Freiheit eintreten, sollten anderen auch das Recht zugestehen, eigene Argumente zu äußern. Der Verderbtheit der katholischen Geistlichkeit, der er die Schuld an den Wirren gibt, stellt er in dieser Schrift aber schon die theologischen Irrlehren der Gegner des Katholizismus gegenüber, die das geistliche Amt verachteten, die priesterliche Vermittlung zur Heilserlangung ablehnten und die Anhänger des Papstes in Flugschriften schmähten.

Es zeigt sich also ganz deutlich, daß Dick von Luther abgerückt ist, als er den theologisch-dogmatischen Gegensatz in der Lehre Luthers be-

[76] Reusch: Index S. 200.

merkte. Er will eine Erneuerung des Katholizismus auf der Basis der gegenseitigen Liebe, aber keine grundsätzlichen umstürzlerischen Veränderungen.

3. Ad Christum sponsum Ecclesiae sponsae Epistola multum lepida ac concinna qua collachrymat praesentem, tam pertinacem humanae vitae functionem, atque interim seipsam male habentem deplorat, manus auxiliares ut porrigat Christus spons. o. O. u. J.

Dick vergleicht in dieser Schrift, die — nach dem Datum der Vorrede an den Augsburger Patrizier Jakob Fugger — 1523 erschienen ist, die Kirche mit einer Braut, die dem Bräutigam Christus ihr Leid klagt. Die Kirche sei innerlich von Verderbtheit, Hochmut und Machtgier zerrissen. Die Evangelischen rühmten sich, die evangelische Freiheit durch Vermittlung des reinen Textes des Evangeliums wiedergefunden zu haben und verhielten sich doch nicht anders als diejenigen, die sie bekämpften. Hier wie dort sei nichts von christlicher Freiheit zu spüren. Eine echte Besserung der Verhältnisse könne man nicht dadurch herbeiführen, daß man die Päpste schlecht mache. Am Ende spricht Dick die Hoffnung aus, daß sich die Guten auf beiden Seiten zusammenfinden und in christlicher Liebe die Streitigkeiten beseitigen. Ganz entschieden lehnt Dick auch hier sämtliche theologischen Neuerungen der Evangelischen ab und hofft auf eine Besserung des menschlichen Verhaltens nach allgemein christlichen Grundsätzen.

4. De Mysterio venerabilis sacramenti Eucharistiae, et dominica coena syllcois sive compilatio, ob quorundam impios caninosque latratus, ac mentinum misere seductores omnium facile elegantissima. o. O. u. J.

In dieser Schrift, deren Vorrede 1525 datiert ist, befaßt sich Dick zum ersten Mal mit einer theologischen Streitfrage. Die von den Protestanten geforderte Spendung des Altarsakraments in beiderlei Gestalten lehnt Dick unter Berufung auf die Richtigkeit der katholischen Auffassung ab. Er läßt sich zwar in theologische Argumentationen ein, bewegt sich aber vollkommen auf dem Boden der katholischen Glaubenslehre.

5. Adversus impios anabaptistarum errores, longe omnium pestilentissimos. Haganoae: Secer 1530.

Die Schrift gegen die Wiedertäufer gehört zu den wenigen zeitkritischtheologischen Schriften Dicks, die ein Impressum tragen. Während die ohne Impressum erschienenen Schriften nach den allgemeinen Bestimmungen im ersten römischen Index auch aus diesem Grund verboten waren — eine Vorschrift, die ohne Rücksicht auf den Inhalt des Buches erlassen war —, fällt die Schrift gegen die Wiedertäufer unter das spezielle Verbot der verbotenen Offizin Secers. Diese formellen, auf die Schrift bezüglichen Verbotsgründe sind jedoch inhaltlich ungerechtfertigt. Dick nimmt hier zum Sakrament der Taufe Stellung und weist die Lehre der Wiedertäufer scharf zurück. Wegen der auf dem Ungetauften lastenden Erbsünde tritt Dick für einen möglichst frühzeitigen Vollzug der Taufe beim Kinde ein und hält ihre Wiederholung für Gotteslästerung. Zum Beweis führt er Bibelstellen an und zitiert die Kirchenväter. Er befürwortet sogar die Anwendung der Todesstrafe für die Wiedertäufer[77]. Da sich Dick der traditionellen katholischen Argumentation bedient, kann in dieser Abhandlung keine materielle Häresie gesehen werden.

6. Paraphrastica meditatio in sacrosanctam precationem Dominicam, pia atque utilis. Moguntiae: Behem 1543.

Diese erbauliche Darstellung des Vaterunsers ist die einzige Schrift Dicks, die seit 1546 immer wieder auf den Bücherverbotskatalogen erscheint und dann schließlich zum Verbot in der ersten Klasse des römischen Index geführt hat. Obwohl man aus dem Verbot schließen könnte, es handele sich um eine häretische Schrift, konnte nichts dergleichen dem Inhalt entnommen werden. In der kleinen Schrift wird das Vater unser in kleine Abschnitte unterteilt und vom Verfasser kommentiert. Für die sachlich einwandfreie Interpretation Dicks spricht auch der Druckort Mainz und vor allem der Drucker Behem, der, um sich die Freiheit seiner katholischen Glaubensüberzeugung zu bewahren, von Sachsen nach Mainz ausgewandert war. In Mainz stellte Behem seine „Presse in den Dienst der katholischen Literatur“[78] und publizierte nur Werke, die „Frieden, Tugend und Religion guthießen“[79], wofür er auch von Karl. V. ausgezeichnet wurde[80]. Sein Wahlspruch hieß: „Omnia ecclesiae catholicae submissa sunto[81].“ Das Verbot kann daher wohl nicht auf Grund des Inhalts erlassen worden sein. Vielmehr muß an einen formellen Verbotsgrund gedacht werden, der in dem fehlenden kirchlichen Druckerprivileg, das seit 1515 vorgeschrieben war[82], oder einfach in der Tatsache liegen kann, daß sich ein Unbefugter an die eigenständige Interpretation des Vaterunsers gemacht hat.

7. De dira & ultra hominum fidem exitiali, Mediolanensium in Germanos milites seditione vera. Narratio. Ad Invictiss. Imperatorem Carolum V. o. O. u. J.

Das Datum der Vorrede ist von 1526. Die Schrift gehört nicht zu den theologischen Werken Dicks. Er untersucht hier die kriegerischen Vor-

---

[77] Darüber Neff, in: Mennonitisches Lexikon S. 438.

[78] Widmann S. 4.

[79] Widmann S. 10.

[80] Durch ein in Speyer ausgestelltes Privileg vom 6. November 1570.

[81] Widmann S. 10.

[82] Durch die Bulle „Inter sollicitudines“ Leos X. von 1515.

fälle um Mailand und gibt Papst Clemens VII. die Schuld an dem Krieg. Dieses 18 Blätter starke Werkchen könnte wiederum in die Kategorie der Schriften fallen, die verboten wurden, weil in ihnen Einrichtungen der Kirche verunglimpft werden.

Juristische Schriften

1. Oikonomia constituendi explicandique iudicii ordinarii ... Basileae: Oporinus 1562.

Es handelt sich hierbei um ein Handbuch, das die richterliche Tätigkeit unter Betonung des Verfahrensrechts darstellt. Es ist bis auf kleine Verbesserungen, die keinen juristischen Bezug haben, im Antwerpener Expurgationsindex von 1571[83], im Expurgationsindex von Brasichellen 1607[84] und von Mascaregnas 1624[85] in der von Antwerpen gewählten Fassung erlaubt worden.

In der Expurgation wird die Ausgabe Basel 1567 benutzt, die in den Seitenzahlen mit der hier benutzten Ausgabe von 1562 nicht übereinstimmt. Die beanstandeten Stellen ließen sich jedoch durch Textvergleich auffinden. Die Werkausgabe von 1562 hat 409 Folioseiten, davon fallen vier Stellen weg, die zum großen Teil Vorwürfe Dicks gegen das korrupte und verdorbene Priestertum der Zeit zum Gegenstand haben. Auf S. 264 der Ausgabe 1562 (Ausgabe 1567 S. 270) werden die Ansichten Dicks über das Zinsenverbot für die Christen und die Abwälzung der Zinserhebung auf die Juden gestrichen. Sachbezogene Expurgationen, die juristische Erörterungen betreffen, sind nicht ersichtlich. Außer diesem Buch ist keines der Dick'schen Werke mehr freigegeben worden.

2. De optima studiorum ratione, idque in omni facultatum genere, Methodus. Eiusdem christianae et civilis vitae compendium: in quo & de signis sive notis cognoscendorum hominum, per locos aliquot communes. o. O. 1564.

Diese dem Augsburger Erzbischof Otto Truchseß gewidmete Schrift beschäftigt sich mit einem Reformvorschlag zur Neuordnung des juristischen Studienganges. Ähnlich wie Hegendorph hält auch Dick es für unerläßlich, das juristische Studium einer Reform zu unterziehen. Er schlägt als Grundstudien Grammatik, Rhetorik und Poetik vor und darauf aufbauend die einzelnen wissenschaftlichen Disziplinen. Für seine katholische Gesinnung spricht folgende Stelle[86]: „Studiosus hoc unum persuasum sibi perpetuo debet habere, apud catholicam Ecclesiam esse veram et genuinam sacrarum Scripturarum cognitionem et interpretatio-

---

[83] Ebenda S. 122.

[84] Ebenda S. 647.

[85] Ebenda S. 871.

[86] Ebenda S. 60.

nem, et pestilentes haereticorum schismaticorumque doctrinas ut diabolicum toxicum esse fugiendas, utcumque in speciem blandae sint.

Spiritus enim sanctus usque ad seculi consummationem Ecclesiae catholicae aderit, iuxta Christi promissionem, et eam diriget, fovebit et conservabit, ut in rebus fidei nunquam fluctuare vel deviare possit, sed potius firma sit et perstet veritatis columna, cum interim sectae quaecunque cum suis autoribus turpiter peribunt et evanescent."

In der zweiten Schrift tritt Dick für ein Rechtsverständnis ein, das von göttlichem und menschlichem Recht ausgeht, wobei das ius humanum sich wiederum in das ius canonicum und das ius civile spaltet. Dick tritt entschieden für die Beibehaltung des ius canonicum in der überlieferten Fassung ein, und zwar ausdrücklich auch auf den Gebieten, die von den Protestanten einer weltlichen Regelung zugeführt werden sollten: „Contractus humanos in nuptiis, usuris, negociis, in quibus peccati ratio habenda est, tunc enim civiles leges & constitutiones merito canonibus cedere debent[87]."

So wie Dick alle theologischen Umwälzungen ablehnte, so hielt er auch an den überlieferten rechtlichen Zuständigkeiten zwischen der geistlichen und der weltlichen Gewalt fest. Paulus meint[88], es erübrige sich, hervorzuheben, daß solch ein Mann nicht in den Ketzerkatalog der ersten Indexklasse gehöre. Vom heutigen Standpunkt aus ist das sicher richtig. In der damaligen Zeit kann ihn seine Freimütigkeit in der Beurteilung der religiösen Zustände in Deutschland in den Ruf eines Ketzers gebracht haben. Dies hätte für eine Indizierung in der ersten Klasse genügt. Materiell gesehen war Dick jedoch niemals von der katholischen Glaubensauffassung abgewichen. Obwohl seine zeitkritisch-theologischen Schriften vermutlich aus Vorsicht kein Impressum tragen und aus diesem Grund nach den allgemeinen Bestimmungen des ersten römischen Index als verboten gelten (also auch dann, wenn ihr Verfasser nicht indiziert wäre), bleibt die darin geäußerte Kritik an den äußeren Umständen haften, vor dogmatischen Änderungen weicht Dick zurück. Seine juristischen Schriften wollen Reformen in der Rechts- und Unterrichtsmethode der Universitäten erzielen, an der mittelalterlichen Kompetenzverteilung zwischen geistlicher und weltlicher Gewalt will Dick jedoch nichts geändert wissen.

Auch hier sind die juristischen Schriften kein Anlaß zur Indizierung gewesen.

---

[87] Ebenda S. 48.

[88] Der Katholik. 1895. S. 200.

cc) Uldaricus Zasius J. C. (Ulrich Zasius) 1461—1535

Verzeichnis seiner verbotenen Schriften

Die Indizierung des Freiburger Rechtslehrers Ulrich Zasius auf den Indices des 16. Jahrhunderts gehört zu den interessantesten Indizierungen, die Juristen betreffen, weil im Falle des Zasius kirchliche Untersuchungen stattgefunden haben, die publiziert worden und die recht aufschlußreich für die Indizierungspraxis des 16. Jahrhunderts überhaupt sind.

1. Katalog des spanischen Generalinquisitors Valdes für Spanien 1551

Leicht übersehbar findet sich bei Valdes als vorletzte Eintragung: „Rhetorica Zesii[89]." Gemeint ist sicher die acht Jahre später wiederum von Valdes verbotene Schrift: „Udalrici Zasii commentaria in rhetoricam M. Tulii Ciceronis[90]."

2. Index autorum et librorum. 1558/59

Erste Klasse des Buchstabens „V": „Uldaricus Zasius J. C." und zusätzlich in der ersten Klasse des Buchstabens „Z": „Zasius[91]." Auffällig ist, daß kurz hintereinander im Alphabet Zasius zweimal auftaucht. Die Vermutung, daß es sich nicht um ein und dieselbe Person handelt, kann wohl ausgeschlossen werden, da zu dieser Zeit keine Persönlichkeit gleichen Namen ausfindig gemacht werden konnte, auf die eine Indizierung in der ersten Klasse des römischen Index gepaßt hätte. Die Söhne des Zasius standen bei der Kirche in hohem Ansehen und machten später ihren Einfluß für die Streichung des Namens ihres Vaters aus dem Index bei der Kirche geltend, so daß also auch nicht der Verdacht auf einen Nachkommen des Zasius fallen kann. Es muß angenommen werden (wie es ja auch bei Calvin geschehen ist), daß beide Eintragungen denselben Mann meinen.

Es kann natürlich nur vermutet werden, wie es zu den beiden Verboten gekommen ist. Reusch[92] meint, die Bibliographie von Gesner[93] sei für das erste Verbot herangezogen worden. Dies könnte stimmen, da das Verbot sich durch eine Genauigkeit auszeichnet, die in den Indices des 16. Jahrhunderts selten ist. Eine Denunziation kann jedoch nicht ausgeschlossen werden. Für die zweite Eintragung „Zasius" könnte der

---

[89] Reusch: Index S. 77.

[90] Im Katalog des spanischen Generalinquisitors Valdes von 1559, abgedruckt bei Reusch: Index S. 209—242, hier S. 231, wird unter Buchstaben „V" folgende Zasius-Schrift verboten: „Udalrici Zasii commentaria in rhetoricam M. Tulii Ciceronis".

[91] Beide Verbote bei Reusch: Index S. 204.

[92] Reusch I S. 364.

[93] Konrad Gesner. Bibliotheca universalis sive Catalogus omnium scriptorum locupletissimus in tribus linguis latina, graeca et hebraica. Zürich: Froschauer 1545.

Katalog von Valdes von 1551 Vorbild gewesen sein. Dort ist Zasius als Verfasser der Rhetorica ohne Vornamen angegeben. Da der erste römische Index viele vorher auf den „Catalogi" mit Einzelschriften verbotene Verfasser in die erste Klasse gesetzt und damit eine für die Gesamtkirche verbindliche Schärfung ausgesprochen hat, könnte es tatsächlich sein, daß die zweite Zasiuseintragung auf dieselbe Weise zustandegekommen ist. Sicher ist dies jedoch nicht, zumal Valdes im Reusch'schen Abdruck „Zesii" schreibt, also den Vokal „a" in ein „e" umgewandelt hat, während der erste römische Index richtig „Zasius" vermerkt.

3. Index librorum prohibitorum Pius IV. 1564

Auf dem Tridentinischen Index erscheint der Name des Zasius nicht mehr. Da der römische Index von 1564 den Index von 1558/59 außer Kraft gesetzt hat, bedeutet das Fehlen des Namens von Ulrich Zasius, daß er aus dem Index gestrichen wurde und somit seine Werke nunmehr erlaubt sind. Die Entscheidung, Zasius aus der Liste der Häretiker herauszunehmen, ist auf die Initiative der Zasius-Söhne Joachim[94] und Johann Ulrich, Vizekanzler des Reichshofrats in Wien[95], zurückzuführen. Beide Söhne haben in einem Schreiben an Pius IV.[96] beantragt, ihren Vater aus dem Index zu streichen, da er niemals von der Kirche abgefallen und rechtgläubig gestorben sei. Als Beleg führten die Söhne ein von der Universität Freiburg ausgestelltes Zeugnis über die im Leben und Tod bewiesene Rechtgläubigkeit des Ulrich Zasius an[97].

Die Kommission für Indexfragen auf dem Tridentinischen Konzil hat sich unter Vorsitz des Prager Erzbischofs Anton Brus von Müglitz unter anderem auch mit der Indizierung von Zasius befaßt[98] und beschlossen, das Verbot auf Grund einer neuerlichen Überprüfung, die die Rechtgläubigkeit des Indizierten ergeben habe, aufzuheben. Darüber schreibt der Prager Erzbischof am 18. Juni 1563 an König Maximilian II.[99]: „... das gleichwohl etzliche frome und gelerte personen mit wenig beschwert sein gewest auf bericht, so Paulus IV pontifex von innen eingenommen hat und gedachten indicem gestelt, wie dann durch uns irer etzliche aus der

[94] Joachim Zasius war Doktor der Theologie und Kanonikus in Basel.

[95] Wolf: Rechtsdenker, Zasius S. 82: „Die Söhne erbaten zwar 1562 ein Fakultätsgutachten, um damit die Zurücknahme des Verbots zu erreichen; auch Freiburger Freunde taten, was ihnen möglich war, doch sie hatten keinen Erfolg."

[96] Ehses S. 51 hat das Schreiben, das weder Ausstellungsort noch Zeitangabe trägt, im Vaticanischen Archiv bei den Konzilsakten gefunden und gibt folgende Fundstelle an: Arch. Vatic. Conc. 74 f. 151—153. Or.

[97] Riegger, Vita S. 136.

[98] v. Pastor, Päpste VII. S. 302.

[99] Der Brief ist bei Steinherz S. 109, 110 abgedruckt. In demselben Brief teilt Brus Maximilian mit, daß ihm und anderen Kardinälen die Aufgabe zugefallen sei, Autoren und Bücher des ersten Index auf ihre Verbotswürdigkeit zu überprüfen.

andern anzal und demselben indice liberirt sein, als Joannes Campensis, Georgius Agricola, Henricus Glareanus, und jungst Udalricus Zasius ..." Das Ergebnis dieser Untersuchung führte zur Nichtaufnahme des Zasius im neuen römischen Index von 1564. Die Werke des Zasius, die durch die 1558/59 erfolgte Indizierung vier Jahre absolut verboten waren, konnten nun wieder gelesen werden.

Seltsamerweise existiert jedoch eine Expurgation der opera omnia-Ausgabe (diese enthält jedoch nicht alle Briefe und Schriften von Zasius) der Zasius'schen Werke von 1550, die von einer Kommission gelehrter Männer[100] im Auftrag des Magister Sacri Palatii 1587 angefertigt wurde. Jede Expurgation setzt ein wirksames Schriftenverbot voraus, Zasius war aber seit Trient nicht mehr indiziert, da eine Überprüfung ergeben hatte, daß seine Indizierung im ersten römischen Index auf einem Irrtum beruhen müsse. Man kann also auch nicht unterstellen, daß ein absolutes Schriftenverbot etwa auf Grund der allgemeinen Regeln weiterbestanden hätte. Es muß also ein neues Verbot ergangen sein, das entweder wieder ein Verbot erster Klasse mit der Wirkung des absoluten Schriftenverbots oder ein opera omnia-Verbot der zweiten Klasse, das ja dieselbe Rechtsfolge auslöst, gewesen ist. Da die Tridentiner Indexkommission klar die Rechtgläubigkeit des Zasius anerkannt hat, kommt wahrscheinlich nur ein opera omnia-Verbot der zweiten Klasse in Betracht. Dieses kann aber noch nicht veröffentlicht gewesen sein, da der nächste Index erst 1589/90 erschienen ist.

Vielmehr ist zu vermuten, daß die Indexkommission eventuell auf erneute Überprüfung hin ein opera omnia-Verbot beschlossen hat, das solange nur aktenkundig war, bis es durch Aufnahme in den nächsten Index Rechtskraft erhalten hat. Es wäre denkbar, daß auf Grund eines solchen Verbots eine Expurgation angefertigt worden ist.

An der Zuständigkeit des Magister Sacri Palatii, eine Expurgation mit Wirkung für die römische Gesamtkirche vorzunehmen, ist nicht zu zweifeln, da Brasichellen in seinem Expurgationsindex von 1607 sich ausdrücklich auf seine amtliche Zuständigkeit zur Anfertigung von Expurgationen beruft.

Trotzdem hat die Expurgation keine Rechtskraft erhalten, obwohl Possevin[101] dies annimmt. Die Indices von 1589/90 und 1595/96 enthalten in der zweiten Klasse des Buchstabens „V" das Verbot: „Uldarici Zasii

[100] Abgedruckt auf 10 Folioseiten bei Possevin von S. 533—543, hier S. 533: „... doctissimi & gravissimi viri, Theologi, Canonistae & Juristae interfluere, qui diligenter legerunt & examinerunt huius Doctoris opera." Der von Reusch I S. 565 Anm. 1 erfolgte Hinweis auf diese Expurgation ist — vielleicht wegen seiner bibliographischen Unvollständigkeit — bisher von der Zasius-Literatur nicht ausgewertet worden.

[101] Possevin S. 533.

opera omnia, donec corrigantur." Aber zusätzlich findet sich in der zweiten Klasse des Buchstabens „A" das Verbot einer Einzelschrift des Zasius: „Apologia Zasii contra Joannem Eckium." Possevin glaubt nun, die Eröffnung der Expurgationsfähigkeit der opera omnia von Zasius durch das Verbot in der zweiten Klasse könne durch die 1587 angefertigte Expurgation verwirklicht werden. Er übersieht jedoch dabei, daß in der zweiten Klasse des Buchstabens „A" auch noch ausdrücklich eine einzelne Schrift des Ulrich Zasius verboten worden ist, für die nicht die Möglichkeit der Expurgation eröffnet wurde, und daß die Kirche bei dem opera omnia-Verbot in der zweiten Klasse nicht auf die Expurgation von 1587 verwies, wie sie es immer getan hat, wenn sie eine Expurgation anerkannte[102]. Solange die Kirche die Korrektur einer Schrift nicht offiziell als Richtschnur für die Erlaubnis eines verbotenen Werkes anerkannt hat, muß dieses weiterhin als verboten angesehen werden. Dies ist der formelle Grund, warum die bei Possevin wiedergegebene Expurgation nicht als verbindlich zu betrachten ist. Es läßt sich jedoch auch ein sachlicher Grund finden, der für die Nichtanwendung der Expurgation von 1587 spricht und den Possevin sichtlich übersehen hat. Seine Bemerkung[103]: „Quare in postremo Romano Indice iussu Clem. VIII. Pont. Max. edito, Opera omnia eiusdem Uldarici prohibita sunt, donec corrigantur. Et exstat quidem correctio accuratissime a Magistro Sacri Palatii an 1587 ad cuius amussim corrigi possint" zeigt, daß Possevin das Verbot der Apologie im Clementinischen Index übersehen oder nicht gekannt hat, vielleicht weil er nicht erwartete, daß sich unter dem Buchstaben „A" noch dieses zweite Verbot findet, das Zasius zuzurechnen ist. Wäre ihm das Verbot der Apologie bewußt gewesen, dann würde er nicht auf die Expurgation verwiesen haben, die die Apologie entgegen dem Indexverbot expurgiert. In der Expurgation ist also eine Schrift verbessert und in dieser Form zum Lesen freigegeben worden, die im Sixtinischen und Clementinischen Index absolut verboten wird. Die Expurgation stimmt insofern nicht mit dem durch den Index von 1589/90 und 1595/96 ausgesprochenen Verbot überein und ist aus diesem Grunde wahrscheinlich von der katholischen Kirche nicht als verbindlich anerkannt worden. Sie stellt jedoch die einzige Expurgation dar, die von Rom aus angefertigt wurde, sich mit den Schriften eines indizierten Juristen des 16. Jahrhunderts befaßt, von zuständiger Seite gemacht und durch Veröffentlichung zugänglich geworden ist[104]. Sie gibt außerdem einen Einblick, wie eine von römischer Seite ausgehende Expurgation angelegt wurde.

---

[102] z. B. die Fälle des Alexander Natalis, des Giovanni Bottero und einiger weniger anderer.

[103] Ebenda S. 533.

[104] Es existiert noch eine andere Expurgation, die von Sotomaior auf 5 Folioseiten (S. 969—973) nach der 1590 bei Feyerabend in Frankfurt a. M. erschienen opera omnia-Ausgabe der Zasius-Werke angefertigt wurde. Bei der

4. Portugiesischer Index von 1581

Unter Buchstaben „A“ erscheint folgendes Verbot: „Apologia Zasii adversus Joannem Eckium[105].“

5. Index des spanischen Generalinquisitors Quiroga von 1583

Unter Buchstaben „A“ findet sich das gleiche Verbot wie im Portugiesischen Index[106]: „Apologia Zasii adversus Joannem Ekchium“ und unter Buchstaben „V“ die schon bei Valdes verbotene Schrift[107]: „Udalrici Zasii commentaria in rhetoricam M. Tulii Ciceronis.“

6. Index Sixtus V. von 1589/90

In der zweiten Klasse des Buchstabens „A“ heißt es: „Apologia Zasii contra Joannem Echium[108].“ Und in der zweiten Klasse des Buchstabens „Z“: „Zasii opera, quamdiu ex superioribus regulis recogniti non fuerint[109].“ Der Clementinische Index hat beide Verbote übernommen.

7. Index librorum prohibitorum Clemens VIII. von 1595/96

In der zweiten Klasse des Buchstabens „V“ steht[110]: „Uldarici Zasii opera omnia[111], donec corrigantur.“ In der zweiten Klasse des Buchstabens „A“ steht[112]: „Apologia Zasii contra Joannem Eckium.“

Aus beiden Verboten an verschiedenen Stellen des Index lassen sich außer den oben schon erwähnten Gründen etliche Schlüsse auf die Art der Zusammenstellung des römischen Index ziehen. Offensichtlich hat die Indexkongregation nach der Expurgation der opera omnia von Zasius durch die vom Magister Sacri Palatii zu diesem Zweck eingesetzte Kommission die Entscheidung getroffen, daß im Gesamtwerk des Zasius noch so viele religiöse und kirchenrechtliche Unebenheiten stecken, daß ein opera omnia-Verbot in der zweiten Klasse, in der nach der Definition aller Indices des 16. Jahrhunderts diejenigen stehen sollen, die nicht Häretiker sind, aber kleinere Irrtümer in ihren Schriften verbreitet haben, zu rechtfertigen ist. Man könnte also das opera omnia-Verbot in

---

Prüfung der Verbotsgründe, die zur Indizierung des Gesamtwerks durch die letzten römischen Indices des 16. Jahrhunderts geführt haben, ist die römische Expurgation verwendet worden, weil sie im Hinblick auf das Indexverbot für die Ermittlung der Gründe kompetenter ist als die spanische.

[105] Reusch: Index S. 354.

[106] Reusch: Index S. 389.

[107] Reusch: Index S. 430.

[108] Reusch: Index S. 464.

[109] Reusch: Index S. 521.

[110] Reusch: Index S. 577.

[111] „Opera omnia“ bedeutet hier nicht die Werkausgabe, sondern alle Werke des Autors.

[112] Reusch: Index S. 540.

der zweiten Klasse des römischen Index von 1589/90 und 1595/96 als ein Ergebnis der Expurgation von 1587 ansehen.

Bei der Zusammenstellung der Indices wurden jedoch in Rom die in den verschiedenen Ländern vorher erschienenen Kataloge durchgesehen und zum großen Teil vom römischen Index entweder in derselben Verbotsstrenge oder aber geschärft übernommen. Die Kompilatoren des Sixtinischen Index haben offensichtlich den Portugiesischen und den Index von Quiroga ausgewertet und dort das Verbot der Apologie des Zasius entdeckt. Da der Titel eine der vielen theologisch-lutherischen Schriften gegen den Leipziger Disputationsgegner Luthers, Johann Eck, anzukündigen schien, hat man die Schrift sicherlich aus diesem Grund in Spanien und Portugal verboten. Die römischen Zensoren haben das Verbot übernommen, ohne den Inhalt der Schrift zu prüfen. Dies geht nicht nur aus dem übereinstimmenden Wortlaut der portugiesisch-spanischen Fassung und der römischen Formulierung und aus der den Catalogi und den römischen Indices von 1589/90 und 1595/96 eigenen Einreihung des Verbots unter Buchstaben „A" hervor, sondern auch aus der überall verkehrt wiedergegebenen Titelfassung der Apologie, die erst durch die Benediktinische Indexreform richtiggestellt wurde. Es kommt hinzu, daß der römische Index seit 1558/59 in der dritten Klasse des Buchstabens „D" das anonyme allgemeine Verbot: „Dialogi adversus Joannem Eckium" anführt, woraus sich unschwer schließen läßt, daß alle Schriften mit oder ohne Verfasser, die gegen Eck gerichtet waren, verboten wurden. Die von den Portugiesen und Spaniern wiedergegebene Titelfassung ist tatsächlich irreführend, so daß bei Unkenntnis des Inhalts der Schrift, die eine juristische Frage behandelt, in Rom der Verdacht erweckt werden konnte, es handele sich um eine lutherische Streitschrift. Die Tatsache, daß die Expurgationskommission von 1587 diese Schrift nach Ausmerzung weniger Stellen zum Lesen freigegeben hat, zeigt, daß der Inhalt nicht so verwerflich war, wie man bei der Übernahme des Verbots von den nationalen Catalogi in den römischen Index geglaubt haben mag.

Die fehlende Überprüfung des Inhalts hat jedoch noch die andere Konsequenz, daß die Kompilatoren des Sixtinischen und Clementinischen Index nicht die Identität zwischen dem Verfasser der Apologie und dem Autor der am Ende verbotenen opera omnia erkannt haben. Auch Possevin ist es offensichtlich entgangen, daß außer dem opera omnia-Verbot in der zweiten Klasse noch einmal in der zweiten Klasse eines anderen Buchstabens ein Einzelverbot sein könnte.

Es muß also angenommen werden, daß die opera omnia-Indizierung der Zasius-Werke auf Grund der 1587 angefertigten Expurgation erfolgt ist, daß aber das Verbot der Apologie auf einer rein formellen Übernahme eines lokalen Verbots beruht.

8. Index librorum prohibitorum Gregors XVI. 1841

Die Benediktinische Indexrevision hatte im Falle des Zasius zur Folge, daß man die Verbote vereinigte und daß die Titelfassung des die Apologie betreffenden Verbots korrigiert wurde[113]: „Zasius Udalricus. Apologetica defensio contra Joannem Eckium ‚super eo, quod olim tractaverat, quo loco fides non esset hosti servanda. App. Ind. Trid.

Opera omnia. Donec corrigantur. App. Ind. Trid."

Für die Zeit nach 1900 galten wieder die Bestimmungen des Leoninischen Index und bis zur Aufhebung des Index 1966 die Vorschriften des Codex Juris Canonici.

Die Indizierung des Zasius in der ersten Klasse des Index von 1558/59 besagt, daß er von den römischen Zensoren zu den Häretikern gezählt wurde. Ob Zasius sich tatsächlich einer Häresie schuldig gemacht hat, soll die Würdigung seines Lebens unter dem Aspekt seines Verhältnisses zur Reformation ergeben. Welche Gründe schließlich zu dem seit 1589/90 rechtskräftigen opera omnia-Verbot in der zweiten Klasse geführt haben, wird am besten aus der Expurgation der Gesamtausgabe seiner Werke von 1550, die 1587 entstanden ist, ersichtlich. Es muß dabei aber immer bedacht werden, daß das Indexverbot aller Werke über die opera omnia-Ausgabe hinausgeht, da diese zwar die meisten Vorlesungen, theoretischen Schriften, Briefe und Konsilien wiedergibt, jedoch nicht absolut vollständig ist. Viele Briefe des Zasius, die die Ausgabe von 1550 nicht enthält, sind erst von Riegger 1774 (s. a. die von Hartmann herausgegebene Amerbach-Korrespondenz, 1942 ff.) ediert worden. Soweit die Zasius-Korrespondenz Aufschlüsse über die religiöse Haltung des Freiburger Juristen vermittelt, wird davon im übrigen bei der Darstellung seines Verhaltens gegenüber Reformation und Reformatoren berichtet werden.

Überprüfung des Häresievorwurfs der Kirche anhand einer Lebensdarstellung des Ulrich Zasius

Ulrich Zasius (deutsch: Zäsi), geboren 1461, stammte aus einem Konstanzer Geschlecht. Er absolvierte seine Studien an der Universität Tübingen, wo er die Artistenfakultät besuchte, aber wahrscheinlich auch kanonistische Vorlesungen gehört hat. Unklar ist, ob Zasius seine ersten juristischen Kenntnisse auch in Tübingen erworben hat[114]. Nach 1483[115] trat er in den Dienst der bischöflichen Kurie in Konstanz als Notarius oder Gerichtsschreiber, wobei ihm wohl seine kanonistischen Kenntnisse besonders nützten. Nach kurzer Zeit wurde er Rechtsbeistand und Vor-

---

[113] S. 418 des Gregorianischen Index von 1841.

[114] Stintzing: Zasius S. 13.

[115] Wolf: Rechtsdenker, Zasius S. 74.

steher der bischöflichen Kanzlei und bekleidete außerdem seit 1489 das Amt des Stadtschreibers in Baden im Aargau[116]. 1494 übernahm er das Stadtschreiberamt in Freiburg im Breisgau. Dort begann er schließlich ein systematisches Rechtsstudium. Er studierte römisches und kanonisches Recht bei Paulus Cittadinus und Ulrich Krafft und promovierte 1501 zum doctor legum[117].

Die Stadt Freiburg berief ihn 1502 zum Gerichtsschreiber und Rechtsberater der Stadt und übertrug ihm die Aufgabe, unter Berücksichtigung der älteren Rechtsquellen die städtische Rechtsordnung den gegenwärtigen Verhältnissen anzupassen und neu zu ordnen. Das Freiburger Stadtrecht trat schließlich am 1. Januar 1520 in Kraft[118].

1506 erhielt Zasius die lectura ordinaria legum. Er wirkte bis zu seinem Tode am 24. November 1535 als Professor für römisches Recht an der Universität Freiburg.

Seine Hauptbedeutung liegt auf juristischem Gebiet. Er hat sich als einer der ersten deutschen Juristen des 16. Jahrhunderts gegen die Entartung der Rechtswissenschaft durch die scholastische Methode gewandt und direktes Quellenstudium mit Hilfe der klassischen Philologie gefordert. Jede Erörterung sollte vom Legaltext ausgehen und in einer logischen Gliederung der Probleme unter Anführung der in der Literatur vertretenen Meinung und Gegenmeinung durchgeführt werden[119]. Allerdings entfernte sich Zasius noch nicht in dem Maße von der vorgegebenen Anlage des Gesetzestextes, um zu einem selbständigen Rechtssystem zu kommen, sein Verdienst liegt in der Erkenntnis der historischen Zusammenhänge und Entstehungsgründe der Rechtsquellen, verbunden mit stark auf die Rechtspraxis ausgerichtetem Rechtsdenken.

Die Einführung einer durch philologische Hilfswissenschaften eröffneten Quellenexegese, die ja von den Reformatoren zuerst für die Theologie, aber dann auch für die anderen wissenschaftlichen Disziplinen gefordert wurde, ist an und für sich von der Kirche nicht gern gesehen worden, weil sie darin den Ausgangspunkt für die selbständige Bibelinterpretation Luthers, die zur Spaltung führte, gesehen hat. In dem Bekenntnis zu einer humanistischen Jurisprudenz liegt jedoch noch keine Häresie.

Anfangs des 16. Jahrhunderts knüpfte Zasius Freundschaften zu den führenden Männern des oberrheinischen Humanistenkreises. Mit Konrad Celtes, Jakob Locher (gen. Philomusus) und Jakob Wimpfeling verband ihn das gleiche Streben nach sittlicher Veredelung und nach der Besei-

---

[116] Wolf: Rechtsdenker, Zasius S. 75.

[117] Wolf: Rechtsdenker, Zasius S. 76.

[118] s. Knoche S. 7.

[119] Kisch: Erasmus S. 320.

tigung von Mißständen in Wissenschaft und Kirche[120]. Nicht mittelalterlicher Autoritätenglauben, sondern Wahrheit, Moral und unabhängiges, an logischen Kategorien orientiertes Denken sollten die Leitbilder des Studiums aller Wissenschaften werden. Da die Humanisten diese Fähigkeit bei den Klassikern des griechischen und römischen Altertums fanden, wurde das Studium der Antike in den Vordergrund gerückt, dessen literarischer Vorkämpfer Erasmus von Rotterdam war. Seine Studien und maßvollen Reformbestrebungen in der katholischen Kirche waren für Zasius vorbildhaft. Als Jakob Wimpfeling in seiner Schrift: „De integritate"[121] schwere Angriffe gegen das faule und verdummende Mönchstum richtete und die Schrift daraufhin dem Papst zur Beurteilung vorgelegt wurde, stellte sich Zasius offenbar auf die Seite Wimpfelings[122]. Obwohl die Schrift Wimpfelings der Kirche also wohlbekannt war, ist sie nicht indiziert worden. Vermutlich hat man Wimpfeling die Angriffe auf die Mönchsorden verziehen, da er dogmatisch nie von der katholischen Lehrmeinung in Glaubenssachen abgewichen ist. Es ist also anzunehmen, daß Zasius sich noch nicht durch sein Eintreten für Wimpfeling den Ruf eines Ketzers zugezogen hat.

Freundschaften, die Zasius mit Schülern und Literaten gepflegt hat, die sich später auf die Seite Luthers geschlagen haben, hat die römische Kirche sicher mit Mißbilligung gesehen. Beispielsweise steht Urbanus Rhegius, ein Schüler des Zasius, der sogar im Hause seines Freiburger Lehrers wohnen durfte, in der ersten Klasse des Index[123]. Sein Name wird in der Expurgation des Zasiusschen Gesamtwerks immer gestrichen, gleichgültig in welchem Zusammenhang er auftaucht. Ebenso verdächtig machte ihn der Briefwechsel mit Erasmus, dessen freie Bibelübersetzung und Forderungen nach der Wiederherstellung des reinen und unverfälschten Lehre des Evangeliums von Paul IV. als die Wurzel allen Übels angesehen wurden. Von ihm sagte Zasius 1520, er habe die Schule der Wahrheit eröffnet und endlich sei auch Martin Luther an seine Seite getreten[124].

Die Notwendigkeit einer Reform der kirchlichen Mißstände, die Erasmus immer wieder in ironisch-satirischer Form gefordert hat, kommt auch in den Briefen des Zasius an die Theologen Capito, Zwingli und Oecolampad zum Ausdruck. Jedoch sieht Zasius in den Reformbestrebungen der Reformatoren keine zersetzende Kritik, sondern er glaubt an

[120] Stintzing: Zasius S. 25.

[121] Stintzing: Zasius S. 30.

[122] Riegger, Ep. Nr. 237 S. 385.

[123] Stintzing: Zasius S. 53; Winterberg S. 59.

[124] Zasius an Amerbach in einem Brief vom 6. März 1520, Riegger, Ep. Nr. 21 S. 36; Hartmann: Amerbach-Korrespondenz Bd. 2, Nr. 727 S. 235, Rdn. 76: „Aperuit veritatis scholam Erasmus, pugnavit ex ponte solus ut Cocles, subsecutus (licet longo intervallo) Lutherus gradum adiecit."

ein echtes und wahres Wiederaufstehen der Kirche unter der Oberhoheit des Papstes. So setzt er wie viele andere seine Hoffnungen auf Luther, bevor dieser zur Leipziger Disputation mit Johann Eck abreist. Er schreibt an seinen Lieblingsschüler Bonifacius Amerbach am 10. Juni 1519[125]: „Lutherius noster disputatum proficiscitur (ita Oecolampadius scribit); cui prospere aves viam prosperent!“ und im selben Jahr etwas später[126]: „Lutheri quaecunque me contingunt, ita excipio, ac si angelo auctore emersissent.“ Daß diese und ähnliche Äußerungen von der Kirche mißbilligt worden sind, zeigt die Expurgation von 1587, wo einige Briefe an Amerbach und Erasmus völlig gestrichen werden. Es genügten schon die im humanistischen Latein üblichen überschwenglichen Bemerkungen, die Zasius für Erasmus fand, um einen ganzen Brief zu streichen[127]. Aber auch in den wissenschaftlichen Texten der Werkausgabe wird der Name des Erasmus gestrichen, in der Regel bleiben jedoch die Zitate selbst ohne Beanstandung.

Es lohnt sich, etwas näher auf Erasmus einzugehen, um die Schärfe des kirchlichen Urteils im Hinblick auf seine Anhänger zu verstehen. Da Zasius bis zu seinem Tode an ein erasmisches Christentum glaubte[128], könnte darin unter Umständen der Grund für die Aufnahme in die erste Klasse gesehen werden.

Erasmus hat sich in fast allen Werken mit den kirchlichen Institutionen, Traditionen und der christlichen Philosophie auseinandergesetzt[129]. In zwei Abhandlungen, der Moria und dem Enchiridion, verlangt Erasmus, daß sich der Christ von den äußeren Formen der Kirche loslösen müsse, um die christliche Vollkommenheit im Geiste und in der Liebe zu erlangen. Erasmus, der während seines Romaufenthaltes das luxuriöse und weltliche Leben am Hofe Papst Julius II. kennengelernt hat, fordert, daß sich die Päpste ihres Amtes als Nachfolger Christi wieder bewußt werden und ein würdiges Leben der Einfachheit, Liebe und Geduld führen sollen. Ganz besonders erbittert wendet er sich gegen das irdische Machtstreben der Päpste, deren Aufgabe es doch sei, für die Erhaltung des Friedens und die Befolgung der weltlichen und kirchlichen Gesetze Sorge zu tragen[130]. Sehr viel milder beurteilt Erasmus in einem

[125] Riegger, Ep. Nr. 2 S. 3; Hartmann: Amerbach-Korrespondenz Bd. 2, Nr. 659 S. 161, Rdn. 5.

[126] Riegger, Ep. Nr. 3 S. 4; Hartmann: Amerbach-Korrespondenz Bd. 2, Nr. 662 S. 166, Rdn. 21.

[127] Beispiele dafür sind verschiedene in der Werkausgabe von 1550 abgedruckte Zasius-Briefe, die gelöscht werden, weil Zasius Erasmus in überschwenglichen Worten lobt, ihn sogar als göttlich bezeichnet. Obwohl Zasius wohl etwas den im Humanismus üblichen überschwenglichen Stil übertreibt, ist darin eine reine stilistische Ausdrucksform der Verehrung, nicht etwa eine Blasphemie zu sehen.

[128] Stintzing: Zasius S. 268.

[129] Schätti S. 27.

[130] Huizinga S. 115.

Huldigungsbrief von 1519 den Nachfolger Julius II., Leo X., dessen Vorzüge er in der Dreiheit von potestas, sapientia und bonitas sieht. 1516 publiziert Erasmus seine erste Kirchenväterausgabe, den Hieronymus und die lateinische Übersetzung des Neuen Testaments[131]. Es bedeutete in der damaligen Zeit eine Ungeheuerlichkeit, die seit einem Jahrtausend geltende Vulgata des Hieronymus kritisch-philologisch zu überprüfen und in lateinischer Sprache eine von Fehlern gereinigte Ausgabe der Evangelien und der Apostelbriefe herauszugeben. Der Versuch des Erasmus, sich von der kirchlichen Autorität und der bisher unangetastet gebliebenen Tradition zu lösen[132], mußte ihn in Verdacht der Häresie bringen, den er nur durch Approbationsbreven Leos X. einzudämmen vermochte.

Auch seine anfängliche Unterstützung Luthers machte ihn in den Augen der Kirche verdächtig. Obwohl Erasmus zeit seines Lebens jede Art von Rebellion haßte und für die Einheit der Kirche unter dem Papst eintrat, zögerte er dennoch ein energisches Einschreiten gegen Luther immer wieder hinaus, da er in der Bekämpfung Luthers die Fortsetzung der Tyrannei der Mönche und Theologen und den Untergang der „philosophia Christi" sah[133]. Diese abwartende Haltung gegen Luther, die Kühnheit, kritische Ausgaben der Kirchenväter und des Neuen Testamentes zu verfassen, und die Anprangerung der Mißstände in den Reihen der Kleriker stempelten ihn in den Augen der Inquisition zum Antichristen und verursachten seine Aufnahme in die erste Klasse des Index von 1558/59. Obwohl es Paul IV. war, der als Kardinal Caraffa die Herausgabe des Novum Instrumentum 1516 mit Geld unterstützt hatte[134], steht Erasmus ausgerechnet in dem von Paul IV. ins Werk gesetzten ersten römischen Index in der ersten Klasse.

Zasius scheint danach in Erasmus den Verfechter eines reinen Urchristentums in Verbindung mit antiken Wertvorstellungen gesehen zu haben, der die traditionell begründeten Mißstände und Irrtümer in der Kirche durch Wiederbelebung der Heiligen Schrift als unverfälschter Grundlage des Willens Gottes ausmerzen wollte. Beiden lag es fern, an der Stellung des Papstes und am kanonischen Recht rütteln zu wollen. Zasius war durchaus mit den Traditionen der Kirche einverstanden, seine Bedenken richteten sich vielmehr gegen die Menschen, die die von Christus gegebene Ordnung durch ihre Unzulänglichkeit mißbraucht hatten.

Einige Briefe und einige Stellen aus seinen Lucubrationes beweisen jedoch, daß Zasius Luthers Thesen über die guten Werke und das Bußsakrament zunächst zustimmte. In einem Brief an Zwingli aus dem

131 Schätti S. 53.
132 Ritter S. 15.
133 Allen S. 23, 85.
134 Schätti S. 63.

Jahre 1519[135] sagt er: Recte docuit omnia nostra bona opera Deo accepta referre, nihilque tribuere propriae voluntati, quam iniquitatem." Und weiter: „Quae porro Lutherus super poenitentia, super fide disseruit, saluberrima puto. . . ." „In praedictis Lutherum & sequor, admiror. . . ."

Hier werden von Zasius Anschauungen geäußert, die nach der kirchlichen Auffassung wohl als häretisch anzusehen sind. Da könnte ein konkreter Indizierungsgrund für die erste Klasse liegen, wenn der Kirche diese Auffassung bekannt geworden ist. Da die aufschlußreichen Briefe an Zwingli nicht in der Werkausgabe von 1550 enthalten sind, kommt für die Indizierung wahrscheinlich nur eine Denunziation in Frage. Die Übermittlungsart wird jedoch ohne Aktenkenntnis Spekulation bleiben.

Die kritische Haltung des Zasius gegenüber der alten Kirche änderte sich jedoch mit der Weiterentwicklung der Reformation zu einer von der katholischen Kirche abgespaltenen Glaubensgemeinschaft. Nach der Leipziger Disputation, als Luther seine Meinung über die Konzilien und den Primat des Papstes klar formuliert hatte und in den Reihen der Reformatoren selbst starke Uneinigkeit in bezug auf die Abendmahlslehre, die Bedeutung der guten Werke und der Willensfreiheit herrschte, wandte sich Zasius entschieden von Luther ab. Er warnte jetzt nicht nur seine Freunde vor Luthers verderblichem Einfluß, ja er forderte Luther selbst zur Mäßigung auf[136]. Nach der endgültigen Trennung zwischen den Reformatoren und der alten Kirche verurteilte Zasius nochmals in einer öffentlichen Rede an seine Studenten 1524 mit scharfen Worten die Thesen Luthers[137]: „Nuper contra Lutherum, auctorem sectae nequissimae publice orationem habui extemporalem ad nostrae universitatis subiectos, regentium nomine."

Auch die Verbrennung der Bücher seines ehemaligen Freundes Capito beweist, daß Zasius nichts mehr mit der Reformation zu tun haben wollte[138].

Seine Rechtgläubigkeit wird nicht nur durch seine Schüler Fichard (in seiner Biographie über Zasius), Mynsinger von Frundeck und Christoph von Hohenberg (Leichenrede) bezeugt, sondern auch durch das Freiburger Universitätsgutachten von 1562, das Zasius als „virum omni laude dignissimum, in vera, unica, sincera, catholica, orthodoxa, & Christiana Fide usque ad vitae suae terminum, constanter perseverasse, inque eadem mortalem esse desiisse . . ." ausweist[139].

---

[135] Riegger, Ep. I ad Zwinglium, S. 517 und S. 518.

[136] Wolf: Rechtsdenker, Zasius S. 81.

[137] Riegger, Ep. Nr. 47 S. 79; Hartmann: Amerbach-Korrespondenz Bd. 2 Nr. 965 S. 488, Rdn. 34.

[138] Stintzing: Zasius S. 270.

[139] Riegger, Vita S. 138.

Auch Riegger, der Herausgeber seiner Briefe, bezeugt, daß er nicht ein einziges Wörtchen in den Werken des Zasius habe finden können, welches den Glauben bekämpft hätte[140].

Aber auch von Erasmus fühlte sich Zasius in der späteren Zeit enttäuscht. Anlaß gab die positive Beurteilung der Abendmahlslehre des Baseler Reformators Oecolampad durch Erasmus.

Amerbach hatte Zasius gebeten, dieses Buch ins Deutsche zu übersetzen, was Zasius aus dogmatischen Gründen entrüstet abgelehnt hatte. Für ihn war Oecolampad ein Häretiker, der die Wandlungsworte des Herrn: „Hoc est corpus meum, hoc facite in meam commemorationem" umdeutete in: „... hoc summite in meam commemorationem[141]."

Der Gedanke, Erasmus könne sich auch der neuen Lehre zugeneigt haben, veranlaßte Zasius, sich völlig zurückzuziehen und der alten Kirche seine uneingeschränkte Treue und Aufrichtigkeit zu beweisen.

Diese Beweise seiner Treue zur Kirche haben vermutlich die Tridentiner Indexkommission veranlaßt, Zasius aus der Klasse der Häretiker zu entfernen, weil er wieder vollkommen in den Schoß der Kirche zurückgefunden hatte[142].

Überblick über die Werke des Ulrich Zasius anhand der Expurgation von 1587

Zur Klärung der Indizierung von 1589/90 und 1595/96 ist die Expurgation von 1587 herangezogen worden. Sie ist nach der Lyoner Gesamtausgabe der Zasius-Schriften von 1550[143] angefertigt worden und erstreckt sich über zehn Folioseiten. Die Expurgation ist mit großer Sorgfalt angelegt worden, so daß davon ausgegangen werden kann, daß alle in den Augen der Kirche des 16. Jahrhunderts anstößigen Stellen, Meinungen und Bemerkungen vermerkt worden sind. Die in den Indices absolut verbotene „Apologetica" gegen Eck, die aber in der Expurgation

[140] Riegger, Vita S. 129 „Jllud certum, me ne verbulum quidem unum in scriptis Zasii reperisse, quod confessioni, quam auricularem vocant, repugnaret."

[141] Brief an Amerbach vom 8. September 1526 in Riegger (mit falschem Datum), Ep. Nr. 38 S. 58; Hartmann: Amerbach-Korrespondenz Bd. 3, Nr. 1140 S. 188: „quid modum investigas, turpissime Oecolampadi, haeresiarcha pestilentissime?" „Ecclesiam sequitor, quae est, teste Paulo, basis veritatis".

[142] Auch Erasmus wurde durch die Tridentiner Indexkommission überprüft und erscheint als Folge dieser genaueren Untersuchung nurmehr mit einigen Schriften in der zweiten Klasse des Tridentinischen Index. Obwohl er rechtskräftig aus der Klasse der Häretiker in die zweite Indexklasse versetzt wurde, wird er noch im Jahre 1587 bei der Expurgation der opera omnia des Zasius wie ein Häretiker behandelt.

[143] Udalrici Zasii operum omnium, partim a Jo. Udalrico Zasio, folio-partim a Joach. Mynsingero a Frundeck ... repurgatorum. Tom I—VI. Lugduni: Gryphius 1550.

von 1587 verbessert worden ist, soll besonders erörtert werden, weil hier das Indexverbot von der Expurgation abgewichen ist. Die „Apologetica defensio contra Joannem Eckium“ aus dem Jahre 1519[144] stellt eine Streitschrift gegen Johann Eck, den Leipziger Disputationsgegner Luthers dar, den Leo X. mit der Exekution der Bulle „Exsurge“ gegen Luther beauftragt hat. Sie befaßt sich nicht etwa mit einem theologischen Gegenstand, sondern mit der juristischen Frage, unter welchen Umständen dem Feind die Vertragstreue zu halten sei.

Ausgelöst wurde diese Diskussion durch die schon im Jahre 1508 erschienene Schrift des Zasius über die Zwangstaufe an jüdischen Kindern: „De Judaeis parvulis baptizandis quaestiones tres[145].“ Dieser Schrift lag ein praktischer Fall zugrunde. In der kriegerischen Auseinandersetzung zwischen dem Kaiser und dem Pfalzgraf bei Rhein hatten die Freiburger einen pfälzischen Juden gefangengenommen. Sie versprachen ihm gegen ein Lösegeld die Freiheit und behielten seinen noch minderjährigen Sohn als Geisel, während der Vater entlassen wurde, um das Lösegeld zu besorgen. Im Falle der Zahlung des vereinbarten Preises sollte der Knabe wieder dem Vater zurückgegeben werden. Während der Abwesenheit des Vaters soll nun der Knabe den Rektor der Freiburger Kirche, den Münsterpfarrer Heinrich Kolher, gebeten haben, von ihm die Taufe empfangen zu dürfen. Ob der Knabe tatsächlich den Wunsch hatte, Christ zu werden — wie Stintzing annimmt[146] — oder ob er nicht vielmehr zu diesem Entschluß gezwungen worden ist — was Kisch für wahrscheinlich hält[147] —, kann hier dahingestellt bleiben. Jedenfalls erhob sich unter den Freiburger Theologen und Juristen eine lebhafte Diskussion über die Zulässigkeit der Taufe eines unmündigen jüdischen Kindes, in der diejenigen die Oberhand behielten, die sich für die Taufe aussprachen. Trotzdem verstummten die Gegenmeinungen nach Vollzug der Taufe durch Kolher nicht, und Zasius beschloß, nicht zuletzt aus herzlicher Zuneigung zu dem ihm seit langen Jahren befreundeten Geistlichen, in den Streit einzugreifen[148].

Die theologischen Ausführungen knüpfen an den kanonischen Rechtssatz an, daß ein getauftes unmündiges Kind der Erziehungsgewalt andersgläubiger Eltern entzogen ist[149]. Die damit nach kanonischem Recht unmöglich gewordene Erfüllung des Vertrages der Stadt Freiburg mit dem Juden versucht Zasius in einer eingehenden Auseinandersetzung mit der scholastischen Philosophie zu rechtfertigen. Es geht dabei im

---

[144] Abgedruckt im Gesamtwerk von 1550 in Tom. V. Sp. 355—379.

[145] Abgedruckt im Gesamtwerk von 1550 in Tom. V. Sp. 331—350.

[146] Stintzing: Zasius S. 114.

[147] Kisch: Zasius und Reuchlin S. 2.

[148] Brief an Kolher von 1503 in Riegger, Ep. Nr. 247 S. 407.

[149] C. 11. 12. CXXVIII. qu. 1.

wesentlichen um die Frage, ob das Sakrament der Taufe höher zu bewerten ist als die patria potestas. Die kirchliche Gesetzgebung hat sich schon sehr früh mit diesem Problem beschäftigt. Als erster trat Gregor der Große (590—604) für ein Verbot der Zwangstaufe an Juden ein[150]. Aber auch das vierte Konzil von Toledo 633 entschied (Kanon 57), daß eine Konversion der Juden künftig durch Überzeugung und Unterricht, nicht aber durch Furcht und Zwang erreicht werden müsse. Das Wörtchen „deinceps" weist darauf hin, daß in der Geschichte der Kirche der Taufzwang nicht immer als streng verboten gegolten hat, und gab im 13. Jahrhundert den beiden scholastischen Theologen Thomas von Aquin und Duns Scotus Veranlassung, noch einmal über diese Frage nachzudenken[151]. Sowohl Thomas als auch Scotus gehen in sehr tiefgründiger Weise unter Berücksichtigung des Für und Wider auf das Problem ein. Daß sie zu entgegengesetzten Ergebnissen kommen, liegt an der Verschiedenheit des Ansatzpunktes und der Grundauffassung.

In diese Kontroverse greift Zasius ein, indem er zunächst die Argumente des heiligen Thomas vorträgt, denen er jedoch nicht folgen kann. Auch positiv-rechtliche Erwägungen, die sich auf Justinian (c. V. 70, 7), Pomponius (D 38, 6, 5) und Papinian (D 38, 6, 7) stützen, können Zasius nicht überzeugen, obwohl hier übereinstimmend der patria potestas als einem in der Natur verwurzelten Recht, das den göttlichen Willen zum Ausdruck bringt, die größte Stärke beigemessen wird. Dagegen hält Zasius die Beweisführung des Duns Scotus für „non dissimulanter vera". Im Anschluß an die Ausführung des doctor subtilis geht er von der durch den römischen Kaiser Titus begründeten und von seinen Nachfolgern bestätigten Sklaveneigenschaft der Juden aus. Zum Beweis beruft er sich auf mehrere päpstliche Dekretalen[152], die es zulassen, daß Juden durch die Landesfürsten gleichsam als ihr Eigentum verkauft werden können. Dem stehe der private Besitz der Juden nicht entgegen, denn dieser sei ihnen nur ex pietate gestattet. Wenn nun aber den Fürsten die Gewalt über das Eigentum der Juden zustehe, dann sei es ihnen auch erlaubt, die Juden in die Sklaverei zu verkaufen oder ihnen ihre Kinder zu entziehen, um sie der Freiheit in Christo zuzuführen. Zasius stützt sich hier auf die Stufenlehre des Duns Scotus[153], der drei Gewaltenbereiche unterscheidet. Der Fürst als Richter über die staatliche Ordnung und als Vollzugsorgan des Willens Gottes ist dem Sklaven über- und dem göttlichen Willen untergeordnet, der ihm die Bekehrung der Heiden als Pflicht auferlegt. Es ist deshalb nicht nur dem Fürsten erlaubt, ja er hat sogar

[150] Decr. Grat. D. XLVc. 3.

[151] Kisch: Zasius und Reuchlin S. 5.

[152] c. 13, X de iudaeis 5, 6; c. 11. CXXIII qu. 8.

[153] Ausführliche Besprechung des Problems im Oxforder Kommentar zum vierten Sentenzenbuch Dist. 4, Quaest. 9 bei Landry S. 241.

das Recht und die Aufgabe, die Kinder den Eltern wegzunehmen und christlicher Erziehung zuzuführen. Die Ausübung väterlicher Gewalt widerspreche hier dem göttlichen Willen und sei daher zu negieren. Im übrigen, so argumentiert Zasius, sei die Gewalt des jüdischen Vaters über sein Kind nicht größer als die des christlichen Vaters. Da aber christliche Kinder gegen den Willen ihrer Eltern das Sakrament der Taufe empfangen könnten, gelte das gleiche auch für die Juden. Zudem sei das eheliche Band stärker als die väterliche Gewalt. Da aber die Ehe nach I. Korinther 7, 15 gelöst werde, wenn ein Teil sich zum Christentum bekehre, könne erst recht die väterliche Gewalt aufgehoben werden, wenn es gelte, ein Kind vor der ewigen Verdammnis zu bewahren. Eine Verpflichtung zur Konversion durch Zwang ergebe sich auch schon aus der Nächsten- und Feindesliebe, die jedem Christen auferlege, den Irrenden auf den rechten Weg zurückzuführen. Was entgegenstehende Rechtssätze angehe, so müsse man von dem Grundsatz ausgehen, der Glaube stehe über aller Weisheit. Daher seien auch anderslautende Gesetze favore fidei zu übergehen.

Für diese Argumente werden von Zasius Autoritäten aufgeführt wie Duns Scotus, Joannes Andreae, Joannes de Imola und Georgius Northofer, der Rektor der Freiburger Universität.

Die von Zasius vorgetragene und von angesehenen Männern, darunter Theologen und Kanonisten, vertretene Auffassung steht jedoch in krassem Widerspruch zu der offiziellen Meinung der Kirche, die in ihren Grundzügen ganz auf den Gedankengängen Thomas' von Aquin aufbaut. Thomas leitet seine Beweisführung mit der lapidaren Feststellung ein[154]: „Niemand darf Unrecht geschehen. Es geschehe aber den Juden Unrecht, wenn ihre Kinder gegen ihren Willen getauft würden, weil sie das Recht der väterlichen Gewalt gegenüber den gläubig gewordenen Kindern verlören. Also darf man sie nicht gegen den Willen ihrer Eltern taufen.“ Diese These wird zunächst durch einen äußeren Grund untermauert, der in der consuetudo ecclesiastica liegt. Wenn die Zwangstaufe früher in der kirchlichen Tradition üblich gewesen wäre, so meint der Hl. Thomas, dann hätten in Anbetracht der für die Kirche günstigen staatsrechtlichen Verhältnisse die Bischöfe Sylvester und Ambrosius es sicher nicht unterlassen, sich mit einer entsprechenden Bitte an den römischen Kaiser zu wenden. Eine solche Praxis sei aber nachweislich nicht geübt worden und es würde gefährlich sein, sie jetzt einzuführen[155]. Dieses Traditionsargument dient aber nur zur Einleitung in die Problematik. Thomas baut seine Forderung in der Hauptsache auf zwei materiellen Gründen auf, die aus dem Elterrecht abgeleitet werden und dessen Vorrangstellung

[154] Aus Schröteler S. 176.

[155] Kisch: The Jews S. 201; Browe S. 237.

gegenüber dem Sakrament der Taufe beweisen. Zunächst stellt Thomas auf die Gefährdung des Glaubens ab, die immer dann zu befürchten sei, wenn unmündige Kinder ohne Einwilligung der Eltern die Taufe empfangen haben, da sie nach Erlangung ihrer Vernunft das ohne Wissen Empfangene allzuleicht verlassen könnten. Ein anderer Gesichtspunkt wird aus dem kanonischen Rechtssatz (4. Toletanisches Konzil) abgeleitet, daß ein getauftes Kind nicht mehr zu den Eltern zurückkehren dürfe[156]. Im Anschluß an diese Rechtsfolge entwickelt Thomas seine Gedanken über das Wesen des Elternrechts. Er geht von der Feststellung aus: das Kind ist etwas vom Vater (aliquid patris). Durch seine Entstehung wird eine so innige Verbundenheit zwischen ihm und Vater und Mutter hergestellt, daß die Eltern das Kind als einen Teil von sich ansehen können. Da aber jedem Menschen die größte Verfügungsgewalt über sich zustehe, gelte dieser Grundsatz auch für das Verhältnis Vater-Kind. Die Einbeziehung des Kindes in den Kreis der Familie als organischer und soziologischer Einheit festige das Verfügungsrecht des Vaters und übertrage ihm die Sorge in allen Dingen, die das Kind betreffen, bis es zum Gebrauch seiner Vernunft gelangt sei.

Aus dieser Beweiskette ergibt sich für Thomas der zwingende Schluß, daß es der natürlichen Gerechtigkeit widerspreche, wenn das Kind vor Gebrauch der Vernunft der Sorge der Eltern entzogen würde. Für den Aquinaten wurzelt das Elternrecht so tief in der menschlichen Natur, daß ein Verstoß die Verletzung des Naturrechts zur Folge hätte, das doch den leges humanae übergeordnet sei[157]. Die von Thomas vertretene Auffassung rückt die von Zasius aufgestellten Thesen in ein ganz anderes Licht. Die Sklaveneigenschaft der Juden, die übrigens im staatsrechtlichen Sinne auch von Thomas von Aquin bejaht wird, berechtigt den Fürsten nun nicht mehr, den Willen Gottes als Aufforderung zur Zwangstaufe zu betrachten, denn die Bekehrung durch Gewalt und Furcht kann nicht in der göttlichen Rechtsordnung beschlossen liegen, der ja letzten Endes auch die weltlichen Gesetze unterworfen sind. Dem Vergleich zwischen der Auflösung der Ehe im Falle der Konversion eines Ehegatten und der Entziehung des Kindes zum Zwecke christlicher Erziehung spricht Thomas die Parität ab, da die Eltern im Gegensatz zu den unmündigen Kindern *ihre* Handlungen frei bestimmen könnten. Dem Einwand des Zasius, es müsse jedem geholfen werden, der sich in Todesgefahr, d. h. in der Gefahr ewiger Verdammnis, befindet, begegnet der Aquinat mit dem Gegenargument, dem rechtmäßig Verurteilten dürfe man auch nicht zu Hilfe kommen. Auch der These, daß der Mensch mehr Gott gehöre als den Eltern, kann Thomas nicht folgen. Er weist darauf hin, daß der Mensch Gott erst durch die Vernunft erkennen könne, die aber die Eltern

---

[156] Mandl S. 126.

[157] Schröteler S. 252.

dem Kind ersetzen müßten, bis es selbst in der Lage sei, seine Vernunft zu gebrauchen. Da die Eltern von Natur aus dazu berechtigt seien, müßten die religiösen Angelegenheiten des Kindes auch ihrem Urteil überlassen bleiben.

Im Ergebnis ist festzustellen, daß die Haltung des Zasius in der Frage der Zwangstaufe konservativer und kirchlicher ist als die der Kirche selbst. Ihm geht die Bekehrung zum katholischen Glauben sogar über die Einhaltung weltlicher Rechtssätze. Da viele Kanonisten und Theologen der Zeit[158] sich zu seiner Auffassung bekannten und durchaus keine Einigkeit über die alleinige Anwendung der thomistischen Lehre herrschte, ist diese Schrift aus der Expurgationsfähigkeit der Zasius-Werke nicht ausgenommen worden. Die auf S. 541 bei Possevin abgedruckte Expurgation der Schrift über die Judentaufe umfaßt sieben Zeilen, die Beanstandungen sind geringfügig. Für das von Zasius einmal gewählte Wort „secta" soll „sententia" genommen werden, statt Jupiter muß das Wort „deus" verwendet werden, alle lobenden Bemerkungen über Ketzer müssen wegfallen.

Die Kommission von Theologen, Kanonisten und Juristen in Rom hat weder an der scotistischen noch an der juristischen Abhandlung Anstoß genommen.

Nun zu der auf der Schrift über die Judentaufe aufbauenden Apologie gegen Eck aus dem Jahre 1519:

„Apologetica defensio contra Joannem Eckium theologum, super eo quod olim tractaverat, quo loco fides non esset hosti servanda. Basel: Froben 1519[159]."

Wie schon aus dem Titel hervorgeht, handelt Zasius über die juristische Frage, ob man Feinden unter allen Umständen einen Vertrag halten müsse. Er verteidigt hierin seine in der dritten Quästion der Abhandlung über die Judentaufe geäußerte Meinung, daß einem öffentlichen Feind gegenüber ein Vertrag nur dann gültig sei, wenn er mit Einwilligung des Feldherrn zustande gekommen sei. Diese These hat Eck im Jahre 1518 in einer Streitschrift gegen Zasius mit dem Titel: „De materia juramenti acutiss. decisio ad Georgium Kungspergium Augustanum"[160] bekämpft.

Wichtig ist, daß Eck nicht die theologische Auffassung des Zasius angreift, er steht vielmehr, wie seine Schrift: „Homilia de baptismo XI.

---

[158] Auch der von der römischen Kirche zum katholisch-theologischen Disputationspartner Luthers ausersehene Ingolstadter Theologieprofessor Johann Eck vertritt in seiner Schrift „Homilia de baptismo XI 1558" die scotistische Auffassung.

[159] Opera omnia-Ausgabe von 1550 Sp. 355—379.

[160] Riegger, Vita S. 166, Fußnote f.

1558" zeigt, auf dem selben theologischen Standpunkt wie Zasius, damit also auf der Seite des Duns Scotus[161].

Nach der Meinung des Zasius ist der Angriff Ecks gegen die schon 10 Jahre zurückliegende Schrift über die Zwangstaufe auf seine Weigerung zurückzuführen, ein von Eck erstelltes Gutachten zu unterschreiben, das einen Zinssatz von 5 % für zulässig bezeichnete.

Stintzing nimmt an, daß der Theologe Eck aus wissenschaftlichem Ehrgeiz sich auf juristischem Gebiet Geltung verschaffen wollte[162]. Daß er sich dabei nicht nur gegen seinen alten Freiburger Lehrer und den angesehensten deutschen Juristen der damaligen Zeit wandte, sondern die juristische Auffassung und Haltung des Zasius in dieser Frage als zweideutig hinstellte, wurde ihm im allgemeinen sehr übel vermerkt. Der Angriff Ecks bezog sich auf die Frage, unter welchen Umständen Feinden gegenüber Verträge zu halten sind. Zasius hatte die Gültigkeit eines mit dem Feind abgeschlossenen Vertrags von der Zustimmung des Feldherrn abhängig gemacht, so daß die ohne Befehl des Feldherrn vorgenommenen privatrechtlichen Verträge der Vertragstreue enthoben werden konnten. Dagegen will Eck jeden Vertrag mit einem Feinde, sei er öffentlich- oder privatrechtlicher Natur, aufrechterhalten wissen.

Zasius leitet seine Abhandlung mit der Begriffsbestimmung des öffentlichen Feindes ein. Er unterscheidet zwei Arten von Feinden, deren Verschiedenheit auf dem der Feindschaft zugrundeliegenden Entstehungstatbestand beruht. Danach gibt es öffentliche Feinde de iure belli und de iure exbannitionis, rebellionis, contumaciae und delicti criminalis. Der von den Freiburgern gefangengenommene pfälzische Jude gehört also der zweiten Kategorie der öffentlichen Feinde an und zählt zu den exbanniti, da sein Dienstherr, der Pfalzgraf bei Rhein, nicht nur in der Fehde mit Kaiser und Reich, sondern auch in der kaiserlichen Reichsacht gestanden hat. Das Subordinationsverhältnis zwischen dem Juden und dem Pfalzgrafen begründet für den Juden dieselbe rechtliche Behandlung, die sein Kriegsherr erfahren würde.

Die Folgerungen, die sich aus diesem rechtlichen Zustand ergeben, legt Zasius in dem Kapitel über die Gültigkeit der mit dem Feind geschlossenen Verträge dar. Da jeder Vertrag in Kriegszeiten, auch wenn sein Inhalt privatrechtlich ist, zu den res militares zählt, kann er, um wirksam zu sein, nur mit Zustimmung des Feldherrn geschlossen werden. Daraus folgt, daß im Kriege nur die Verträge Gültigkeit beanspruchen können, die durch die Zustimmung des dux öffentlich-rechtlichen Charakter erhalten haben. Sind also Verträge iniussu ducis eingegangen worden, so sind auf sie zwar die Normen des Zivilrechts anwendbar, es besteht

[161] Wiedemann S. 333.

[162] Stintzing: Zasius S. 193.

jedoch kein Anspruch auf Durchsetzung des vereinbarten Vertragsinhalts. Zasius begründet seine Auffassung mit der in Kriegszeiten bestehenden Gefahr der Zusammenarbeit mit dem Feinde, die, wenn private Verträge erlaubt wären, dort viel leichter möglich ist als in öffentlich sanktionierten Abkommen. Als Beweis für die Richtigkeit seiner Auffassung führt Zasius nicht nur die Postglossatoren Baldus und Bartolus an, sondern auch eine Stelle aus Ulpian (I. 1. § 3 D. d. dolo 4, 3), wonach Privatangelegenheiten unter Feinden von der Vertragstreue entbunden sind. Auch aus einer Konstitution des Kaisers Gordian (I. 2 C d. commerciis et mercat. 4, 63) glaubt Zasius eine Bestätigung seiner Theorien herauslesen zu können.

Für Verträge mit Feinden de iure belli kommen entweder die Einwilligung des Kriegsherrn bei Vertragsschluß oder die nachträgliche Genehmigung in Betracht. Im Unterschied dazu sind jedoch die exbanniti unfähig, überhaupt zivilrechtliche Verbindlichkeiten einzugehen (incapax obligationis iuris civilis). Sie stehen für Zasius außerhalb der Rechtsordnung, man kann sie ungestraft töten und den mit ihnen vereinbarten Frieden brechen.

Dieser Grundsatz gilt auch im Falle der Eidesleistung uneingeschränkt. Wenn nämlich der exbannitus sich zivilrechtlich nicht verpflichten kann, ein privatrechtlicher Vertrag damit nichtig ist, dann kommt auch einem Eid keine Wirkung zu, da er etwas verstärkt, was nicht vorhanden ist.

Ecks Argumente richten sich zunächst gegen den von Zasius aufgestellten Satz: „Fidem hostibus in conventionibus privatis servari non oportet, nisi dux belli pepigerit." Im Unterschied zu Zasius, der ausdrücklich betont, daß seine Auffassung auf positivem Recht (manifesto iure) beruhe, und Belege aus römisch-rechtlichen Gesetzesstellen und der Glosse heranzieht, bringt Eck hauptsächlich ethische und humanitäre Gesichtspunkte. Seiner Ansicht nach gebieten es Ehrenhaftigkeit und Gerechtigkeit, einen einmal geschlossenen Vertrag dem Feinde gegenüber zu halten. Schon im Altertum, so meint Eck, seien die Zigeuner, Kreter und Kappadozier wegen Treuebruchs verflucht worden. Auch Paulus nenne die Kreter „Lügner, schlimme Bestien" (Tit. 1, 12). Das Gefühl und die Pflicht, dem Feind auch in privaten Angelegenheiten ein einmal gegebenes Versprechen zu halten, sei im Bewußtsein der Völker so tief verwurzelt, daß Vertragsbrüchige verabscheut und gehaßt würden. Diese Haltung findet Eck in Augustinus' Werk „De civitate Dei" und in Ciceros „De officiis" bestätigt. Es gelingt ihm auch, Beispiele aus Plutarch, Nepos, Plinius, Seneca, Aristophanes und Euripides als Stütze seiner Theorie anzuführen. Wenn aber schon bei den Heiden die Treue gegenüber dem Feind hochgehalten werde, so argumentiert Eck, um wieviel mehr müsse dann dieser Grundsatz im Christentum Geltung haben, das die Treue jedem Christen zur Pflicht mache.

Den von Zasius aufgestellten Grundsatz der Rechtlosigkeit der exbanniti lehnt Eck mit der Bemerkung ab, es sei allein Sache der Obrigkeit, den Bann zu vollziehen, privatrechtliche Verhältnisse blieben davon unberührt. Der Status des exbannitus stehe also der Verpflichtung zur Vertragstreue nicht entgegen.

Die Frage, ob sich die rechtliche Beurteilung ändert, wenn der Vertrag beschworen wird, war erst von Eck aufgeworfen worden und hat wahrscheinlich für den praktischen Fall keine Rolle gespielt, sonst wären sowohl in Zasius' Quaestiones als auch in den allgemeinen Darstellungen über den Fall Hinweise zu finden. Eck behauptet nun, daß der Eid nach kanonischem Recht stärker sei als jede Verpflichtungsmöglichkeit nach weltlichem Recht. Diese Meinung lehnt Zasius ab, indem er die Gültigkeit des Eides von der Natur des zu beschwörenden Rechts abhängig macht. Unverbrüchlich sei der Eid, der der materia peccati und dem publicum ius zugehöre. Etwas anderes gelte jedoch für das iuramentum de iure civili, dessen Gültigkeit sich nach dem Bestand des zugrundeliegenden Vertrags richte.

Die von Zasius und Eck vorgetragenen Auffassungen lassen erkennen, daß die anhand eines praktischen Falles entstandene Streitfrage zu rein theoretischen Erörterungen juristischer Probleme geführt hat. Der streng am römischen Recht festhaltenden Auffassung des Zasius über die auf öffentlich-rechtliche Verträge beschränkte Vertragstreue steht die Meinung Ecks gegenüber, der den Formalismus im Vertragsrecht durch Billigkeitserwägungen bekämpfen möchte[163]. Da Eck an keiner Stelle die Verletzung päpstlicher Erlasse oder einer Gesetzesstelle aus dem Corpus Iuris Canonici rügt, ist nicht anzunehmen, daß sich Zasius durch die in seiner Abhandlung vertretene, streng am positiven Recht festhaltende Ansicht der Beschränkung der Vertragstreue den exbanniti gegenüber in Gegensatz zu kirchlichen Interessen gebracht hat. Es wird also davon auszugehen sein, daß die Meinung des Zasius über die Tragweite und die verpflichtende Kraft der mit dem Feind geschlossenen Verträge in den Augen der Kirche nicht anstößig war.

Etwas anderes könnte für die von Eck aufgeworfene Diskussion über die Gültigkeit des Eides gelten, der ja in den Bereich der kanonischen Zuständigkeit fällt. Der Ansicht des Johann Eck, daß ein kanonischer Eid in jedem Fall verpflichtend sei, ist die kirchliche Lehre jedoch nicht gefolgt. Ähnlich wie Zasius gehen die Kanonisten von dem dem Eid zugrundeliegenden Verpflichtungsgeschäft aus. Danach kann der Eid, der zur Bekräftigung eines zivilrechtlichen Vertrages geleistet wird, nur dann rechtliche und religiöse Wirkungen hervorbringen, wenn das zu-

---

[163] Plöchl II S. 403.

grundeliegende Rechtsgeschäft selbst wirksam zustandegekommen ist[164]. Da Zasius dem privatrechtlichen Abkommen der Stadt Freiburg mit dem für ihn außerhalb der Rechtsordnung stehenden Juden, dem exbannitus, jede rechtliche Wirksamkeit aberkennt, konnte er auch in konsequenter Fortsetzung dieses Gedankens zu dem Ergebnis kommen, daß ein iuramentum de iure civili, welches einen nichtigen Vertrag bestätige, keinerlei Verpflichtung erzeuge.

Im Ergebnis ist festzustellen, daß vermutlich weder die Lehre des Zasius über die dem Feinde zu haltenden Verträge noch seine Definition des iuramentum de iure civili der Kirche Veranlassung zur Indizierung der Apologie gegeben hat. Für diese Annahme spricht auch die Art der Beanstandung in der Expurgation[165]. Die hier erfolgten Verbesserungen erstrecken sich nicht etwa auf den Gehalt der Apologie, sie beseitigen vielmehr reine Äußerlichkeiten, so die von Zasius häufig gebrauchten Ausdrücke: dii boni, per Jovem und auch die Erwähnung der Namen von Ketzern.

Es fällt auf, daß die oftmals vorkommende Redewendung „dii boni" gestrichen wird zugunsten der Formulierung „deus bonus". Mehrere Zeilen müssen wegfallen, in denen Zasius[166] erklärt, die von Eck für die juristische Argumentation herangezogenen theologischen Gründe interessierten ihn nicht, da es hier nur auf das ius civile ankäme, in dessen Auslegung er, Zasius, Eck überlegen sei. An einer anderen Stelle nimmt Zasius Martin Luther gegen Ecks Angriffe in Schutz[167]. Weiter wird der Name des Erasmus immer da gelöscht, wo er auftaucht[168]. Der Inhalt der Erasmischen Zitate bleibt unbeanstandet. Zuletzt wird eine allgemeine Forderung ausgesprochen: „Et ubi nomen ipsius Erasmi, vel alterius haeretici reperietur, semper deleatur." Das heißt also, daß Erasmus noch 1587 von Rom als Häretiker angesehen wird, obwohl die Tridentiner Indexkommission ihn nur mit einigen Werken in die zweite Indexklasse versetzt hat; vgl. S. 71, Anm. 31.

Der Mangel an inhaltlich-sachlichen Bemerkungen zur Apologie scheint ziemlich sicher die oben (vgl. S. 93) ausgesprochene Vermutung zu bestätigen, daß die Apologie nur deshalb in den Index aufgenommen worden ist, weil man, irregeführt durch das vorausgegangene Verbot der Portugiesen und Spanier, angenommen hat, es handele sich um eine lutherische Schrift gegen Eck.

Die Beurteilung der Verbotsgründe des übrigen Werks muß wieder an der Expurgation von 1587 geprüft werden, da kompetentere Hilfsmit-

---

[164] Ebers S. 403.
[165] Bei Possevin auf S. 541.
[166] col. 373 nu. 21.
[167] col. 375.
[168] col. 375 nu. 22; col. 376; col. 377.

tel zur Ermittlung der Gründe nicht vorhanden sind. Die Durcharbeitung der 10 Seiten langen Expurgation hat ergeben, daß sich die Monita wiederholen. In der Regel werden nicht zur Sache gehörige Bemerkungen des Zasius getilgt, die entweder ein schlechtes Licht auf die Kirche werfen oder die Mißstände in der Kirche anprangern, unchristliche Ausdrücke werden gerügt oder Ketzernamen gestrichen. Die Beanstandungen sachlicher Natur sind am geringsten. Sie tauchen immer dort auf, wo sich der Professor des römischen Rechts für die Anwendung römischrechtlicher Normen unter Ablehnung kanonistischer Regelungen ausspricht.

Zu Beginn der Expurgation[169] wird gefordert, das Druckerprivileg an den Lyoner Buchhändler Guillaume Regnauld zu streichen, ebenso die Vorreden und Gedichte des Herausgebers Joachim Mynsinger, von Erasmus und Andreas Alziat, in denen Zasius als der größte deutsche Jurist gepriesen wird, dessen zum größten Teil unveröffentlichte Vorlesungen nun endlich durch ihre Publikation dem juristischen Studium und der Rechtspraxis zugänglich gemacht würden. Die in den Gedichten und Vorreden zum Ausdruck gebrachten Lobreden über Zasius müssen wohl wegfallen, weil sie einem Indizierten huldigen. Daraus könnte man entnehmen, daß das vorliegende Verbot doch ein Verbot erster Klasse gewesen ist, denn die Autoren der zweiten Klasse wurden nach den übereinstimmenden Definitionen der Indices durch das Verbot nicht als Personen kritisiert, betroffen waren lediglich ihre Schriften. Wenn also lobende Kennzeichnungen von Verfassern wegfallen müssen, kann es sich nur um Ketzer handeln. Andererseits wird auch Erasmus wie ein Ketzer behandelt, da sein Name immer gestrichen wird, wenn er auftaucht, obwohl die Kirche ihn in die zweite Klasse des Tridentinischen Index gesetzt hatte, nachdem die Tridentinische Indexkommission ausdrücklich festgestellt hat, daß er nicht verdient, in der Klasse der Häretiker weitergeführt zu werden.

Vermutungen über die Qualifikation des der Expurgation von 1587 zugrundeliegenden Verbots müssen also Spekulationen bleiben angesichts der widersprüchlichen Entscheidungen der römischen Zensoren.

Bestimmte Redewendungen aus der opera omnia-Ausgabe von 1550 werden immer wieder gerügt. Z. B. wird der Ausdruck: „per Jovem" in Tom. I col. 282 nu. 2; col. 446 nu. 16; in Tom. IV. col. 23 nu. 18; col. 36 nu. 23; col. 80 nu. 7; in Tom. V. col. 338; col. 342 beanstandet. Die Bemerkungen „dii boni" sollen jeweils durch „deus bonus" ersetzt werden und tauchen fast ebenso häufig auf: Tom. V. col. 336 nu. 9 col. 373 nu. 21; col. 394; Tom. VI. col. 49 nu. 16. Auf S. 543 bei Possevin findet sich der Generalhinweis: „Deleatur etiam nomen Divi, in nova impressione, ubicunque inveniatur."

---

[169] Ebenda S. 533.

Eindrucksvoll sind die trotz allgemeiner Bemerkungen ständig wiederholten Hinweise auf Streichung des Namens und der lobenden Erwähnungen von Erasmus: Tom. I. col. 287 nu. 3; col. 295 nu. 24; col. 319 nu. 14; col. 321 nu. 7; col. 329 nu. 7; col. 351 nu. 10; col. 264; col. 359 nu. 5; col. 377; col. 623 nu. 17; col. 879 nu. 8; Tom. II. col. 158 nu. 40; col. 171 nu. 9; col. 201 nu. 4; col. 369; Tom. III. col. 521 nu. 15; col. 712 nu. 5; Tom. IV. col. 94 nu. 6; Codicis Justiniani de Judaeis: col. 68 nu. 3; Tom. V. col.37 nu. 32; col. 61 nu. 9; col. 238 nu. 5; col. 375 nu. 22; col. 376; col. 382 nu. 6; col. 383 nu. 9; col. 395; usw.

Die am Ende von Tom. V. zusammengestellten Briefe sind zum großen Teil ganz gelöscht worden. Es handelt sich um sechs Briefe, die Zasius teils an Amerbach, teils an Erasmus gerichtet hat: An Amerbach: Tom. V. col. 531 mit dem Beginn „Literas meas"; col. 535 mit dem Beginn „Quas ambas"; col. 548 mit dem Beginn „Frater Bonifaci". An Erasmus: Tom. V. col. 588 mit dem Beginn „Dolenter fero"; col. 590 mit dem Beginn „Quid censes magne"; und col. 611 ein Brief des Erasmus an Amerbach.

Allen Briefen ist gemeinsam, daß Erasmus darin als der Mann verehrt wird, dem Europa es zu verdanken hat, daß es aus den mittelalterlichen Tiefen der Scholastik zu neuen Erkenntnissen auf dem Gebiet der Sprache, der Jurisprudenz und der Theologie gelangt ist. Zasius hält im Brief auf col. 588 Erasmus allein für kompetent, den entstandenen religiösen Konflikt zu entscheiden, er selbst traut sich ein Urteil übrigens nicht zu. Verständlicherweise haben die römischen Expurgatoren Anstoß an diesen Äußerungen genommen, da Zasius offensichtlich die Autorität des Erasmus vor die Lehrentscheidung der römischen Kirche gestellt hat.

Sehr viel weniger oft taucht der Name Martin Luthers in den Werken des Zasius auf. Im Gegensatz zu den Erwähnungen des Erasmus, die die Kirche sachlich unberührt ließ, müssen die im Zusammenhang mit der Nennung des Namens Martin Luther zitierten lutherischen Bemerkungen und Thesen wegfallen. In Tom. I. Tit. „De Justitia et Jure" col. 248 nu. 13 bemerkt Zasius lediglich, daß Martin Luther wohl den Primat und die Universalität des Papstes zu leugnen scheine; diese Bemerkung wird gestrichen. Im selben Titel col. 262 nu. 17 erwägt Zasius die Möglichkeit, Martin Luther Glauben zu schenken, er entscheidet sich jedoch nicht. Im Titel „De legibus" bekennt Zasius (col. 407 nu. 69), daß die scholastischen Theologen mit Recht das „consilium" über das Evangelium stellen und daß Martin Luther zu Unrecht dagegen angehe. Trotz dieser eindeutig für die katholische Lehrmeinung stellungnehmenden Bemerkung wird auch diese Stelle gelöscht, weil der Name Martin Luthers vorkommt. Weitere Zitate Luthers fallen auf col. 811 nu. 13; in Tom. IV. col. 105 nu. 1; in Tom. V. col. 385 nu. 12; col. 459 und 460, 483, 486 weg.

Auch die Namen von Beatus Rhenanus: Tom. I. col. 304 nu. 12, von Ulrich Hutten: Tom. V. col. 396 in expositione und von Bilibald Pirckheimer: Tom. I. col. 270 müssen gelöscht werden.

Allgemeingültig und zusammenfassend befiehlt die am Ende der Expurgation S. 543 abgedruckte Bemerkung: „Item in omnibus Epistolis & ubicunque reperiantur nomina haereticorum, vel haeretici laudantur, deleantur & amoveantur. Deleantur etiam carmina omnia, quae vel ab haereticis confecta sunt, vel haereticos laudant & in nova impressione prorsus tollantur."

Die Bemerkungen des Zasius über die Mißstände in der Kirche und die Unzulänglichkeit der kirchlichen Vertreter haben auch den Unwillen der Zensoren erregt.

In Tom. I. col. 42 nu. 6 fällt der Ausdruck „usurpavit" im Zusammenhang mit der geistlichen Gewalt weg, dafür wird der Ausdruck „utatur" genommen. In col. 68 nu. 19 wird ein Hieb auf die Bettelorden gestrichen. Auf col. 124 nu. 31 verwendet Zasius für Panormitanus eine spöttische Bemerkung.

Auf col. 137 nu. 22 weist Zasius auf die mißbräuchliche Erlangung von Benefizien hin. Auf col. 145 nu. 40 tadelt Zasius die Geldgier der Brüder, die durch unsittliche Geschäfte zu Geld kommen wollen. Er deutet an, daß es nur vor dem Diluvium weder Krieg noch Sklaverei gab, diese aber in der Zeit des Christentums nicht abgeschafft worden seien (col. 251 nu. 34). Er bringt Beispiele von Bischöfen, die von Priestern, die im Konkubinat gelebt haben, für die Lossprechung von ihren Sünden Geld genommen haben (col. 383 nu. 8). Er meint an anderer Stelle (col. 391 nu. 5), der Betrug sei sowohl in den Klöstern wie bei den weltlichen Herrn alltäglich geworden. Auf col. 598 nu. 10 und col. 931 nu. 5 spielt Zasius wieder auf die Häufigkeit des priesterlichen Konkubinats an und auf das Streben der Bischöfe nach irdischen Gütern. In col. 989 nu. 4 meint er, daß nicht nur eine Kaiserwahl, die durch Zwang oder Furcht zustandekommen ist, ungültig sein muß, sondern auch eine derartige Papstwahl. Auch die Gewinnsucht der Päpste rügt er (col. 79 nu. 35 in Tom. II.). Auf col. 151 nu. 10 schließen sich ironische Bemerkungen über die Bettelorden an.

Diese Beispiele ließen sich noch um viele vermehren. Sie greifen kirchliche Glaubenssätze nicht an, sondern weisen nur auf die Mißstände hin, die tatsächlich den damaligen Zeitverhältnissen entsprachen. Sie werfen aber alle ein schlechtes Licht auf die Kirche und ihre Vertreter und sind deshalb ausgelöscht worden. Die sachlichen Beanstandungen sind — wie schon bemerkt — nicht so häufig wie die formellen Verbesserungen. Einige Beispiele daraus:

In Tom. I. col. 241 nu. 2, Tit. „De justitia & Jure" lehnt Zasius die Ansicht ab, es könne nur ein Christ Kaiser oder König sein, und weist zum Beweis auf die vorchristlichen heidnischen Völker hin, deren Führer sich zum Teil Könige nannten und es auch waren. Ein anderes Beispiel sei Julian Apostata, der als Abtrünniger regiert habe. Im Titel „De origine iuris" col. 283 nu. 2 schilt Zasius auf die Kommentatoren, die durch ihre endlosen Erläuterungen den zugrundeliegenden Text unverständlich machen, prunksüchtig seien und nicht der Wissenschaft dienten. Sie gäben den Kniffen der Advokaten Handhaben, um das Recht zu verdrehen. Dann wirft Zasius den Advokaten in ihrer Gesamtheit vor, sie vergifteten die Gerichte, spotteten der Richter und verwirrten den Staat.

Im Titel „De legibus" col. 371 nu. 3 spricht Zasius von den Gesetzgebungsorganen und der Gesetzgebungstätigkeit des römischen Volkes. Hier zitiert er den Baldus, dessen Meinung, der Papst könne als Kopf und Rückgrat des römischen Volkes den Herrscher ein- und absetzen, er nicht für richtig hält, da inzwischen dieses Recht durch Gesetz den Fürsten des Reiches zukomme. Er spielt offensichtlich auf die Goldene Bulle von 1356 an. Obwohl die Ansicht des Zasius den tatsächlichen Verhältnissen entspricht, offenbart sich hier doch ein Gegensatz zum Universalitätsanspruch des Papstes auf Oberhoheit auch im weltlichen Bereich, auf den die Päpste trotz geänderter tatsächlicher Verhältnisse nicht verzichteten.

In col. 377 nu. 21 meint Zasius, der Sinn der Gesetze sei nicht zuletzt aus dem buchstäblichen Wortlaut zu entnehmen. Das gelte nicht nur für das ius civile, sondern auch für die theologischen Normen. Es sei nicht der Erforschung des Sinngehalts einer theologischen oder juristischen Vorschrift dienlich, wenn man die Meinung einer Autorität an die Stelle der eigenen Textinterpretation setze.

Die Stelle wird sicher nicht wegen ihres objektiven Gehaltes der Forderung nach Quellenforschung ausgestrichen, sondern wegen ihres Zusammenhangs mit theologischen Gebräuchen, die nicht angetastet oder angezweifelt werden durften.

In col. 393 nu. 12 geht es um die Frage, ob der Fürst das ius civile aufheben kann. Die Kanonisten billigen dem Papst zu, Gesetze aufheben zu können, und sie glauben deshalb auch, daß der Kaiser weltliche Gesetze derogieren könne. Zasius kann dieser Meinung nicht folgen, er hält den weltlichen Fürsten an das Gesetz gebunden.

Im Titel „De iurisdictione omnium iudicum" col. 449 nu. 21 wird die Bemerkung des Zasius gelöscht, daß es nicht sicher überliefert sei, ob der Priester sich vom eigenen Konkubinat lossprechen könne.

In col. 456 nu. 6 meint Zasius, der Papst könne nur dann causae civiles und criminales auf den Laien übertragen, wenn er selbst die Kompetenz dafür besitze.

Im Titel „De pactis“ col. 619 nu. 3 vertritt Zasius die Ansicht, daß unterlassene Zeremonien beim Vertragsabschluß nicht sündhaft seien.

Im Titel „De jurejurando“ col. 844 nu. 10 sagt Zasius, durch Gesetz könne nicht bestimmt werden, daß illegitime Personen erben könnten, wenn keine legitimen beim Erbfall vorhanden seien. Verantwortlich für diesen Usus seien die Bischöfe, die durch Legitimation Illegitimen die Berechtigung dazu verliehen.

Im Titel „De condictione ob turpem causam“ col. 986 nu. 2 bedauert Zasius, daß das kanonische Recht in Fragen der Anzeigepflicht von Delikten oft anderer Ansicht sei als das ius civile.

Im Titel „De legatis & fideicommissis“ des Tom. II. col. 310 nu. 3 bestätigt Zasius die Ansicht anderer Schriftsteller, daß Jerusalem niemals der Kirche gehört habe, weil die römischen Imperatoren es erobert hätten.

In col. 310 nu. 6, 7 handelt Zasius von den Suffraganbischöfen. Er vertritt die Ansicht, daß sich ein Bischof nur dann „episcopus“ nennen darf, wenn er über eine „provincia“ verfüge, wie ja auch ein comes sine comitatu nicht denkbar sei.

Im Titel „De re iudicata“ Tom. III. col. 366 nu. 9 erwähnt Zasius, daß Papst Leo sich der „correctio“ des französischen Königs unterworfen habe.

Im Titel „De diversis temporalibus praescriptionibus“ col. 892 nu. 3 will Zasius in einigen Fällen die aequitas des ius civile den kanonischrechtlichen Regelungen vorziehen.

In Tom. V. Sp. 378—489 ist die erste jemals von der Kirche verbotene Zasius-Schrift abgedruckt: „In M. T. Ciceronis Rhetoricen ad Herennium commentaria[170].“

Zasius hat darin versucht, den von Cicero in „De officiis“ und „Epistola ad Herennium“ begründeten Begriff der ars iuris wieder zu finden und die wesentlichen Grundzüge des Rechts neu zu formulieren. Dabei identifiziert er die Rhetorica mit der ars iuris, die er in Beziehung zu den negotia civilia setzt, um daran seine Betrachtungen über die Arten, Ursachen und Folgen der Rechtsgeschäfte des Privatrechts zu knüpfen. Wesentliche Grundlagen bilden dabei die Theorien von Cicero, Celsus und Fabius.

In col. 375 nu. 12 erwähnt Zasius, daß Luther nichts gegen das Papsttum, sondern nur gegen Papst Leo geschrieben habe. Auf col. 418 vertritt Zasius die Ansicht, daß die Evangelien Mysterien seien, die der Aus-

[170] Diese Schrift enthält die rhetorischen Vorlesungen von Zasius, wahrscheinlich aus der ersten Zeit seiner Lehrtätigkeit in Freiburg, und ist das erste Mal 1537 in Basel erschienen.

legung bedürfen. Die Kirche stand freilich immer auf dem Standpunkt, daß die Auslegung einzig und allein Sache der von ihr dazu autorisierten Personen sei. Auf col. 420 meint Zasius, daß gute und gelehrte Männer nun den Primat des Papstes angriffen. Er hält es aber nicht für ein Majestätsverbrechen (obwohl er selbst anderer Ansicht ist), wenn die Würde und das Ansehen des Papstes geschmälert werden. Dies läge seiner Meinung nur dann vor, wenn man leugnete, daß der Bischof von Rom Papst ist. Es folgen hier noch einige derartige Verbesserungen, aus denen hervorgeht, daß Zasius vor der Leipziger Disputation seine Kritik an der Kirche offen äußerte. Verständlicherweise haben die spanischen Zensoren diese Schrift auf den Index gesetzt, da manche Ansichten des Zasius doch häretischen Vorstellungen sehr nahe gekommen sind.

Aus den Beanstandungen ergibt sich, daß das Gesamtwerk des Zasius in der 1550 abgedruckten Form im großen und ganzen die Gesinnung des Verfassers wiedergibt. Abgesehen von den äußerlichen Beanstandungen (dii boni, Ketzernamen usw.) haben sich auch sachliche Unterschiede zur kirchlichen, theologischen und kanonistischen Lehrmeinung aufgetan, die das Werk an einigen Stellen im kirchlichen Sinne als korrekturbedürftig erscheinen ließen. Ob es hierfür nötig war, alle Werke des Ulrich Zasius zu verbieten, oder ob es nicht sinnvoller gewesen wäre, nur die Werke zu nennen, in denen sich schwerwiegendere antikatholische Meinungen offenbaren, bleibe dahingestellt.

Die vor 1520 festgestellte Häresie in einzelnen Punkten im Leben des Zasius scheint sich deutlich in der rhetorischen Schrift niederzuschlagen. Dogmatische Zweifel sind nach 1520 nicht mehr festzustellen.

Die vorkommenden Abweichungen vom kanonischen Recht gründen sich nicht auf eine abweichende theologische Gesinnung, sondern auf eine andere juristische Auffassung. Zasius lehnt einen „papalen Imperialismus“[171] ab, bejaht aber das päpstliche Gesetzgebungsrecht und die kanonistischen Regelungen auch von solchen Lebenssachverhalten, die außerhalb der rein innerkirchlichen Sphäre liegen.

dd) Hieronymus Schiurpff (Hieronymus Schürpf) 1481—1554

Verzeichnis seiner verbotenen Schriften

1. Katalog von Mailand 1554

„Hieronymus Schiurpff de S. Gallo“[172]

2. Katalog von Venedig 1554

„Hieronymus Schurpff de S. Gallo“[173]

[171] Wolf: Rechtsdenker, Zasius S. 93.

[172] Reusch: Index S. 159.

[173] Reusch: Index S. 159.

Schürpf wird als einziger der in der ersten Klasse des römischen Index indizierten deutschen Juristen zuerst nicht mit einer Einzelschrift, sondern mit einem opera omnia-Verbot getroffen.

3. Katalog der Löwener Universität von 1558[174]

Buchstabe „H“: „Hieronymi Schiurpff de Sancto Gallo, jurisconsulti, Wittenbergensis academiae ordinarii legum professoris, Consiliorum seu responsorum juris centuria prima. Francofurti apud Haeredes Egenolphi Hadamarii.“

Das Verbot bezieht sich auf den ersten Band der dreibändigen Consiliensammlung von Schürpf, der 1545 erschienen ist.

4. Index autorum et librorum 1558/59

Erste Klasse des Buchstabens „H“[175]: „Hieronymus Schiurpff.“ Diese Eintragung schließt sich an das generelle Schriftenverbot von Mailand und Venedig an.

5. Index librorum prohibitorum Pius IV. 1564

Erste Klasse des Buchstabens „H“[176]: „Hieronymus Schiurpff.“ Die Indices von Sixtus V. und Clemens VIII. wiederholen das Verbot in der ersten Klasse.

6. Verbotsdekret vom 16. März 1621

Im „Index Decretorum“ des Index librorum prohibitorum Alexanders VII. 1564 wird die erste Zenturie der Schürpf'schen Consiliensammlung neben dem Verbot in der ersten Klasse noch einmal verboten. Das Dekret ist am 16. März 1621 von der Indexkongregation erlassen worden[177]: „Hieronymi Schurph, consiliorum seu responsorum Juris, centuria prima. Francofurti impressa 1612.“

Dieses zusätzliche Verbot ist in den folgenden kumulierenden Indices immer neben dem Verbot in der ersten Klasse aufgeführt. Das Verbot der Schürpf'schen Consilien war rechtlich unnötig, da das Verbot in der ersten Klasse aufrechterhalten wurde und das literarische Gesamtwerk erfaßt. Vermutlich wollte man das Verbot der Schrift noch einmal deutlich zum Ausdruck bringen, nachdem eine Neuauflage in Frankfurt erschienen war.

7. Index librorum prohibitorum Innozenz XI. 1704

Dieser Index wirkt etwas verwirrend, da er nur das Verbotsdekret über die erste Zenturie von 1621 erwähnt[178], nicht aber das Verbot in der ersten Klasse. Die Vermutung, daß die Indizierung in der ersten Klasse

---

174 Reusch: Index S. 57.

175 Reusch: Index S. 188.

176 Reusch: Index S. 265.

177 Index librorum prohibitorum Alexandri VII. 1664. S. 317.

178 Index librorum prohibitorum Innoc. XI. 1704. S. 128.

aufgehoben worden wäre, bestätigte sich jedoch nicht, da die Indices von 1819[179] und 1841[180] wieder beide Verbote enthalten.

8. Index librorum prohibitorum Gregors XVI. 1841[181].

„Schiurpff, seu Schurpf Hieronymus. 1. Cl. Ind. Trid. — Consiliorum, seu Responsorum juris Centuria prima. Decr. 16. Martii 1621."

9. Index librorum prohibitorum Leos XIII. 1900[182].

„Schurpf, Hieronymus. Consiliorum seu responsorum iuris, centuria prima. Decr. 3. Oct. 1616."

Die Fortführung des Consilienverbots der ersten Zenturie der Schürpf'schen Sammlung zeigt, daß die Grenze des Jahres 1600 für die vor 1600 verbotenen Schriften rein formell gefaßt wurde. Die Wirkung des Verbots hat sich nach 1900 materiell geändert. Während bis 1900 das Verbot der Einzelschrift durch Dekret nur deklaratorische Bedeutung neben dem Verbot in der ersten Klasse hatte, wirkt es jetzt konstitutiv, da das Verbot der übrigen Werke Schürpfs — soweit diese rein juristischer Natur sind und keine kirchenrechtlichen Fragen in protestantischer Sicht behandeln — aufgehoben ist.

Das im Leoninischen Index angegebene Datum des Verbotsdekrets weicht von dem bisher in allen Indices genannten Datum ab. Da das Datum vom 3. Oktober 1613 vorher nicht auftaucht, muß wohl angenommen werden, daß ein Druckfehler unterlaufen ist.

10. Index librorum prohibitorum Pius XII. 1948[183]

„Schurpf, Hieronymus, Consiliorum seu responsorum iuris, centuria prima. Decr. 3. Oct. 1616."

Das Dekret ist einfach vom Leoninischen Index übernommen worden. Erst seit der Aufhebung des Index im Jahre 1966 sind alle Schriften Schürpfs rechtlich vom Indexverbot befreit worden.

Überprüfung des Häresievorwurfs der Kirche anhand einer Lebensdarstellung Schürpfs

Hieronymus Schürpf, geboren am 12. April 1481 in St. Gallen[184], stammte aus einer alten und angesehenen Schweizer Familie. Seit 1494

---

179 Index librorum prohibitorum Pii VII. 1819. S. 284.

180 Index librorum prohibitorum Gregorii XVI. 1841. S. 350.

181 Siehe vorhergehende Fußnote.

182 Index librorum prohibitorum Leonis XIII. 1900. S. 277.

183 Index librorum prohibitorum Pii XII. 1948. S. 434.

184 In der Literatur taucht häufig eine andere Schreibweise des Namens Schürpf auf. So kommen die Formen Schiurpff, Schurph, Schurff, Scurph vor, die aber von Muther: Schürpf S. 220 Anm. 1 für falsch angesehen werden. Muther hält die Form „Schürpf" für korrekt. Sie wird auch von Schaich-Klose verwendet.

besuchte Schürpf die Universität Basel, erwarb dort den magister artium und begann anschließend das Studium der Rechte. Einer seiner bevorzugten Lehrer war Ulrich Krafft aus Ulm. 1501 setzte er seine Studien in Tübingen fort[185], wo ihn besonders die beiden Rechtslehrer Ebinger und Lupfdich beeinflußten, die in ihrem Vortrag schon die Wege scholastischer Auslegungsmethoden zugunsten direkter Quellenforschung verlassen hatten[186]. Neben den juristischen Vorlesungen hörte Schürpf auch theologische Vorlesungen bei Konrad Summenhard. 1502 folgte Schürpf einem Ruf als magister legens der Artistenfakultät der neugegründeten Universität Wittenberg. Er hielt Vorlesungen über die aristotelische Logik nach Duns Scotus und setzte seine juristischen Studien fort. 1503 promovierte er zum doctor iuris utriusque[187]. 1505 wurde er zum Legenten des liber sextus und der Clementinen ernannt. Sein Ruf als guter und gründlicher Jurist bewirkte, daß er schon 1507 die angesehenste juristische Professur in Wittenberg erhielt, er wurde ordinarius iuris civilis in Codice und kurze Zeit darauf ernannte ihn Kurfürst Friedrich der Weise zum kurfürstlichen Rat und Beisitzer beim gemeinschaftlich sächsischen Oberhofgericht zu Altenburg und Leipzig. 1536 rückte Schürpf zum ersten Professor in Digesto veteri et novo auf[188]. Seine Hauptbedeutung auf juristischem Gebiet lag in der praktischen Tätigkeit als Rechtskonsulent, von der seine Consiliensammlung mit 300 Consilien Zeugnis gibt. Theoretische Schriften sind uns von ihm nicht erhalten. Er gehörte nicht zu den humanistischen Neuerern in der Rechtswissenschaft, aber sein großes Wissen und sein Gefühl für Billigkeit und Gerechtigkeit in allen rechtlichen Entscheidungen machten ihn nach dem Tode seines Wittenberger Lehrmeisters Henning Göden (1521) zum ersten Konsulenten Deutschlands[189]. Dieser Ruf verschaffte ihm Schüler von überall, es lernten bei ihm Philipp Melanchthon[190], Melchior Kling, Gregor Brück, Franz Burkhard, Ulrich Mordeisen und viele andere. In der über Schürpf als Juristen der Reformationszeit erschienenen Literatur herrscht jedoch Übereinstimmung, daß seine hauptsächliche Bedeutung nicht auf juristischem Gebiet liegt, sondern in seinen Beziehungen zur Reformation zu suchen ist[191]. Von Anfang an gehörte Schürpf zu Luthers eifrigsten Anhängern in Wittenberg[192]. Durch Luther wurde Schürpf zum Lesen der

[185] Schaich-Klose S. 16, 17.
[186] Muther: Schürpf S. 181.
[187] Schaich-Klose S. 19.
[188] Friedensburg S. 200.
[189] Muther: Schürpf S. 187.
[190] Kisch: Melanchthon S. 149 hebt die große Bedeutung hervor, die Schürpf als juristischer Lehrer für den juristischen Werdegang Melanchthons und seine Rechtsvorstellungen hatte. Auch Landsberg in ADB. 23. S. 86 betont die engen fachlichen und freundschaftlichen Beziehungen zwischen Schürpf und Melanchthon.
[191] Stintzing S. 267; Landsberg in ADB. 23. S. 89; Muther: Schürpf S. 188.
[192] Muther: Schürpf S. 190.

Bibel und der Kirchenväter angeregt, unklare Stellen besprach er oft mit Luther, dessen Interpretationen ihm klar und einleuchtend erschienen. Aufmerksam gemacht auf Unstimmigkeiten in der Lehre der alten Kirche und den mittelalterlichen Auslegungen, gelangte Schürpf zu einer eigenen Meinung in der Deutung theologischer Texte[193]. Er kommt zu dem Ergebnis, daß die ständige Suche der Kommentatoren nach neuen Ausdrucksmitteln für die Interpretation derselben Textstelle schließlich die reine Lehre des Evangeliums verfälscht habe[194]. Luthers Lehre von der Rechtfertigung durch den Glauben erkennt auch Schürpf als richtig an[195]. Aus der Besprechung von theologischen Fragen ergab sich ein enger persönlicher Kontakt zwischen Schürpf und Luther. Schürpf wurde sogar Mitglied des engeren Kreises, dem die geistigen Führer der Wittenberger Reformation angehörten, wie Luther, Melanchthon, Karlstadt, Spalatin, Justus Jonas und schließlich auch August Schürpf, Professor der Medizin in Wittenberg und Bruder des Hieronymus[196]. Die Proklamation der 95 Thesen Luthers im Jahre 1517 löste bei Schürpf zunächst Bedenken aus. Luther berichtete später[197], daß Schürpf einwandte: „Wollt Ihr wider den Papst schreiben. Was wollt Ihr machen? Man wird's nicht leiden. Darauf sprach ich: Wie, wenn mans müßte leiden?" Nach anfänglich ängstlichem Zögern trat Schürpf jedoch offen und mit Festigkeit für Luther ein. In den Jahren 1520 und 1521 nahm er regen Anteil an den großen reformatorischen Ereignissen. Als der Papst 1520 gegen Luther die Bannbulle erließ, rieten die Räte Staehelin, Schürpf und Beyer der sächsischen Regierung, die Bulle nicht zu publizieren[198]. Die Verbrennung des kanonischen Gesetzbuches durch Luther anläßlich der Verbrennung der Bannbulle hat Schürpf jedoch scharf verurteilt, da er mit der ganzen juristischen Fakultät der Universität Wittenberg an der Geltung des kanonischen Rechtes als einem der gemeinen Rechte des Reiches[199] festhielt. Auf dem Wormser Reichstag von 1521 erschien Schürpf auf Geheiß des Kurfürsten als Rechtsberater Luthers[200].

In der Zeit des Aufenthaltes Luthers auf der Wartburg stand Schürpf treu zur neuen Lehre. Er wurde offiziell zur Klärung und Untersuchung

---

193 Oratio de vita clarissimi viri Hieronymi Schurffii, J. V. Doctoris, recitata a D. Michaele Teubero Doctore. Witebergae: Seitz 1534. Urheber dieser Gedenkrede ist Philipp Melanchthon, sie ist unter anderem abgedruckt bei Kisch: Melanchthon S. 288—297. Danach wird zitiert. Gemeint ist hier S. 294, 295.

194 C. R. VI. S. 750 Nr. 4093, Brief Melanchthons vom 19. 12. 1547: „Ante annos viginti audivi Doctorem Hieronymus Schurff dicere, mutationem doctrinae initio ex hac ambitione fuisse ortam, quod multi putarunt deforme esse res easdem saepe repetere, ideoque novam doctrinam eos genuisse."

195 Oratio S. 295.

196 Muther: Schürpf S. 192.

197 Weimarer Ausgabe, Tischreden Bd. 3 Nr. 3722.

198 Walch, Luther-Gesamtausgabe Bd. XV. Sp. 1577.

199 Schwerin-Thieme S. 256.

200 Schaich-Klosc S. 26.

theologischer Streitigkeiten eingesetzt. Als die Augustiner in Wittenberg nicht mehr die Messe abhielten, entschied ein Untersuchungsgremium, in dem unter anderen Schürpf und Beyer saßen, über die Zulässigkeit dieses Vorgehens[201]. Trotzdem rieten gerade Schürpf und Melanchthon angesichts der immer häufiger werdenden Ausschreitungen zur Mäßigung und Bedachtsamkeit. In diesem Sinne verwendete Kurfürst Johann (1525—1532) Schürpf immer öfter in Missionen, um die bei Ein- und Durchführung der Reformation entstandenen Streitigkeiten zu schlichten[202]. Seit 1527 war Schürpf an der Durchführung der Kirchenvisitationen im Ernestinischen Sachsen beteiligt[203]. Zusammen mit Melchior Kling faßte Schürpf 1536 ein Gutachten über die Frage ab, ob das vom Papst vorgeschlagene Konzil von Mantua zu beschicken sei. Die Entscheidung fiel vorsichtig aus, da man die Beschickung nicht direkt verweigern zu dürfen glaubte.

1542 soll Schürpf zusammen mit Luther und Bugenhagen, Justus Jonas, Cruziger, Melanchthon, Brück und Benedikt Pauli die Wittenberger Konsistorialordnung entworfen haben[204]. Obwohl hier noch eine Einigung zwischen den Reformern erzielt werden konnte, kam es nach dem Augsburger Reichstag zu unüberbrückbaren Meinungsverschiedenheiten zwischen Luther und Schürpf in der Frage der Weitergeltung des kanonischen Rechts.

Schürpf folgte Luther willig in der Entscheidung rein theologischer Fragen wie der Rechtfertigung durch den Glauben, der Spendung des Abendmahls in beiderlei Gestalt (beides Häresietatbestände), und er hat auch an der Abschaffung der Mißbräuche in der sächsischen Kirche mitgewirkt, aber er rüttelte nicht an den im kanonischen Gesetzbuch verankerten Kompetenzen der Verteilung der geistlichen und der weltlichen Zuständigkeiten, an der Regelung der Priesterehe[205] und dem Primat des Papstes[206]. Abgesehen von den Rechtsmaterien, die Luther speziell angriff und der weltlichen Normierung unterstellen wollte, sah Schürpf keine Veranlassung, das im Corpus Juris Canonici ebenfalls geregelte Prozeßrecht, Strafrecht und andere — zum großen Teil zivilrechtliche — Regelungen aufzugeben, ohne daß eine neue Regelung durch den Staat erlassen worden wäre. Hierin stimmten ihm seine Wittenberger Kollegen

---

[201] Dies geht aus einem Brief des Kanzlers Brück an Friedrich den Weisen vom 11. 10. 1521 hervor, der bei Müller S. 28 abgedruckt ist.

[202] Schaich-Klose S. 31.

[203] Schürpf leitet selbst die Visitationen in den Ämtern an der Saale, Orla und Weida. s. a. Muther: Schürpf S. 202.

[204] Muther: Schürpf S. 202.

[205] Schürpf hat immer die Ehe Luthers abgelehnt, was das Verhältnis zu Luther noch mehr belastete.

[206] Darüber ausführlicher bei der Besprechung dieser Fragen an Hand seiner Consilien im zweiten Teil der Darstellung.

voll zu. Auch Justus Henning Böhmer weist nach, daß es vor allem Schürpf zu verdanken gewesen ist, daß das kanonische Recht als Grundlage des protestantischen Kirchenrechts erhalten blieb[207]. Muther berichtet, daß Schürpf wegen dieser Ansichten von einem Teil seiner Zeitgenossen für einen Papisten gehalten wurde[208], obwohl Melanchthon, der sein ganzes Leben lang ein enger Freund Schürpfs gewesen war, in seiner Gedenkrede beim Tode Schürpfs bestätigt hat, daß Schürpf ein treuer Anhänger der grundsätzlichen Lehren der evangelischen Kirche gewesen ist.

Die Wittenberger Auseinandersetzungen mit Luther haben den Umzug Schürpfs nach Frankfurt a. d. O. bewirkt, wo Schürpf noch sieben Jahre bis zu seinem Tode am 6. Juni 1554 als Rechtslehrer wirkte.

Aus den dargelegten Lebensumständen ist ersichtlich, daß Schürpf einige Glaubenssätze der überlieferten katholischen Lehre abgelehnt und sich öffentlich auf die Seite Luthers, des erklärten Häretikers, gestellt hat. Darin liegt wohl die ihm von der Kirche vorgeworfene Häresie. Sein öffentliches Auftreten für die lutherische Sache, verbunden mit dem über die Grenze Sachsens hinausreichenden Ruhm als Rechtskonsulent, haben wohl die Aufmerksamkeit der Zensoren auch außerhalb Deutschlands auf ihn gelenkt und das erstmalige allgemeine Schriftenverbot als Häretiker in den Katalogen von Mailand und Venedig 1554 bewirkt, ohne daß notwendigerweise seine Consilien bekannt zu sein brauchten.

Überblick über die Consilien Schürpfs

Die Consilien von Schürpf sind von seinem Schwiegersohn Lorenz Zoch in den Jahren 1545—1553 ediert worden.

1. Consiliorum seu responsorum iuris centuria prima. Francofurti: Egenolph 1545.
2. Centuria secunda. Francofurti: Egenolph 1551.
3. Centuria tertia. Francofurti ad viadrum: Eichhorn 1553.

Die zweite Ausgabe seiner Gutachten erschien in Frankfurt/Main bei den Erben Egenolphs 1575, ebenso die dritte Ausgabe im Jahre 1594. Diese Auflage wurde hier benutzt und zitiert. Weitere Auflagen fallen in das 17. Jahrhundert. Dem Verbot durch Dekret 1621 liegt wohl die

---

[207] Justus Henning Böhmer. Ius ecclesiasticum protestantium. 1756. Lib. I. Tit. II. § LX S. 123 „Inter Ictos Vitebergenses Henningus Goeden & Hieronymus Schurffius, qui vices huius dolebant, existimantes, actum esse de salute rei publicae, si scita pontificia opprimerentur. Censebant enim ... totumque processum, quo maxima pars decretalium repleta esset, turbari, qui tamen e republica eliminari non posset; multa salutaria & scitu necessaria in iure canonico occurrere, quae negligi sine actura reipubl. non possent, adeoque propter naevos quosdam hoc ius non esse abolendum."

[208] Muther: Schürpf S. 215.

Ausgabe von 1612 zugrunde. Da Schürpf besonders in der ersten Consiliensammlung eine Reihe von theologischen Fragen behandelt hat, sollen diese in den Vordergrund der Betrachtung gerückt werden, da hieraus seine im Leben bewiesene Einstellung zur Kirche am eindeutigsten hervorgeht.

Zur Frage des Altarsakraments

In dem Consilium 51 der ersten Consiliensammlung bestreitet Schürpf an einer Stelle, daß die Kirche das Recht habe, von sich aus festzusetzen, in welcher Art und Weise das Altarsakrament zu spenden sei[209]. Da Christus das Altarsakrament mit den Worten eingesetzt habe: „Nehmet hin und esset, das ist mein Leib" und „Trinket alle daraus, denn dies ist mein Blut..."[210], mithin die Auffassung Luthers von der Spendung des Abendmahls in beiderlei Gestalten bewiesen sei, könne die Kirche ihre Autorität nicht über die des Herrn stellen und die Spendung des Abendmahls in beiderlei Gestalten als Häresie verurteilen. Als weiteren Beleg für die Richtigkeit seiner Auffassung führt Schürpf ein Zitat des Papstes Gelasius an, der „mandavit et stricte praecepit, venerabile sacramentum sub utraque specie & nequaqam sub altera tantum sumendum esse"[211]. Die Meinung der überkommenen kirchlichen Lehrauffassung, daß nur der Priester in beiderlei Gestalten kommunizieren dürfe, lehnt Schürpf ab, da „in usu nulla est differentia" zwischen dem Priester und dem Laienstand. Der Priester spende zwar die Sakramente (bis auf das der Ehe), was der Laie nicht könne, aber im Genuß der Sakramente seien Priester- und Laienstand gleich. Er belegt diese Auffassung mit dem ersten Paulusbrief an die Korinther, 2. Kapitel.

Im Consilium 52[212] des ersten Bandes wiederholt Schürpf noch einmal seine Auffassung über das Verständnis des Altarsakraments.

Erörterung der Frage des Priesterstandes

Im Consilium 48[213] des ersten Bandes handelt Schürpf von den „personae ecclesiasticae". Seiner Ansicht nach sind die Kleriker von jeder Jurisdiktion der Laien und der Steuerpflicht gegenüber weltlichen Herrschern kraft göttlichen Rechts befreit, so daß nicht einmal der Papst sie

[209] Ebenda S. 93 „Nec contra istud institutum Christi etiam Ecclesia potest statuere, videlicet haeresim esse sub utraque specie Eucharistiam sumere, cum Christus & verbum eius non habeant autoritatem ab Ecclesia." Und S. 95 "Ecclesiam nec materiam nec formam Sacramentorum mutare posse."

[210] Matthäus 26, 27, 28.

[211] Ebenda S. 93.

[212] Ebenda S. 95.

[213] Ebenda S. 86.

der weltlichen Gerichtsbarkeit unterwerfen könnte[214]. Die weltlichen Fürsten seien in geistlichen Angelegenheiten den Bischöfen unterworfen. Das Wahlrecht der Bischöfe könne niemals von Laien ausgeübt werden, und nur der Papst könne einen Laien zum Besitz eines geistlichen Amtes fähig machen[215]. Hier widerspricht Schürpf der lutherischen These vom allgemeinen Priestertum der Gläubigen, die Ausgangspunkt für das von Luther geforderte Eingreifen der weltlichen Stände gegenüber der kirchlichen Hierarchie war[216].

Bedeutung der geistlichen Güter bei Schürpf

In den Consilia 48 und 90 des ersten Bandes[217] nimmt Schürpf zur Frage der geistlichen Güter Stellung. Er bestreitet der weltlichen Obrigkeit das Recht zum Eingreifen in geistliches Besitztum, da dieses kraft göttlicher Ordnung der Kirche zustehe. Nicht einmal der Kaiser sei befugt, darüber zu verfügen. Wer sich nicht an diese gottgewollte Ordnung der Verteilung der Besitz- und Eigentumsverhältnisse zwischen weltlicher und geistlicher Gewalt halte und die Kirchengüter einem weltlichen Zweck zuführe, der sei einem Räuber und Kirchenschänder gleichzuachten[218].

Daher sei ein obrigkeitlicher Eingriff in Kirchengut allenfalls als außerordentlicher und vorübergehender Beistand zu verstehen, der unter der Voraussetzung geleistet würde, die Kirchengüter ihrem eigentlichen guten Zweck nicht zu entfremden. Auf keinen Fall dürfe dabei das Eigentumsrecht der einzelnen kirchlichen Institute angetastet werden.

Auch bei der Beurteilung der Frage des Kirchengutes, die für die Protestanten entscheidend war, bleibt Schürpf auf dem Boden des kanonischen Rechts, das das Kirchengut dem gemeinen Rechtsverkehr entzog und für den profanen Gebrauch unfähig machte[219].

---

214 Ebenda S. 86 „Omnes personae Ecclesiasticae sunt exemptae a jurisdictione seculari, non solum de iure canonico, sed etiam Caesareo & civili, quae exemptio dicitur esse de iure divino."

215 Ebenda S. 150 und 151.

216 s. a. Köhler S. 38.

217 Ebenda S. 86 und 176.

218 Ebenda S. 176 „Bona appropriata Ecclesiis, dicuntur esse dedicata Deo, unde transferens ea ad usum prophanum, est fur, raptor, & sacrilegus"; siehe dazu auch Caus. XII. qu. 2. Und weiter: „Princeps summus, ut Imperator, etiam non habet facultatem disponendi de rebus Ecclesiae. Ecclesia nunquam moritur, sed semper est perpetua: item nec bona & res eius pro sustentatione deservientium Ecclesiae Ecclesiis, Hospitalibus, vel aliis piis locis data vel relicta ad aliquam certum usum, qui si tractu temporis desinat vel ex alia justa causa deficiat, debent tamen talia bona ad alium usum converti et non ad usum prophanum trahi."

219 Decr. Grat. CXVI. pars 1, qu. 7 et c. 30.

Behandlung des Eherechts in den Schürpf'schen Consilien

Im Consilium 57[220] des ersten Bandes erörtert Schürpf eherechtliche Streitfragen. Den Grundsatz von der Unauflöslichkeit der Ehe, den Luther mit Belegen aus der Heiligen Schrift verworfen hat[221], hält Schürpf im vollen Umfang aufrecht: „Perpetuitas matrimonii est de iure divino[222]."

Seine Auffassung über die für das Zustandekommen der Ehe notwendigen Voraussetzungen decken sich ebenfalls mit den Vorschriften des kanonischen Rechts. Nach kanonischem Recht unterschied man beim Zustandekommen der Ehe zwei Phasen, das Verlöbnis und die Eheschließung. In den Verlöbnisworten: „ego te accipiam" kam nach kanonischem Recht der in die Zukunft gerichtete Wille der Partner zur Eheschließung zum Ausdruck. Die Eheschließung selbst erfolgte durch die Worte: „ego accipio te"[223]. Luther hielt diese juristische Unterscheidung zwischen dem in die Zukunft gerichteten Heiratswillen und den verba de praesenti beim Eheschluß für Narrenspiel[224]. Er sah in den unterschiedlichen grammatikalischen Formen des „accipiam" und des „accipio" philologische Spielereien und stellte sich auf den Standpunkt, daß die Verlöbnisworte als sponsalia de praesenti aufzufassen seien. Dagegen nimmt Schürpf Stellung: „Solus consensus de praesenti facit matrimonium. Et est de substantia vinculi matrimonialis[225]."

Weiterhin forderte das kanonische Recht zur Gültigkeit der Eheschließung nur die übereinstimmende Willenserklärung beider Partner. Sonstige Erfordernisse, wie Eheschließung vor einem Geistlichen waren vor dem Tridentinum[226] zwar erwünscht wegen der durch die Publizität gegebenen Beweiskraft, aber für das rechtliche Zustandekommen nicht zwingend erforderlich[227]. Die nicht vor dem Priester, sondern heimlich eingegangenen Ehen nannte man klandestine Ehen[228].

---

220 Ebenda S. 107.

221 Da Luther die Sakramentsnatur der Ehe geleugnet hat (s. Lutherzitat bei Friedberg S. 388), mußte er die Gesetzgebung und die Ehegerichtsbarkeit staatlichen Organen zuweisen.

222 Ebenda S. 107.

223 Decr. Grat. c. 3 X de sponsa duorum 4, 4.

224 Köhler S. 41.

225 Ebenda S. 107.

226 Die Kirche versuchte in der späteren Zeit, den Abschluß der Ehe vor dem Priester mit kirchlichen Strafen zu erzwingen, aber auch die nicht vor dem Priester geschlossenen Ehen waren rechtlich bis zum „Decretum Tametsi" des Tridentinischen Konzils vollgültig. Siehe dazu auch Conrad S. 305 und 307; Liermann: Eherecht S. 109.

227 Papst Alexander III. (1159—1181) bestimmte, daß zur Wirksamkeit des Eheschlusses der Konsens beider Ehepartner genüge. Decr. Grat. c. 3. X 4, 4 und Innozenz IV. (1198—1216) in c. 10 X 4, 13.

228 Bis zum 4. Laterankonzil 1215 bezeichnete man die Ehen, die ohne Hinzuziehung der Priester eingegangen wurden, als „matrimonia clandestina", s. a. Wahl S. 11.

Luther stimmte zwar mit den Kanonisten darin überein, daß die übereinstimmende Willenserklärung beider Ehepartner für den Eheschluß das konstituierende Element sei, er verurteilte jedoch die sogenannten klandestinen Ehen, wobei er aber nicht die kanonistische Interpretation zugrundelegte. Luther verstand unter klandestinen Ehen solche Ehen, die von gewaltunterworfenen Kindern ohne Einwilligung der Eltern eingegangen wurden[229]. Im Falle mangelnder Zustimmung war für ihn die Ehe nichtig.

Gegen diese Auffassung wendet sich Schürpf im Consilium 1[230]: „. . . quod si aliqui contrahant occulte & clandestine, per verba de praesenti, matrimonium inter se dicitur verum & proprium, pro tanto, quod dissolvi non possit" und weiter: „Solus erga contrahentium consensus sufficit ad matrimonium, licet clam sit praestitus." „Quod non est de substantia matrimonii publicatio." Aus dem Gedanken der Unauflöslichkeit der Ehe ergibt sich für Schürpf die Unmöglichkeit einer Ehescheidung.

Im Falle der Unfruchtbarkeit der Frau entscheidet er sich für eine Trennung von Tisch und Bett, wie es auch das kanonische Recht vorsieht, eine Ehescheidung hält er für unzulässig[231]. Die kanonisch-rechtlichen Ehehindernisse erkennt Schürpf an, einschließlich des Ehehindernisses der Priesterweihe.

Schürpf weicht also auch in der rechtlich-theologischen Beurteilung der Ehe von Luthers Meinung ab und sieht das kanonische Recht als einzig legitime Regelung in dieser Frage an. Im übrigen entschied die kaiserliche Gesetzgebung noch 1548 auf dem Augsburger Interim, daß es zwar die sittliche Pflicht gewaltunterworfener Kinder sei, die elterliche Zustimmung zum Eheschluß einzuholen, daß diese aber rechtlich zum gültigen Zustandekommen der Ehe nicht notwendig sei.

Behandlung der kanonistischen Wucherverbote in den Schürpf'schen Consilien

Streitgegenstand zwischen den Reformatoren der calvinistischen Richtung und den Kanonisten war unter anderem die Frage, ob es erlaubt sei, Zinsen zu nehmen. Während das römische Recht Konventionalzinsen bis zu einer bestimmten Höhe zuließ und auch das Reichskammergericht einen mäßigen Zinssatz für rechtmäßig hielt[232], untersagte das kano-

[229] Im übrigen fordert auch Luther die Eheschließung vor der Gemeinde, s. a. Conrad S. 306.

[230] Ebenda S. 2.

[231] Ebenda S. 108 „Uxore propter fornicationem dimissa, separatio matrimonio quoad thorum & cohabitationem, tamen vinculum matrimonii manet".

[232] Köhler S. 59.

nische Recht die Erhebung von Zinsen als Wucher unter Androhung schwerer Kirchenstrafen im Falle der Übertretung[233]. Schürpf schließt sich ganz der kanonistischen Auffassung an[234]. Er versucht sogar zu beweisen, daß das römische Recht in Wahrheit die Erhebung von Zinsen nicht billige, da Justinian durch eine Novelle die Beschlüsse der vier Hauptkonzilien von Nicäa, Konstantinopel, Ephesus und Chalcedon anerkannt und damit auch das auf dem Konzil von Nicäa ausgesprochene Zinserhebungsverbot für verbindlich erklärt habe[235].

Im übrigen widerspreche das göttliche Recht der Zinseintreibung[236].

Der Überblick über einige von den Reformatoren angegriffene Materien der Theologie und des Corpus Juris Canonici in der Auffassung von Schürpf hat gezeigt, daß Schürpf dogmatisch in gewissen Punkten von der kirchlichen Lehrmeinung abgewichen ist, worin seine Häresie liegt, daß er aber im wesentlichen die Vorschriften des kanonischen Gesetzbuches weiter angewandt wissen wollte. Seine juristischen Anschauungen bleiben trotz der Wandlung des religiösen Bekenntnisses konservativ.

Im Antwerpener Expurgationsindex von 1571[237] sind einige der Schürpf'schen Consilien aus verschiedenen Sammlungen freigegeben worden. Sotomaior erlaubt seine in der Kirchhoff'schen Consiliensammlung abgedruckten Consilien[238].

ee) Melchior Clinch (Melchior Kling) 1504—1571

Verzeichnis seiner verbotenen Schriften

1. Löwener Katalog von 1546

Unter Buchstaben „M"[239]: „Melchior Clinc super quatuor libros Institutionum."

---

[233] c. 10—12. caus. XIV. qu. 4.

[234] Übrigens weicht Luther hier auch nicht vom kanonischen Recht ab.

[235] Centuria II. Consilium 3, S. 12 „Licet de iure civili usurae fuerint permissae, ut tot. tit. ff. de Cod. eod., et postea de iure Canonico et etiam in Authent. usque ad tit. de Ecclesia usque ad certum modum permissae et limitatae, hodie tamen per d. tit. § 1. de Eccl. tit. coll. 9, sunt etiam de iure civili prohibitae, ubi Christianiss. Justinianus mandat quatuor Consilia principalia servari. Sed in Conc. Niceno usurae fuerunt prohibitae, c. Quoniam, dist. 46 etc." S. 125 „Cognitio, utrum quis sit usurarius, pertinet ad indicem Eccl."

[236] Centuria II. Consilium 3 S. 11 „Usura iure divino prohibita".

[237] Ebenda S. 115.

[238] Im Expurgationsindex von Sotomaior von 1667 findet sich auf S. 744/45 folgende Eintragung: „Laurentius Kirchovius. Consilia sive responsa praestantissimorum iureconsultorum collecta quinque voluminibus & c. Francofurti, typis Joannis Saurii, 1605. Volumine primo, adhibenda in prima libri facie Kirchovio nota auctoris damnati, & operis permissi ..."

[239] Reusch: Index S. 38.

2. Löwener Katalog von 1550 und 1558

Unter Buchstaben „M" findet sich dasselbe Verbot wie 1546[240]: „Melchior Clinck super quatuor libros Institutionum."

3. Kataloge von Mailand und Venedig von 1554

Beide Bücherverbotsverzeichnisse verbieten alle Werke von Kling, da man ihn für einen Häretiker hält[241]: „Melchior Kling." Der Venezianische Katalog fügt noch in Klammern hinzu „jureconsultus". Hier wird das einzige Mal der Name Klings richtig geschrieben.

4. Index autorum et librorum 1558/59

In der ersten Klasse des Buchstabens „M" findet sich das Verbot[242]: „Melchior Clinch." Diese Schreibweise weicht wiederum etwas von den auf den lokalen Catalogi gewählten Formen ab. Die meiste Ähnlichkeit hat der Namensdruck mit den Löwener Verzeichnissen; es ist daher nicht unwahrscheinlich, daß die Kompilatoren des ersten römischen Index auch in diesem Fall vorwiegend auf den Löwener Katalogen fußen. Im Falle Kling hat wohl die viermalige Wiederkehr des Schriften- und Autorenverbots den römischen Zensoren Veranlassung gegeben, Kling als Häretiker anszusehen und ihn in die erste Klasse zu setzen.

5. Index librorum prohibitorum Pius IV. 1564

Das Verbot in der ersten Klasse des Buchstabens „M" wird wiederholt[243]: „Melchior Clinch."

6. Index librorum prohibitorum Clemens VIII. 1595/96

Clemens VIII. hat den Tridentinischen Index vollständig übernommen, wählt jedoch wieder eine andere Schreibweise[244]: „Melchior Clinch vel Mlinch." Zusätzlich werden von Kling in der zweiten Klasse des Buchstabens „M" zwei Schriften verboten[245]. „Melchior Klingius in praecipuos secundi libri Decretalium titulos, et in institutiones juris civilis."

Das Verbot gibt nur unvollständig die beiden Titel der gemeinten verbotenen Schriften wieder. Die Verstümmelung der beiden Buchtitel deutet darauf hin, daß den Zensoren die Bücher als Grundlage des Verbots nicht vorlagen. Sicher ist dies jedoch nicht, da man in der damaligen Zeit prinzipiell nicht auf bibliographische Vollständigkeit achtete. Auch kann der Verdacht nicht ausgeschlossen werden, daß man in Rom einer Denun-

---

[240] Reusch: Index S. 61.

[241] Reusch: Index S. 166.

[242] Reusch: Index S. 197.

[243] Reusch: Index S. 273.

[244] Da „Reusch: Index" nur den Appendix des Clementinischen Index abdruckt, wurde dieses Verbot durch den Kölner Abdruck des Clementinischen Index von 1597 ermittelt, wo es auf S. 40 zu finden ist.

[245] Reusch: Index S. 507.

ziation gefolgt ist, die die beiden verbotswürdigen Schriften Klings in dieser Form angab. Reusch[246] meint, die Zensoren des Clementinischen Index hätten das Verbot in dieser Form dem Verbotskatalog von Quiroga 1583 entnommen, es ließ sich jedoch in dem bei Reusch wiedergegebenen Abdruck des Index von Quiroga kein derartiges Verbot entdecken.

7. Index librorum prohibitorum Innozenz XI. 1704

Dieser Index gibt interessante Aufschlüsse über die Wertung, die die römischen Zensoren den beiden Verboten von 1558/59 und 1595/96 zugemessen haben.

Auf S. 191 des Index von 1704 finden sich folgende Eintragungen:

„Melchior Clinch vel Mlinch", dann folgt im Alphabet:

„Melchior Goldast, Melchior Hofmannus, Melchior Klingius in praecipuos secundi libri Decretalium titulos, et in institutiones juris civilis."

Daraus geht hervor, daß man in Rom die Namen Clinch vel Mlinch nicht mit dem Autor Klingius identifiziert hat. Dies konnte aus dem Clementinischen Index noch nicht ersehen werden, da die Verbote der ersten Indexklasse dort sowieso getrennt von den Einzelverboten der zweiten Indexklasse angeführt wurden.

Es kann weiter angenommen werden, daß die römischen Zensoren noch nicht einmal von dem seit 1546 verbotenen Institutionenkommentar Klings ausgegangen sind, als sie das Erste-Klasse-Verbot über den Häretiker Kling ausgesprochen haben, denn sonst hätte die Identität des Verfassers des Institutionenkommentars die Identität zwischen den Namen Clinch und Klingius offenbaren müssen.

8. Index librorum prohibitorum Gregors XVI. 1841

Der Index gibt die Korrekturen wieder, die Benedikt XIV. 1758 in seinem Index bereits veröffentlicht hat. Unter dem Namen Clinch oder Mlinch sind keine Verbote mehr zu finden, wohl aber unter dem Namen Kling[247].

„Kling, seu Klingius Melchior. Commentarii in praecipuos secundi libri Decretalium titulos. — App. Ind. Trid.

In quatuor Institutionum Juris Principis Justiniani libros Enarrationes. — App. Ind. Trid."

Die Wiederaufnahme des Verbot „Clinch vel Mlinch" in der ersten Klasse ist unterblieben. Es fragt sich, ob dadurch das Verbot Klings in der ersten Indexklasse aufgehoben ist.

Da die Indices von 1600 an nur noch deklaratorische Bedeutung haben, geben sie eine Rechtslage wieder, die durch Dekrete oder päpstliche Er-

[246] Reusch I S. 120.

[247] Reusch I S. 202.

lasse geschaffen worden ist. Es müßte also eine Entscheidung durch Dekret oder päpstlichen Erlaß vorhanden sein, die die Indizierung der ersten Klasse im Falle Kling aufgehoben hätte. Eine solche Entscheidung war nicht zu ermitteln, da seit 1664 die römische Kirche keine offizielle Sammlung von Dekreten publiziert hat. Es ist aber auch sachlich unwahrscheinlich, daß die Indizierung in der ersten Klasse bei Kling aufgehoben worden ist. Die Entscheidung, den Namen „Clinch vel Mlinch" nicht im römischen Index weiterzuführen, bezieht sich nur speziell auf einen Autor mit dieser Namensform. Daß diese Namensform nicht mit dem ursprünglich gemeinten Häretiker Melchior Kling identifiziert wurde, zeigt der Index von 1704. Die Nichtwiederaufnahme des Namens „Clinch vel Mlinch" trifft sonach keine Entscheidung über den im ersten und zweiten römischen Index in der ersten Klasse stehenden Autor Kling (Clinch), so daß dessen Indizierung durch die auf „Clinch vel Mlinch" bezügliche Entscheidung unberührt bleibt. Obwohl Melchior Kling seit 1758 nicht mehr als Häretiker der ersten Klasse in den Indexdrucken erscheint, muß er weiter in dieser Form als verboten angesehen werden. Daneben wirkt das spezielle Verbot fort, das sich auf seinen Institutionen- und Dekretalenkommentar bezieht.

Für die Zeit nach 1900 gelten die Leoninischen Regeln und bis zur Aufhebung des Index die Bestimmungen des CIC.

Überprüfung des Häresievorwurfs der Kirche anhand einer Lebensdarstellung Klings

Am 1. Dezember 1504 in Steinau an der Straßen (Grafschaft Hanau) geboren, studierte Kling ab 1528[248] in Wittenberg. Er hörte theoretische Vorlesungen bei Philipp Melanchthon, die Grundkenntnisse des positiven Rechts vermittelte ihm Hieronymus Schürpf, der seine Rechtsvorstellungen wesentlich beeinflußt hat[249]. Sein Übertritt zum Protestantismus ist nicht genau festzulegen. Sicher ist, daß ihn Melanchthon nicht nur in juristisch-pädagogischer Hinsicht beeinflußt, sondern vor allem in der Auslegung theologischer Texte vorbildhaft gewirkt hat[250]. 1533 promovierte Kling zum doctor iuris utriusque in Wittenberg[251], übernahm schon ein Jahr später die Lectura in Sexto und erhielt 1536 die mit dem Assessor-Amt am Wittenberger Hofgericht verbundene Lectura ordinaria in decretalibus[252]. Trotz lutherischer Gesinnung in rein theologischen Fragen hielt Kling — ähnlich wie Schürpf — an der Weitergeltung des kanonischen Rechts fest. Seit 1535 verwendete der Kurfürst Kling in

[248] Jugler Bd. 4 S. 2 nimmt dieses Datum als das wahrscheinlichste an.

[249] Stintzing, ADB. 16. S. 185.

[250] Kisch: Melanchthon S. 70; Muther: Rechtswissenschaft S. 149—151.

[251] Maldfeld S. 92.

[252] Stintzing, ADB. 16. S. 185.

politischen Missionen mit religiösem Hintergrund. 1536 wurde Kling neben anderen ausersehen, anstelle des verstorbenen sächsischen Kanzlers Christian Beyer in den religiösen Streitigkeiten zwischen Herzog Georg von Sachsen, der den evangelischen Adel hart unterdrückte, und dem Kurfürsten Johann Friedrich, der seinerseits gegen seine römisch-katholischen Untertanen vorgegangen war, schiedsrichterlich zu entscheiden[253]. Im Jahre 1546 wurde er als Gräflich Mansfeldischer Rat nach Eisleben geschickt, um dort die zwischen den evangelischen und katholischen Grafen entstandenen Meinungsverschiedenheiten zu schlichten. Auch Luther beteiligte sich an der Beilegung der Auseinandersetzungen, geriet dabei aber in ernsthaften Streit mit Kling, dem er schließlich drohte, ein Buch gegen die „goldenen und silbernen Juristen" zu schreiben[254], weil diese die zur Entscheidung anstehenden Rechtsfälle oft zu ihrem Vorteil und aus Geiz verzögerten.

Um 1553 trat Kling in den Dienst des Erzbischofs Sigismund von Magdeburg. In den Hallischen Beyträgen[255] wird berichtet, daß Kling sogar die Übersetzung der Augsburger Konfession in die griechische Sprache veranlaßt habe.

Am 25. Februar 1571 starb er in Halle.

Der Lebensüberblick zeigt, daß Kling als Protestant vom Kurfürsten oft zur Schlichtung von politisch-religiösen Streitigkeiten verwendet wurde, trotzdem aber in seinen Anschauungen gemäßigt blieb, was ihm häufig den Unwillen Luthers einbrachte. Er stand zwar eindeutig auf der Seite der Evangelischen und bekannte sich offen — nicht zuletzt durch seine politischen Missionen — zum lutherischen Bekenntnis; es fragt sich aber, ob sich seine Gesinnung in religiösen Fragen auch in seinen juristischen Schriften ausgewirkt hat.

Überblick über das Schrifttum Melchior Klings

Klings juristische Bedeutung liegt in der Übertragung der Melanchthon'schen dialektischen Methode auf die Rechtswissenschaft, worin ihm schon Johann Apel vorangegangen war. Es ist uns überliefert, daß Melanchthon Kling ein vollständiges Kollegheft über den „Methodus iuris" ausgearbeitet und überlassen hat[256]. Der Niederschlag dieser methodologischen Ideen Melanchthons ist unverkennbar in den beiden indizierten Schriften, dem Institutionenkommentar und dem Kommentar zu den Dekretalen und auch im sächsischen Landrecht (vgl. S. 136) zu bemerken. Von Melanchthon hat Kling den Gedanken übernommen, den Rechtsstoff

---

[253] Jugler Bd. 4 S. 2.

[254] Jugler Bd. 4 S. 3.

[255] Hallische Beyträge Bd. 2 S. 152.

[256] Kisch: Melanchthon S. 70.

nach rationalen Gesichtspunkten zu gliedern, um so zur dahinterstehenden Rechtsidee vorstoßen zu können[257].

Das Studium der platonischen Philosophie, verbunden mit der römischen Rhetorik, vermittelt Kling die Erkenntnis, daß die ratio legis auf der Bestimmung der Begriffe (definitio), ihrer Zusammenfassung und Trennung (divisio), den Ursachen (causa) und ihrer Wirkung (effectus) beruht[258]. Diese Methode hatte Melanchthon schon in seinen „loci communes" für die Theologie ausgearbeitet, und Kling zeigt seine Abhängigkeit deutlich im Titel I „De iustitia et iure" seiner Enarrationes[259]: „Quia Ius tam Methodice tradi potest, quam ulla alia artium. Si enim methodice tradi significat per locos dialecticos duci, ut definiendo, dividendo, quaerere causas, effectus, cognata et pugnantia, ut vult Aristoteles ..." Die durch Melanchthon vermittelten Vorstellungen vom rationalen Aufbau und System zur Durchdringung eines beliebigen wissenschaftlichen Stoffes richten sich jedoch als solche nicht gegen katholische Glaubensinhalte. Sie sind zunächst losgelöst von bestimmten sachlichen Vorstellungen und frei von Angriffen gegen Lehrmeinungen der katholischen Kirche. Die kirchlichen Bücherzensoren haben auch tatsächlich keine Einwendungen gegen die Einführung dieser Methode in die Jurisprudenz vorgebracht. Dies geht aus der Freigabe der methodischen Schriften Hegendorphs auf dem Antwerpener Expurgationsindex hervor, die ebenfalls starke Anlehnungen an die Melanchthon'sche dialektische Methode zeigen.

Die Expurgationen, die zu den Schriften Klings angefertigt worden sind, zeigen ebenfalls keine Anhaltspunkte dafür, daß die Expurgatoren die von Melanchthon angeregte wissenschaftliche Methode beanstandet hätten.

Von allen Schriften Klings haben nur der Institutionenkommentar, der Dekretalenkommentar, der „Tractatus matrimonialium causarum" und die „Explicatio et continuatio titulorum Juris civilis et canonici" Expurgationen erfahren, wobei zu bemerken ist, daß der Ehetraktat eine etwas erweiterte monographische Publikation des Titels 10: „De nuptiis" aus den Enarrationes darstellt. Quelle aller Expurgationen ist wieder der Antwerpener Expurgationsindex von 1571[260]. Diesen hat Brasichellen wörtlich übernommen[261]. Mascaregnas 1624[262] und Sotomaior[263] 1667 haben die Antwerpener Fassung ebenfalls anerkannt und in ihren Verzeichnissen abgedruckt.

---

[257] Vogel S. 28.

[258] So auch Stintzing S. 307; Vogel S. 60.

[259] In quatuor Institutionum Iuris Civilis, Justiniani libros Enarrationes. Francofurti: Egenolph 1543.

[260] Dort S. 123—126.

[261] Dort Sp. 679—681.

[262] Dort S. 901.

[263] Ebenda S. 792, zweite Klasse.

Die Expurgationen ergeben, daß Kling — obwohl von ihm gesagt wird, er sei heftig für die Beibehaltung des kanonischen Rechts eingetreten — in einigen Fragen doch in gewisser Weise von der kanonistischen Gesetzesinterpretation abgewichen ist.

1. In quatuor Institutionum Iuris civilis Justiniani libros Enarrationes. Francofurti: Egenolph 1543[264].

Brasichellen legt die Ausgabe Lugduni: Miralliet 1550 zugrunde, die in den Seitenzahlen nicht mit der Frankfurter Ausgabe von 1543 übereinstimmt.

Besonders beanstandet wird im Institutionenkommentar der Titel 10 „De nuptiis". Kling erörtert hier das Eherecht aus protestantischer Sicht. Bei der Prüfung der Frage, ob eine ohne elterliche Erlaubnis eingegangene Ehe gewaltunterworfener Kinder Gültigkeit habe oder nicht, stellt Kling die Meinungen der Theologen den kanonistischen Ansichten gegenüber, ohne sich jedoch selbst zu entscheiden. Diese sehr breit angelegte Auseinandersetzung theologisch-lutherischer Argumentationen und kanonistischer Auffassungen (3 Folioseiten) wird in der Expurgation vollständig gelöscht[265].

Klings Fragestellung eingangs lautet: Soll der Konsens der Eltern grundsätzlich beim Eheschluß gefordert werden und hat ein Ehekontrakt, der ohne elterliche Einwilligung zustandegekommen ist, Rechtswirksamkeit? Den ersten Teil der Frage läßt Kling offen. Er gesteht sowohl Juristen wie Theologen zu, gute Gründe für ihre Auffassungen zu haben, besonders beeindruckt ihn der Einwand der Theologen, daß eine ohne elterliche Einwilligung geschlossene Ehe gegen das vierte Gebot verstoße und damit sündhaft sei. Bei der Erörterung des zweiten Teils der Frage unterscheidet Kling die Rechtsfolgen, die nach dem Eheschluß eintreten, je nachdem, ob die copula carnalis bereits vollzogen ist oder nicht. Bei vollzogener copula carnalis bestehe zwischen Juristen und Theologen Einigkeit darüber, daß die Ehe nicht mehr aufgelöst werden darf. Anders sei es im zweiten Fall.

Hier verteidigten die Kanonisten die freie, vom elterlichen Konsens unabhängige Willensentscheidung der Kinder in Verbindung mit der Betonung der Sakramentsnatur der Ehe, während die Theologen in Anlehnung an das römische Recht den Eltern das Recht zubilligten, die Ehen ihrer gewaltunterworfenen Kinder aufzulösen, wenn sie ohne ihre Einwilligung geschlossen wurden. Kling bezieht keine eigene Stellungnahme.

---

[264] Die Expurgation der Enarrationes wird dem Expurgationsindex von Brasichellen entnommen.

[265] Brasichellen gibt S. 47 der Lyoner Ausgabe an, sie entspricht den Seiten 19b—20b der Frankfurter Ausgabe.

Die zweite zu expurgierende Stelle bezieht sich auf die Erörterung des Problems der Ehescheidung wegen Desertion des einen Ehegatten[266]. Sowohl Theologen wie Juristen stützten sich hierbei auf die gleiche Textstelle, den ersten Paulusbrief an die Korinther 7, 15.

Die Kanonisten wendeten diese Stelle nur auf die Trennung eines ungläubigen (Heiden) von einem gläubigen Ehepartner an, die Paulus für möglich und gerechtfertigt ansieht. Sie argumentierten weiter, daß Paulus unter keinen Umständen eine Ehe zwischen getauften Christen meine, da die Kirche ja immer von ihrem Recht Gebrauch machen könne, den Gläubigen zur Rückkehr zu zwingen, nie aber derartige Rechte gegenüber Ungläubigen habe. Dagegen behaupteten die protestantischen Theologen, die Textstelle eröffne dem treuen Ehegatten die Möglichkeit, eine neue Ehe einzugehen, wenn der andere (auch gläubige) Ehegatte ihn böswillig verlassen habe und trotz Aufforderung nicht zurückgekehrt sei. Eine selbständige Entscheidung Klings zu dieser Frage fehlt auch hier.

Es schließt sich dann im Kapitel „De redintegratione" eine Erörterung über die Frage an, ob unschuldig Geschiedene sich wiederverheiraten können. Dieses Kapitel muß in der Expurgation ebenfalls wegfallen[267].

Außer den aufgeführten eherechtlichen Beanstandungen werden keine Einwendungen erhoben. Bemerkenswert ist, daß die objektive Gegenüberstellung von Meinungen der Kanonisten und der evangelischen Theologen zu löschen ist, obwohl sich Kling nicht zu der lutherisch-theologischen Auslegung bekannt hat.

Ursache für diese Maßnahme war wohl die Befürchtung der Zensoren, die Leser des Institutionenkommentars könnten durch die Gegenüberstellung von häretischen und orthodoxen Ansichten verwirrt werden und sich unter Umständen der häretischen Auffassung anschließen.

Die allgemeinen Ansichten Klings zur Geltung des kanonischen Rechts für das protestantische Eherecht und die von ihm herausgearbeitete Abhängigkeit des kanonischen Rechts vom Neuen Testament kommen in der Expurgation nicht zum Ausdruck.

Kling ist zwar der Ansicht, daß das kanonische Recht Grundlage des protestantischen Eherechts bleiben müsse, weil der Kaiser das kanonische Recht als einzige verbindliche Rechtsquelle in Ehesachen anerkannt habe und überdies jahrhundertelange Gewohnheit für die Anwendung des kanonischen Rechts in Ehesachen spreche[268], die Bestimmungen des

[266] Brasichellen gibt S. 56 der Enarrationes an, in der Frankfurter Ausgabe findet sich die Stelle auf S. 23b.

[267] Brasichellen gibt S. 58 der Enarrationes an, in der hier benutzten Ausgabe handelt es sich um S. 24b—25a.

[268] Auf S. 13a der Enarrationes in der Frankfurter Ausgabe von 1543.

kanonischen Rechts seien aber immer an den Regeln des Neuen Testaments zu überprüfen und im Falle des Widerspruchs gehe das Neue Testament dem kanonischen Recht vor[269]. So sieht Kling im Neuen Testament keine Bestimmung, wonach Priester keine Ehe eingehen dürfen; konsequenterweise läßt er bei der Darstellung der Ehehindernisse das impedimentum der Priesterweihe weg[270]. Dieser Widerspruch zum kanonischen Recht kommt in der Expurgation nicht zum Ausdruck.

2. Tractatus matrimonialium causarum, impressus Francofurti apud Christophorum Egenolphum 1533. Von dieser Ausgabe geht die Expurgation aus[271], die hier benutzte Ausgabe ist in Frankfurt bei den Erben Egenolphs 1559 erschienen.

Inhaltlich stellt der Tractatus eine etwas erweiterte Fassung des Titels 10 „De nuptiis" aus den Enarrationes dar, deshalb sind die Beanstandungen in der Expurgation ähnlich wie in den Enarrationes. Neu hinzugekommen ist die Vorrede, in der Kling seine Einstellung zum kanonischen Recht in Ehesachen bekanntgibt. Er beruft sich wieder auf das kanonische Recht als des Reichs gemeines Recht: „Sum autem in hoc scripto Ius canonicum secutus, quod hoc tempore Imperii Romani in concipiendis sententiis causarum matrimonialium usitatum ius est[272]."

Im übrigen seien die anderen, theoretisch noch in Frage kommenden Gesetze wie das vormosaische Gewohnheitsrecht, das mosaische Gesetz und das Ius civile nicht mehr ausreichend. Beispielsweise erlaube das Gesetz Moses die Ehescheidung unter bestimmten Voraussetzungen und gestatte dem verlassenen Teil die Eingehung einer neuen Ehe, dagegen habe aber Christus in Matthäus 19, 9 gesagt: Wer seine Frau entläßt und eine andere heiratet, der bricht die Ehe. Aber auch das ius civile dürfe dann nicht angewandt werden, wenn es das Konkubinat gestatte, denn diese Form des Zusammenlebens verbiete das Neue Testament. Oberste Richtschnur für die Anwendbarkeit gesetzlicher Bestimmungen des kanonischen Rechts und anderer Gesetze sei das Neue Testament. Aus diesem Grund müsse selbst das kanonische Gesetz weichen, wo es nicht im Einklang mit den Bestimmungen des Neuen Testaments stehe: „Ergo eadem ratione abjiciendum est Ius canonicum, cum contra scripturam prohibeat quibusdam personis, ut clericis, & aliis propter vota coniugia & ..."

---

269 Ebenda S. 12b, 13 „... per christianos Imperatores causae matrimoniales ad cognitionem Episcoporum reiectae sunt, ut ipse secundum ea, quae in Novo Testamento disposita sunt, indicent ..."

270 So auch Mejer S. 156.

271 Expurgationsindex von Brasichellen S. 679—680.

272 An der staatsrechtlichen Verbindlichkeit des römischen und kanonischen Rechts als des Reichs gemeinen Rechten hat sich bis 1555 nichts geändert. So auch Heckel: Decretum Gratiani S. 514 und Schwerin-Thieme S. 256.

An diesem Satz nehmen die Expurgatoren insoweit Anstoß, als nur die Wendung „contra scripturam“ wegfallen muß[273].

Die Annahme Klings, das kanonische Recht könne möglicherweise im Gegensatz zu der Heiligen Schrift stehen, widerspricht der kirchlichen Lehrmeinung.

Sodann erörtert Kling kurz Anliegen und Aufbau seiner Arbeit, z. B. die rechtliche Regelung der Heirat Unmündiger, die Möglichkeit der Scheidung wegen Ehebruchs oder böswilligen Verlassens, für Kling Dinge, die nach göttlichem Recht kontrovers sind. Diese Bemerkung wird ebenfalls gelöscht[274]. Das Verbot der Ehe von Klerikern lehnt Kling ab: „Nos indicamus nuptias indistincte omnibus tam clericis quam laicis, exceptis eunuchis, permissas esse[275].“ Dann folgt die inhaltliche Expurgation, die den Verbesserungen zu dem Titel 10 der Enarrationes entspricht.

Das Vorwort zum Eherechtstraktat zeigt deutlich den Anspruch des Humanisten auf eigenes und selbständiges Quellenstudium. Aus der Verbindung mit dem Protestantismus ergibt sich eine von kanonistischen Autoritäten emanzipierte Interpretation des kanonischen Rechts, wobei die Regeln des Neuen Testaments die Richtschnur für die Auslegung aller Gesetze bilden.

3. Commentaria in praecipuos secundi libri antiquorum Decretalium titulos. Lugduni: Iunta 1551. Diese Ausgabe legt Brasichellen zugrunde, hier lag die Frankfurter Ausgabe durch Egenolph 1550 vor. Diese erstmals auf dem Clementinischen Index verbotene Schrift Klings wird nur schwach korrigiert.

Als erstes muß der Widmungsbrief an den Erzbischof Johann Albert von Magdeburg gelöscht werden. Zur Begründung gibt Brasichellen an[276]: „quia principium epistolae nuncupatoriae parum sanae doctrinae convenit, tollatur tota epistola nuncupatoria“. Am Anfang hat Kling hervorgehoben, daß es notwendig sei, in der Kirche die Lehre vom Wesen Gottes, von der Gerechtigkeit und dem ewigen Leben neu abzugrenzen von der ebenfalls gottgewollten politischen Ordnung. Dieser Aspekt wird von Kling in der Einleitung ausführlich behandelt.

Sodann löscht die Expurgation die Stelle im Inhaltsverzeichnis des Kommentars, die die Abhandlung über die Möglichkeit einer Wiederverheiratung nach rechtsgültiger Ehescheidung ankündigt. Entsprechend

---

273 Brasichellen gibt S. 1, lin. 20, 21 an, das Exemplar von 1559 hat keine Seitenzählung.

274 Brasichellen zitiert S. 1 lin. 37, 38 des Dekretalenkommentars von 1551.

275 Brasichellen zitiert S. 2 lin. 7, 8 des Dekretalenkommentars von 1551.

276 Auf Sp. 680 des Expurgationsindex von Brasichellen.

werden dann auch die im Text folgenden Ausführungen über die Ehescheidung gestrichen[277].

4. Explicatio & continuatio titulorum Juris civilis & canonici. Bei dieser kleinen Schrift gibt der Expurgationsindex kein Impressum an, hier lag die Ausgabe „Coloniae: Birckmann 1561" vor.

Kling gibt darin kurze Erläuterungen zu den Titeln des Codex und den Dekretalen. Während der Codexkommentar völlig unbeanstandet bleibt, korrigieren die Expurgatoren zwei Stellen im Dekretalenteil[278]. Im Titel 7 „De Sacramentis & ritibus Ecclesiasticis" geht Kling nicht von sieben Sakramenten, sondern nur von der Taufe und dem Abendmahl aus und folgt hierin Luthers Thesen. Er erwähnt diese Theorie noch einmal weiter unten, daher muß auch diese Stelle wegfallen.

Damit ist die Reihe der expurgierten Werke Klings abgeschlossen. Es soll jedoch noch ein kurzer Blick auf das letzte große Werk Klings geworfen werden. Es handelt sich um:

„Das Gantze sechsisch Landrecht mit Text und Gloß in eine richtige Ordnung gebracht durch Melchior Klingen. Leipzig 1572."

Das sächsische Landrecht ist Herzog August von Sachsen gewidmet und behandelt in vier Teilen die Rechtsverhältnisse der Personen, den Prozeß, das dingliche Recht und die peinlichen Sachen. Das Werk ist in der für Kling typischen Methode bearbeitet. Im Hinblick auf seine Indizierung als Häretiker ist der erste Teil der Schrift besonders interessant. Kling behandelt hier die Zweischwerterlehre[279]. Er lehnt die Auffassung ab, daß das geistliche Schwert über dem weltlichen stehe, andernfalls — so argumentiert Kling — müsse es eine Apellation vom Kaiser an den Papst in allen Rechtsstreitigkeiten geben, wogegen sich aber schon Papst Alexander ausgesprochen habe. Geistliches und weltliches Schwert stünden vielmehr gleichberechtigt nebeneinander (dist. 10. quoniam & 22. q. 3. quaesitum)[280]. Kling geht dann auf die Bedeutung der Konstantinischen Schenkung ein, die sich seiner Meinung nach in Sachsen nicht rechtlich auswirkt: „Aber diese Text thun im Sechsischen boden gar nichts."

Zusammenfassend ist festzustellen, daß Kling sich als protestantischer Professor für kanonisches Recht an der Universität Wittenberg im allgemeinen für die Beibehaltung des kanonischen Rechts eingesetzt hat. Sein lutherisches Glaubensbekenntnis hat ihn nicht dazu veranlaßt, we-

---

[277] Brasichellen zitiert S. 119 des Dekretalenkommentars von 1551, hier S. 99a, 99b der Ausgabe von 1550.

[278] In der Ausgabe, die Brasichellen zugrundelegt, S. 137, in der Ausgabe von 1561 S. 127.

[279] Ebenda S. 22a und b.

[280] Ebenda S. 23.

sentliche Neuerungen auf den Rechtsgebieten durchzusetzen, die Luther einer weltlichen Regelung unterwerfen wollte.

ff) Conradus Lagus (Konrad Lagus) Ende des 15. Jahrhunderts bis 1546

Verzeichnis seiner verbotenen Schriften

1. Löwener Katalog von 1546

Unter Buchstabe „C“ wird folgende Schrift von Konrad Lagus verboten[281]: „Juris utriusque methodica tractatio Conradi Lagi.“

2. Löwener Kataloge von 1550 und 1558

Unter Buchstabe „C“ erscheint dasselbe Verbot wie 1546[282]: „Conradi Lagi Juris utriusque methodica traditio.“ Obwohl sich einige Schreibfehler eingeschlichen haben, handelt es sich um dieselbe Schrift, die der Löwener Katalog von 1546 verboten hat.

3. Katalog der Sorbonne von 1547[283]

Unter dem Buchstaben „L“ findet sich die ausführliche Eintragung[284]: „Ex libris Conrardi Lagi. Methodica juris utriusque traditio, omnem omnium titulorum tam pontificii quam caesarei juris materiam et genus glossarum, item et interpretum abstrusiora vocabula scienter et summatim explicata, postremo et judiciarii ordinis modum ad practicam forensem accomodatum complectens, ex ore doctissimi viri D. Conrardi Lagi jurisconsulti adnotata atque in gratiam et singularem utilitatem studiosorum nunc recens excusa et aedita. Parisiis 1545.“

4. Katalog des Giovanni della Casa 1549

Hier wird ein Gesamtschriftenverbot ausgesprochen[285]: Tutte le opere di Corrado Lagio.“

5. Kataloge von Mailand und Venedig 1554

Unter dem Buchstaben „C“ findet sich in beiden Bücherverbotskatalogen ein Gesamtschriftenverbot: „Conradus Lagus“[286], der Venezianische Katalog fügt in Klammern an „jureconsultus“.

6. Index autorum et librorum 1558/59

In der ersten Klasse des Buchstabens „C“[287] werden unter Namensnennung: „Conradus Lagus“ alle Schriften von Konrad Lagus verboten.

[281] Reusch: Index S. 36.

[282] Reusch: Index S. 54.

[283] Das Verbot von 1547 erscheint ebenfalls auf den zeitlich folgenden Katalogen der Sorbonne.

[284] Reusch: Index S. 104.

[285] Reusch: Index S. 138.

[286] Reusch: Index S. 154.

[287] Reusch: Index S. 181.

Dem Verbot des ersten römischen Index sind bereits drei Gesamtschriftenverbote vorausgegangen, so daß anzunehmen ist, daß sich die römischen Zensoren der übereinstimmenden Qualifizierung des Konrad Lagus als Häretiker angeschlossen haben.

7. Index librorum prohibitorum Pius IV. 1564

Der Tridentinische Index wiederholt das Verbot des ersten römischen Index in der ersten Klasse des Buchstabens „C“: „Conradus Lagus“[288].

8. Index librorum prohibitorum Clemens VIII. 1595/96

Das Verbot des Lagus in der ersten Indexklasse wird von Clemens VIII. aufrechterhalten, hinzu kommt in der dritten Klasse des Buchstabens „M“[289] „Methodica juris utriusque traditio“. Auf welche Weise dieses Verbot der seit 1546 immer wieder indizierten Lagus-Schrift in die dritte Indexklasse kommt, kann nicht geklärt werden. Vielleicht sind von der sehr beliebten Schrift des 16. Jahrhunderts auch anonyme Nachdrucke erschienen, die die römischen Zensoren zu einem speziellen Verbot veranlaßt haben.

9. Index librorum prohibitorum Gregors XVI. 1841

Nach der Benediktinischen Indexrevision sind die bei Clemens VIII. noch nicht zusammenstehenden Verbote, die Lagus betreffen, zusammengeführt worden.

„Lagus Conradus. 1. Cl. Ind. Trid.

Methodica juris utriusque traditio. App. Ind. Trid.[290].“

Die Korrektur zeigt, daß Benedikt XIV. durch Überprüfung des Verbots der methodischen Schrift des Index von 1595/96 die Verfasserschaft von Lagus ermittelt hat. Für die Zeit von 1900 bis 1966 gelten die Leoninischen Regeln und die Bestimmungen des CIC.

Überprüfung des Häresievorwurfs der Kirche anhand einer Lebensdarstellung des Konrad Lagus

Konrad Lagus (zu deutsch Hase oder Häse) wurde Ende des 15. Jahrhunderts zu Kreutzberg in Hessen geboren[291]. Er studierte klassische Philologie und Philosophie in Leipzig und Wittenberg. Von 1552 bis 1540 lebte er in Wittenberg und wirkte dort als Privatlehrer der hebräischen, griechischen und lateinischen Sprache. Nebenbei beschäftigte er sich in selbständigen Studien mit der Theologie. Mit Hilfe der erworbenen philologischen und philosophischen Grundkenntnisse gelangte Lagus durch ein gründliches Bibelstudium zu umfassenden theologischen Kenntnissen.

---

[288] Reusch: Index S. 256.

[289] Reusch: Index S. 567.

[290] S. 206 des Gregorianischen Index von 1841.

[291] Stintzing, ADB. 17. S. 522; Muther: Lagus S. 394.

Er war somit in der Lage, sich ein eigenes Urteil über die theologischen Streitfragen der Zeit zu bilden, und entschied sich letztlich im lutherischen Sinne.

Seinen Privatunterricht dehnte er nun auch auf die theologische Disziplin aus. Autodidaktisch drang Lagus in das Studium der Jurisprudenz ein, das er betrieb, um seinen Zöglingen die Grundkenntnisse der Institutionen beizubringen[292].

Während seines Bautzener Aufenthaltes im Jahre 1527 — Lagus verlegte seinen Wirkungsort nach Bautzen, weil in Wittenberg die Pest wütete — hielt Lagus Privatvorlesungen über das Evangelium des Apostels Marcus. Im darauffolgenden Jahr wurde er in Wittenberg Magister artium, wodurch er Mitglied der Artistenfakultät wurde. Seine Vorlesungen — eine ordentliche Professur hat er nie erhalten — erstreckten sich nicht nur auf philologische Disziplinen, sondern auch auf die Exegese von Bibelstellen. Dadurch erlangte er bald den Ruf, Wesentliches zur dogmatischen Untermauerung und zur Verbreitung des evangelischen Glaubens geleistet zu haben[293].

Dennoch vernachlässigte Lagus nicht seine juristischen Studien, er vervollkommnete seine Kenntnisse, hielt Privatvorlesungen und arbeitete als Advokat[294]. In den Unterrichtsstunden diktierte er seinen Schülern ein systematisch aufgebautes Kompendium der Rechtswissenschaft unter Berücksichtigung des ius civile und des ius canonicum, das hinsichtlich seiner Methode für das 16. Jahrhundert revolutionär gewesen ist. Dieses Kompendium erhielt später im Druck den Titel „Methodica juris utriusque traditio“[295]. In Wittenberg eckte Lagus mit seiner neuen Unterrichtsmethode an. 1538 erging ein kurfürstliches Reskript, wonach private Vorlesungen in iure unterbunden werden sollten, wenn die Dozenten keinen ordentlichen Studiengang durchgemacht hätten und gegen die traditionelle Lehrmethode vorgingen[296]. Offensichtlich sollte hierdurch Lagus getroffen werden. Als Urheber des Reskripts wurde im allgemeinen Hieronymus Schürpf vermutet, dessen Lehrvortrag sich in traditionellen Bahnen vollzog und dessen einflußreiche Stellung in der Wittenberger juristischen Fakultät schon hervorgehoben wurde.

Durch Vermittlung Melanchthons wurde Lagus von Wittenberg als Syndikus nach Danzig berufen (1539/40). Dort soll er aktiv an der Verbreitung der evangelischen Religion teilgenommen haben[297]. Am 7. November 1546 starb er in Danzig.

---

[292] Muther: Lagus S. 395.
[293] Muther: Lagus S. 396.
[294] Stintzing, ADB. 17. S. 523.
[295] Darüber ausführlich bei der Besprechung seiner Schriften.
[296] Muther: Lagus S. 398.
[297] Muther: Lagus S. 412.

Der Lebensüberlick zeigt, daß Lagus durch die selbständige Beschäftigung mit der Heiligen Schrift in die Theologie eingedrungen war und sich als Folge eigener Erkenntnis der lutherischen Lehre angeschlossen hat. Er hat die evangelische Konfession in Vorlesungen und politisch in Danzig vertreten und verbreitet.

Überblick über das Schrifttum des Konrad Lagus

Zu Lebzeiten des Konrad Lagus ist nur eine große Schrift von ihm erschienen, die schon mehrmals erwähnte „Methodica juris utriusque traditio“[298]. Das Werk ist nach einem abgeschriebenen Vorlesungsdiktat von dem Drucker Egenolph in Frankfurt 1543 nachgedruckt worden, ohne daß Lagus vorher oder nachher sein Einverständnis zum Druck gegeben hätte. Lagus distanzierte sich vielmehr zu allen Zeiten von dem unrechtmäßigen Verhalten Egenolphs, das er in verschiedenen Briefen an Egenolph[299] und in einer Schrift mit dem Titel „Protestatio Cunradi Lagi, adversus improbam suorum commentariorum de doctrina iuris editionem ab Egenolpho factam. Gedani 1544“ zum Ausdruck brachte. Darin betont Lagus, daß er seinen Zuhörern die Vorlesung nur für private Zwecke diktiert und immer die Veröffentlichung ausgeschlossen habe. Außerdem schäme er sich der vielen äußerlichen und inhaltlichen Fehler, die der Druck aufweise und die ihm nun zugerechnet würden.

Es fragt sich, ob diese Protestatio des Lagus irgendeine Folge hinsichtlich des Indexverbots auslöste. Dazu ist zu sagen, daß es bei der Würdigung der Verbotswidrigkeit einer Schrift der Kirche nicht darauf ankommt, ob das Exemplar überhaupt gedruckt worden ist. Vielmehr meinen die Verbote regelmäßig nicht nur gedruckte Exemplare, sondern auch Manuskripte. Zu diesem Vorlesungsmanuskript hat sich Lagus bekannt, er wollte nur keine Verbreitung durch den Druck, damit ihm in Kollegenkreisen nicht der Vorwurf unsorgfältiger Arbeit gemacht werden konnte, den er durch Vervielfältigung eines Schülerheftes befürchten mußte. Die Zeit, eine eigene Überarbeitung der Methodica herauszugeben, fehlte ihm. Da sich Lagus also nur von der Fehlerhaftigkeit der Wiedergabe seines Vorlesungsdiktats im Druck durch Egenolph distanzierte, nicht

[298] Hier wurde das Exemplar: „Juris utriusque traditio methodica. Cum summariis & scholiis Justini Gobleri. Basileae 1553“ benutzt. Wie beliebt das Lehrbuch des Konrad Lagus im 16. Jahrhundert gewesen ist, sollen die ermittelten Auflagen zeigen: Methodica juris utriusque traditio. Francofurti: Egenolph 1543. = 1. Auflage. Weitere Ausgaben nach Ort und Jahr: Lugduni: Gryphius 1544, 1545, 1546, 1566, 1592. Parisiis: Gryphius 1545. Lovanii: Gravius 1550. Hier handelt es sich um ein expurgiertes Exemplar! Basileae: 1553 (Herausgeber J. Gobler). Johann Thomas Freigius hat das Werk unter dem Titel „Partitiones juris utriusque, e Conradi Lagi methodo expressae et multis mendis purgatae. Basileae: Henricpetri 1571“ publiziert. Muther: Lagus S. 421 erwähnt noch weitere Ausgaben bis ins 17. Jahrhundert hinein. Trotz der Indizierung wurde die Schrift sehr gebraucht und immer wieder aufgelegt.

[299] Muther: Lagus S. 415.

aber den Inhalt als solchen und die Methode der Darstellung in Abrede stellte, muß ihm mit der nötigen Vorsicht das gedruckte Exemplar der Methodica zugerechnet werden.

Man könnte natürlich die Spekulation anschließen, ob Lagus jemals in einen Bücherverbotskatalog aufgenommen worden wäre, wenn Egenolph das Vorlesungsmanuskript nicht gegen den Willen des Urhebers veröffentlicht hätte. Aber auch in diesem Fall wäre Lagus nach den allgemeinen Regeln als Häretiker mit absolutem Schriftenverbot von der kirchlichen Bücherzensur getroffen worden.

Die vielumstrittene Schrift stellt ein Kompendium des Zivilrechts dar[300], das in Anlehnung an die dogmatisch-dialektische Richtung Philipp Melanchthons und Johann Apels in systematischem Zusammenhang die Rechtsmaterien unter Berücksichtigung der Quellen des römischen ius civile und des ius canonicum zusammenstellt.

Die Neuerung gegenüber den traditionellen Lehrbüchern liegt in der dogmatischen Darstellung systematisch geordneter Rechtsmaterien. Lagus folgt — ähnlich wie Kling — dem Vorbild Melanchthons. Lagus ist einer der ersten, der von der Fallbehandlung abgeht und ein System des Rechts sucht, das er in Anlehnung an die verlorengegangene Schrift Ciceros: „De iure civili in artem redigendo" finden will. Cicero hält die Durchgliederung der Rechtswissenschaft im Anschluß an die platonische Ideenlehre[301] für eine „ars omnium artium"[302]. Aufgabe dieser ars iuris ist es, „rem universam tribuere in partes, latentem explicare definiendo, obscuram explanare interpretando, a ambigua primum videre, deinde distinguere, postremo habere regulam, qua vera et falsa indicarentur, et quae quibus praepositis essent quaeque non essent consequentia"[303].

Die rationale Gliederung des Rechtsstoffes in der von Cicero beschriebenen Weise ist für die Jurisprudenz besonders durch Melanchthon, Apel, Kling und Lagus[304] erschlossen worden.

Es hat sich jedoch schon im Falle Kling gezeigt, daß die Methode der Darstellung der Rechtswissenschaft von den Expurgatoren unbeanstandet geblieben ist. Daher kommt es auch hier auf den Inhalt der Schrift an.

Die Antwerpener Expurgation von 1571 weist auf ein expurgiertes Exemplar hin, das 1550 in Löwen von dem Buchdrucker Bartholomaeus Gravius gedruckt worden ist[305] und das in dieser Form überall gelesen

---

300 Der Hauptinhalt ist privatrechtlich, jedoch werden auch das Strafrecht und der Zivil- und Strafprozeß behandelt.

301 Schaffstein S. 198.

302 Aus v. Lübtow S. 232.

303 Aus v. Lübtow S. 232.

304 Kisch: Melanchthon S. 46.

305 S. 113 des Antwerpener Expurgationsindex.

werden dürfe. Diese Ausgabe wird auch in Jöchers Gelehrtenlexikon[306] nachgewiesen, sie war jedoch weder in Belgien noch in einer dem deutschen Leihverkehr angeschlossenen Bibliothek zu finden. Deshalb muß der Versuch unternommen werden, einige Stellen aufzuzeigen, von denen mit Sicherheit anzunehmen ist, daß sie nicht mit der kanonistischen Lehrmeinung übereinstimmen.

In der philosophisch gehaltenen Einleitung der Methodica erläutert Lagus sein Anliegen. Die „doctrina iuris" hat nach Lagus zwei Aufgaben. Sie soll einmal die Rechtsgründe überhaupt untersuchen (pars philosophica) und zum anderen die einzelnen Rechtsinstitute (pars historica) erklären. In pars I behandelt Lagus die Entstehung des Rechts, die Formen, in denen sich Rechtsgrundsätze dokumentieren (positives Gesetz, Gewohnheitsrecht), die Auslegung von Gesetzen, Analogie und Fiktion. Seine Erörterung des Naturrechts ist im Hinblick auf die Indizierung besonders interessant. Er hält noch an der üblichen Einteilung des aus der menschlichen Natur entspringenden Rechtes in ein ius naturale primaevum und ein ius naturale secundum fest, das die Vernunft nach dem Sündenfall an die Seite des ius primaevum gesetzt hat[307]. Bei der Darstellung des ius divinum weicht Lagus von der herkömmlichen Doktrin der Kanonisten ab.

Nach Lagus beschränken die Kanonisten zu Unrecht das Ius divinum auf die Offenbarung des Evangeliums, da es viele leges vere divinae gebe, die im Evangelium nicht ausgesprochen seien. So definiert er das Ius divinum als das Recht, das dem Willen Christi entspricht und von der menschlichen Vernunft zum Schutze der Gesellschaft gefordert wird. Mit dieser Meinung nähert sich Lagus stark der rationalistischen Auffassung; er weicht übrigens auch erheblich von der Naturrechtskonzeption Melanchthons und Oldendorps ab, die im wesentlichen noch von mittelalterlichen Vorstellungen geprägt ist.

Im Kapitel 7 der pars I „De obligatione iuris" polemisiert Lagus gegen den Zölibat der Priester[308]. Er ist darin einer Meinung mit Luther und Kling, die im Evangelium keine Stelle entdecken können, die den Zölibat der Priester rechtfertige.

Im historischen Teil (partes I bis VI) untersucht Lagus das Personenrecht, das Recht von Erwerb, Veräußerung und Verlust von Sachen, das Vertrags- und Obligationenrecht, Klagen und Einreden, den Prozeß, Privilegien und Wohltaten.

Über die Stellung des Papstes handelt Lagus in Pars 6, cap. 4 „De privilegiis pontificae potestatis"[309]. Lagus stellt folgende Thesen auf:

---

306 3. Ergänzungsband Sp. 1060.
307 Pars I, cap. III, bes. S. 8 und 9.
308 Ebenda S. 28.
309 Ebenda S. 929 ff.

Der Papst maße sich Universalitätsgewalt aus den christlichen Lehren an. In der Heiligen Schrift stehe jedoch das Christuswort: „Mein Reich ist nicht von dieser Welt." Damit sei die Kirche auf den rein geistigen Bereich verwiesen[310].

Der Papst habe keine Gesetzgebungsgewalt und könne auch keine neuen Glaubenssätze aufstellen[311]. Die Konzilien hätten zwar den Primat des Papstes vor den übrigen Bischöfen bestätigt, aber nur, damit dieser das Glaubensgut verwalte und bewahre. Daraus könne der Papst nicht das Recht zu absoluten Entscheidungen in der Auslegung von Glaubensfragen ableiten[312]. Es liege somit auch nicht in seiner Macht, Sünden zu vergeben, da die Erlösung der Sünder durch das Leben und Sterben Christi vollbracht worden sei. Zu den Hauptaufgaben des Papstes gehöre vielmehr, das Auseinanderstreben von Mitgliedern der Kirche zu verhindern und an der Einheit der Kirche festzuhalten[313].

Lagus vertritt auch das Recht der Absetzung des Papstes, „si pertinaciter aliquid contra fidem catholicam tueatur aut doceat"[314]. Lagus will also nicht generell die Abschaffung des Papsttums, sondern er erwägt diese Maßnahme nur für bestimmte Fälle.

Auch in der Behandlung des Eherechtes weicht Lagus stärker als Kling von der kanonistischen Doktrin ab und nähert sich der lutherischen Auffassung. In pars 3. cap. 22 „De nuptiis"[315] bestätigt Lagus, daß das kanonische Recht in 27. q. II. ca. sufficiat § 27. c. II. ca. ulti & extra das elterliche Einverständnis bei der Eheschließung gewaltunterworfener Kinder nur ratione honestatis non necessitatis kenne, er verlangt aber, daß alle Rechtsvorschriften im Einklang mit theologisch-ethischen Vorstellungen interpretiert werden und neigt zu der Auffassung, auch bei Anwendung des kanonischen Rechts die elterliche Einwilligung vor Eingehung einer Ehe zu fordern[316].

Lagus spricht sich auch gegen heimlich geschlossene Ehen aus und hält eine Scheidung der Ehe bei Ehebruch oder böswilligem Verlassen für möglich. Aber auch Lagus glaubt, nicht auf das kanonische Recht als Ganzes verzichten zu können, da er dieses insbesondere auf dem Gebiet des Prozeßrechts für unentbehrlich hält[317].

---

[310] Ebenda S. 929 „Vicarii Christi in terris non debent captare dominia mundi" und weiter „Claves Christus, non sceptrum Ecclesiae dedit".

[311] Ebenda S. 929 „Papa non habet potestatem quidlibet constituendi in Christiano orbe" und S. 930.

[312] Ebenda S. 930 „Papae solius non est iudicium cognoscendi de doctrina".

[313] Ebenda S. 930 „Unitas ecclesiarum conservanda summa cura".

[314] Ebenda S. 934.

[315] Ebenda S. 398 ff.

[316] Ebenda S. 399 „Itaque videntur canones etiam in requirenda voluntate parentum sequendi".

[317] Pars 5 „De iudiciis" Cap. 1.

Die ausgewählten Rechtsmaterien (Stellung des Papstes, Eherecht, Naturrechtskonzeption), die von theologischer Seite durch die Protestanten besonders heftig angegriffen wurden, zeigen in der Bearbeitung von Lagus eine entschiedene Abkehr von der traditionellen, staatsrechtlich verankerten Geltung des kanonischen Rechts auf diesen Gebieten. Seiner für richtig erkannten theologischen Konzeption ordnet er die juristischen Rechtssätze in der Weise unter, daß er theologische Erkenntnisse als notwendige Interpretationshilfe zur Auslegung des kanonischen Gesetzbuches heranzieht.

2. Compendium juris civilis et Saxonici. In gründlicher, ordentlicher außzug, begriff und einhalt des Keys. und Sächsischen Rechten. durch Cunradum Lagum verfasset und vorhin in Druck nicht außgangen, jetzt aber mit fleisse übersehen, in 6 Bücher und Titel distribuiert ... durch Joachimum Gregorij von Prietzen. Magdeburg: Francken 1597.

Das Kompendium ist lange nach dem Tode des Konrad Lagus herausgegeben worden. Bis auf die Methodica handelt es sich dabei um die einzige theoretische Schrift, die unter dem Namen des Lagus erschienen ist und heute nachgewiesen werden kann. Sie ist nicht expurgiert worden. Das Kompendium enthält eine Darstellung des deutschen Rechts auf Grund des Sachsenspiegels und des sächsischen Weichbildes in der schon von der Methodica her bekannten Methode des Lagus. Es ist in deutscher Sprache abgefaßt[318]. Eine Konfrontation kanonistischer und protestantisch-theologischer Lehrmeinungen ist hier unwahrscheinlich, da Lagus sich streng an den Text des Sachsenspiegels und des Weichbildes hält. Im 2. Buch, Titel 8[319] bemerkt Lagus, es sei nicht seine Sache, in diesem Buch vom kanonischen und römischen Recht zu sprechen und die Stellung des Papstes und der Bischöfe zu untersuchen. Im 4. Buch, Titel 10 „Von der Ehe“[320] bestätigt er nochmals seine Absicht, nicht von des Reichs gemeinen Rechten zu handeln. Bei der Abfassung des Sachsenspiegels habe das Institut der Ehe unzweifelhaft zur kirchlichen Zuständigkeit gehört, da die Kirche nach Kaiser Konstantin immer mehr Zuständigkeiten ursprünglich weltlicher Angelegenheiten an sich gezogen habe. Die geistliche Zuständigkeit in Ehefragen sei begründet worden mit der Sakramentsnatur der Ehe. Obwohl nun aber nachweislich gerade die Ehesachen — er spielt auf die Regelungen im Justinianischen Gesetzbuch an — anfangs von der weltlichen Obrigkeit geregelt wurden, habe das Sachsenrecht die Zuständigkeit der Kirche zur Normierung von Ehesachen voll anerkannt und sich daher einer eigenen Regelung enthalten. Daher müsse er, Lagus, zu den Sachgebieten, die das Sachsenrecht mit

---

318 Muther: Lagus gibt ausführlich auf S. 405—409 den Inhalt der Bücher und Kapitel wieder.

319 Ebenda S. 82 des Compendiums.

320 Ebenda S. 205 des Compendiums.

Rücksicht auf andere Rechtskreise nicht geregelt habe, schweigen, da er sich nur mit dem Sachsenrecht befasse.

Gelegentliche Seitenhiebe auf die katholische Kirche, die jedoch in der Regel sachfremd sind, kann der Autor im Kompendium des Sachsenrechts jedoch nicht unterdrücken.

Lagus hat als überzeugter Protestant seine theologischen Erkenntnisse zur Auslegung kanonistischer Rechtssätze herangezogen. Vor allem in seiner methodischen Schrift zeigen sich starke Abweichungen von der katholisch-orthodoxen Lehrmeinung.

gg) Joannes Oldendorpius (Johann Oldendorp) 1488—1567

Verzeichnis seiner verbotenen Schriften

1. Löwener Katalog von 1546

Unter Buchstabe „O“[321]: Joannis Oldendorpii Progymnasmata forensia.“

2. Löwener Kataloge von 1550 und 1558

Dasselbe Verbot findet sich hier unter Buchstabe „J“: „Joannis Oldendorpii Progymnasmata forensia[322].“

3. Dekret der Kölnischen Provinzialsynode von 1549/50

Hier werden alle Bücher Oldendorps verboten[323].

4. Katalog des Giovanni della Casa 1549

Auch hier werden „tutte le opere di Giovanni Oldendorpio“[324] verboten.

5. Mailänder Katalog von 1554

Unter dem Buchstaben „J“ wird nur eine Einzelschrift von Oldendorp verboten[325]: „Joannes Oldendorpius in sacram Scripturam.“

6. Venezianischer Katalog von 1554

Unter dem Buchstaben „J“ wird hier ein allgemeines Schriftenverbot ausgesprochen: „Joannes Oldendorpius (jureconsultus)[326].“

7. Index autorum et librorum 1558/59

In der ersten Klasse des Buchstabens „J“[327]: „Joannes Oldendorpius“.

Die sieben vorausgegangenen Verbote haben die römischen Zensoren wahrscheinlich veranlaßt, in Oldendorp einen Häretiker zu sehen. Es

[321] Reusch: Index S. 38.
[322] Reusch: Index S. 58.
[323] Reusch: Index S. 78.
[324] Reusch: Index S. 139.
[325] Reusch: Index S. 162.
[326] Reusch: Index S. 162.
[327] Reusch: Index S. 191.

liegt nahe anzunehmen, daß in Rom zumindest die italienischen Verzeichnisse eingesehen worden sind.

8. Index librorum prohibitorum Pius IV. 1564

Der Tridentinische Index wiederholt das Verbot in der ersten Klasse des Buchstabens „J“: “Joannes Oldendorpius[328].“

9. Index librorum prohibitorum Gregors XVI. 1841

Seit 1564 ist das Verbot in der ersten Klasse des römischen Index ohne Zusätze oder Änderungen mitgeführt worden.

„Oldendorpius Joannes 1. Cl. ind. Trid.[329].“

Für die Zeit von 1900 bis 1966 ist wieder auf die Leoninischen Regeln und die Bestimmungen des CIC zu verweisen.

Überprüfung des Häresievorwurfs der Kirche anhand einer Lebensdarstellung Oldendorps

Johann Oldendorp zählte zu den bedeutendsten Juristen, die das Reformationsjahrhundert hervorgebracht hat. Oldendorp, 1488 in Hamburg geboren, wurde dort im Hause seines Onkels, des Historikers Albert Krantz[330] erzogen, der ihm nicht nur Grundkenntnisse in den „humaniora“ vermittelte, sondern ihn auch als magister decretalium in das kanonische und römische Recht einführte[331]. Albert Krantz unterließ es nicht, den jungen Oldendorp auf die Mißstände in der Kirche aufmerksam zu machen.

Noch vor seinem zwanzigsten Lebensjahre beschäftigte sich Oldendorp insbesondere mit Aristoteles und Cicero. 1504 besuchte er die Universität Rostock, um dort Rechtswissenschaft zu studieren. Er wechselte bald nach Köln, studierte in Italien und promovierte schließlich 1515 zum Lizentiaten[332]. Nach beendetem Rechtsstudium folgte er einem Ruf nach Greifswald (1516), um dort die Institutionen zu lesen[333]. In Greifswald machte sich Oldendorp bald einen sehr guten Namen als Professor des römischen Rechts. In diese Zeit fällt seine erste Konfrontation mit den 95 Thesen Luthers, die dieser im Jahre 1517 in Wittenberg verkündet hatte. Nach kurzer Lehrtätigkeit in Frankfurt a. d. Oder kehrte Oldendorp als ordinarius legum wieder nach Greifswald zurück, um dort bis 1526 zu wirken. Er verkehrte viel mit den lutherischen Prädikanten Johannes Aepinus und Hermann Bonnus, die ihn veranlassen, sich ein-

[328] Reusch: Index S. 267.

[329] Gregorianischer Index von 1841 S. 275.

[330] Der Historiker Albert Krantz steht seit 1595/96 mit einigen Schriften in der 2. Klasse des römischen Index.

[331] Wolf: Rechtsdenker, Oldendorp S. 141; Krabbe S. 375.

[332] Stintzing S. 312.

[333] Kosegarten I S. 172.

gehender mit den lutherischen Schriften zu befassen[334]. Die Überzeugung von der Richtigkeit der lutherischen Interpretation der Heiligen Schrift ließ ihn bald aktiv für die Verbreitung des neuen Glaubens tätig werden. Oldendorp mischte sich in Kämpfe und öffentliche Auseinandersetzungen mit der starken katholischen Partei in Greifswald ein, deren Druck er schließlich weichen mußte.

1526 ging er als Syndikus nach Rostock, wo der von ihm sehr bewunderte Magister Joachim Slüter als Vorkämpfer für die Reformation schon einige Zeit wirkte[335]. Hier stellte Oldendorp seine Lehrtätigkeit zugunsten einer aktiven politisch-religiösen Laufbahn zurück, deren Ziele Sieg des Luthertums und Herstellung gerechter politischer Verhältnisse in der Stadt Rostock waren. Als Haupt der reformatorischen Partei[336] und Syndikus der Stadt verfaßte er eine „Ordnung des Rats in Religionssachen" vom 30. 12. 1530, die in etwas geänderter Form gesetzliche Grundlage der Durchführung der Reformation im Jahre 1531 gewesen ist[337]. Seine Tätigkeit zur Ausbreitung der Reformation in Rostock wurde jedoch bald von katholischer und protestantischer Seite mit Mißtrauen verfolgt. Oldendorp mußte es sich gefallen lassen, beim Herzog Heinrich der „zwinglianischen Ketzerei" angeklagt zu werden. Obwohl der Herzog sich in dieser Sache hinter Oldendorp stellte[338], erreichte schließlich die katholische Partei bei dem katholisch gesinnten Nachfolger, Herzog Albrecht, die Verhaftung Oldendorps. In dieser Lage folgte Oldendorp dem schon wiederholt an ihn ergangenen Ruf als Syndikus der Stadt Lübeck[339], ohne formell aus den Diensten der Stadt Rostock entlassen worden zu sein.

In Lübeck regierte zu dieser Zeit der protestantische Bürgermeister Jürgen Wullenwever, der sich energisch für die Durchführung und Sicherstellung der Reformation und die Befestigung eines demokratischen Regiments[340] einsetzte. Oldendorp unterstützte Wullenwevers religiöse und politische Ziele mit ganzer Kraft[341]. Nach Wullenwevers Sturz hielt sich Oldendorp noch kurze Zeit in Lübeck, was ihn politisch zwielichtig erscheinen ließ, wandte sich dann 1536 nach Frankfurt a. d. Oder, wo er wieder seine Lehrtätigkeit aufnahm, und folgte endlich 1538 einem Ruf an die Universität Köln, wohin ihn der reformfreudige Kurfürst und

---

[334] Dietze S. 49.

[335] Krabbe S. 376.

[336] Freybe S. 3.

[337] Wolf: Rechtsdenker, Oldendorp S. 142.

[338] Wolf: Rechtsdenker, Oldendorp S. 142.

[339] Freybe S. 3.

[340] Stintzing S. 314; s. a. bei Thieme in: Gedächtnisschrift für Fritz Rörig, S. 349—375.

[341] Fock S. 262.

Erzbischof Hermann von Wied berufen hatte. Die Hoffnungen Oldendorps, auch Köln für die Reformation zu gewinnen, scheiterten jedoch[342].

Hermann von Wied wurde vom Papst zur Rechenschaft gezogen und Oldendorp beim Rat der Stadt angeklagt, aus der Hand des Theologen Meinertzhagen den Kelch empfangen zu haben[343]. Der Rat der Stadt entschied gegen Oldendorp und kündigte ihm Gehalt und Dienst[344].

Oldendorp nahm daraufhin die ihm vom hessischen Landgrafen, Philipp dem Großmütigen, angebotene Professur in Marburg an, die er während seiner Kölner Zeit schon einmal kurzfristig verwaltet hatte. Im protestantischen Marburg genoß Oldendorp hohes Ansehen. Hier heiratete Oldendorp zum zweiten Mal[345]. Den Vorwurf der Bigamie wies er mit Bibelzitaten zurück, wobei er Luthers Unterstützung fand[346].

In Marburg wirkte Oldendorp noch zwanzig Jahre als Rechtslehrer bis zu seinem Tode am 3. Juni 1567.

Oldendorp hat sein Leben der Durchführung und Etablierung der Reformation gewidmet[347]. Seine Bemühungen um die Verbreitung der Reformation in Norddeutschland stellen ihn an die Seite der Wittenberger Reformatoren[348].

Sein Bekenntnis zum Protestantismus und seine Tätigkeit zur Verbreitung des von ihm als einzig richtig erkannten Glaubensbekenntnisses begründen den Häresietatbestand.

Überblick über das Schrifttum Oldendorps

Stintzing[349] nennt Oldendorps Stellung innerhalb der deutschen Rechtswissenschaft des 16. Jahrhunderts eine zentrale. Dieses Urteil gründet sich auf die Erfassung der Zusammenhänge von Religion und Recht, die in der Naturrechtskonzeption Oldendorps zum Ausdruck kommt, die Bearbeitung des römischen Rechts unter Berücksichtigung seines Wesens und seiner sittlichen Aufgabe, die ihn an die Seite der Humanistenjuristen Budaeus und Cantiuncula stellt, und schließlich auf seine Staatslehre, der lutherisch-sozialtheologische Gedanken zugrundeliegen[350].

Die Untersuchung kann sich im einzelnen nicht mit allen Schriften Oldendorps befassen. Vorwiegend sollen wiederum die Werke Berücksichtigung finden, die expurgiert sind.

---

342 Strieder X S. 113; Hartzheim S. 190.
343 Dietze S. 59; Landsberg, ADB. 24. S. 265.
344 Freybe S. 8.
345 Strieder X S. 117.
346 Dietze S. 60.
347 Jensen S. 205.
348 Maurer in RGG Bd. 4 Sp. 1624.
349 Stintzing S. 311.
350 Wolf: Rechtsdenker, Oldendorp S. 154.

Im Antwerpener Expurgationsindex von 1571[351] sind sechs Werke expurgiert worden, die der römische Expurgationsindex von Brasichellen übernommen hat[352]. Hier werden folgende Werke expurgiert:

1. Libellus de exeptionibus, impressus 1552 nihil habet mali. Am Schluß der Expurgation[353] wird wohl noch einmal dasselbe Buch ohne Verbesserungen erlaubt: „Liber de exceptionibus iuris, admittitur." Gemeint ist beide Male offensichtlich das „Enchiridion exceptionum forensium", das in der zweiten Auflage in Marburg 1552 erschienen ist[354].

2. Isagoge iuris naturalis impressa Lugduni per Gryphium 1546. Die grundlegende naturrechtliche Schrift Oldendorps expurgiert Brasichellen in ihrem auch selbständig erschienenen Teil „ad leges 12 tabularum" auf S. 637, der übrige Teil des Werkes wird auf S. 639 korrigiert.

3. In libello de copia verborum & rerum in Iure civili, impress. Lugduni a Sebastiano Gryphio 1543[355].

4. De iure singulari & re iudicata per Gryphium quoque impress[356].

5. In collatione Iuris civilis, & Canonici, impressum Coloniae apud Joannem Gymnicum 1541[357].

6. In libro de iure & aequitate, impress. in primo lib. Oceani iuris, Lugduni 1549[358].

Im Expurgationsindex von Sandoval 1614 ist die „Isagoge" in der Ausgabe „Antwerpen: Goinus 1539" inhaltlich übereinstimmend mit der Antwerpener Expurgation[359] expurgiert worden.

Zusätzlich fällt bei Sandoval der vorausgehende Widmungsbrief „Antonius Goinus ad Hugonem" weg.

Sodann wird die vom Löwener Katalog erstmals 1546 verbotene Schrift „Actionum Forensium Progymnasmatis, Francofurti: Hofmann 1608" verbessert[360].

Die bei Brasichellen (Antwerpen) vorgenommenen Expurgationen anderer Schriften Oldendorps werden bei Sandoval nicht mehr übernommen.

Mascaregnas (1624) übernimmt ohne Änderungen die Expurgation von Sandoval[361].

---

351 S. 118—122 des Antwerpener Expurgationsindex.

352 Brasichellen S. 637—640. Diese Ausgabe wird im folgenden zugrundegelegt.

353 S. 640 bei Brasichellen.

354 Stintzing S. 334.

355 Brasichellen S. 637.

356 Brasichellen S. 639.

357 Brasichellen S. 639.

358 Brasichellen S. 640.

359 Sandoval S. 541.

360 Sandoval S. 542.

361 Mascaregnas S. 815—816.

Sotomaior (1667) schließt sich ebenfalls Sandoval und Mascaregnas an, gibt aber noch zusätzlich die Schrift „Interpretatio L. Diffamari. C. de ingenu manu ad eandem L. Basileae, ex officina Episcopiana 1579" zum Lesen frei[362]. Oldendorps Consilien in der Kirchhoffschen Sammlung können auch ohne Expurgation gelesen werden[363].

1. Enchiridion exceptionum forensium. 1. Auflage Coloniae 1540[364]. Im Enchiridion zählt Oldendorp die wichtigsten Prozeßeinreden auf und analysiert sie nach Begriff und Ursache.

Dieses Werk wird bei Brasichellen und in Antwerpen unbeanstandet gelassen.

In neuer, erweiterter Auflage erscheint es unter dem Titel „Actionum forensium progymnasmata. Coloniae 1543"[365].

Es wird wegen einiger dem kanonischen Recht widersprechenden Stellen in den Löwener Katalogen von 1546, 1550 und 1558 einzeln verboten, aber bei Sandoval und Sotomaior expurgiert.

In diesem umfassenden Werk erläutert Oldendorp in sieben Klassen die Klagen des Zivilrechts. Er folgt zwar der Einteilung der Pandekten, hält sich aber nicht genau an die dort angegebene Materienfolge. Oldendorp führt folgende Klagen auf:

1. Actiones ad judicia pertinentes.
2. Actiones ad controversiam possessionum pertinentes.
3. Actiones de dominiis et quasi dominiis.
4. Actiones ex contractibus et quasi contractibus[366].
5. Actiones per quas ultimae voluntates conservantur.
6. Actiones de damnis injuria datis competunt.
7. Actiones de maleficiis.

In der Klasse 4, Actio 9 S. 455[367] spricht sich Oldendorp für eine verzinsliche Rückzahlung bei Verzug aus und stützt diese Rechtsansicht auf die „consuetudo". Diese Meinung wird gestrichen.

In der Klasse 4, Actio 26 S. 592—595 muß der Titel „Defensiones rei conventi" wegfallen. Oldendorp erörtert hier eherechtliche Probleme. Er stellt eingangs zwei Fragen: Ob eine Ehe ohne elterlichen Konsens

[362] Sotomaior S. 641—642.

[363] Sotomaior S. 744—745.

[364] Benutzte Ausgabe: „Opera. Basileae: Hervagius 1559. Tom. I. S. 295 ff.

[365] Benutzte Ausgabe: Francofurti: Hofmann 1627.

[366] Die Schrift ist auch selbständig erschienen u. d. T.: „Actiones juris, quae ex omnibus inter vivos commerciis ad dirimendas lites proponuntur. Marp. 1541."

[367] Es wird die Expurgation in der Ausgabe bei Mascaregnas S. 815, 816 zugrundegelegt, die in den Seitenzahlen mit der Ausgabe von 1627 übereinstimmt.

rechtsgültig ist und welche Rechtsfolgen sich aus der Beantwortung der ersten Frage für die „dos" ergeben? Nicht nur Kling und Lagus, auch Oldendorp hat zum Eherecht aus protestantischer Sicht Stellung genommen.

Oldendorp untersucht verschiedene römische Schriftsteller auf ihre Ansichten zur Frage des elterlichen Konsenses hin und glaubt, bei den meisten eine positive Haltung zu dem Problem feststellen zu können. Obwohl das Bibelwort in Matthäus 19, 6: „Was Gott verbunden hat, das soll der Mensch nicht trennen" einen scheinbaren Gegensatz zum Erfordernis des elterlichen Konsenses darstelle, kläre die Stelle Kapitel 13, 1 des Römerbriefes des Apostels Paulus die Matthäus-Stelle, wo es heiße: „Jeder unterwerfe sich der obrigkeitlichen Gehalt, denn es gibt keine Obrigkeit außer von Gott, und die bestehenden sind von Gott angeordnet." Unter Berufung auf diese Bibelstelle entscheidet sich Oldendorp schließlich für die Notwendigkeit des elterlichen Konsenses zur Rechtswirksamkeit der Ehe gewaltunterworfener Kinder[368]: „Eos autem coniungit Deus, qui secundum praecepta legum, consensu parentum contrahunt nuptias, quia leges sunt ordinato Dei."

Er erörtert weiter die Frage, ob ein Verlöbnis einer Eheschließung vorausgehen müsse, und lehnt dieses Erfordernis schließlich mit Luther ab[369]: „Matrimonium potest esse sine praeparatoriis sponsalibus ex more tamen optimo non contemnendis." Im Gegensatz zu Schürpf und Kling überträgt Oldendorp die lutherischen Anschauungen über die Notwendigkeit des elterlichen Konsenses bei der Eheschließung gewaltunterworfener Kinder und über die Nutzlosigkeit der Unterscheidung zwischen den sponsalia de futuro und den sponsalia de praesenti auf die juristische Ebene.

In der Klasse 5, Actio 2 S. 657 muß wieder die Meinung Oldendorps getilgt werden, nach der ein angemessener Zinssatz zulässig ist.

In der „Tabula actionum quotidianarum, de sponsalibus"[370] setzt Oldendorp sich noch einmal zusammenfassend für den Wegfall der sponsalia de futuro ein und für den elterlichen Konsens.

Ein andermal muß eine abfällige Bemerkung über das Mönchsleben gestrichen werden[371].

2. Isagoge juris naturalis ... 1. Auflage Coloniae 1539, benutzte Ausgabe in Tom. I der Opera. 1559. S. 1 ff.

Die hier in Lehrbuchform entwickelten Grundlagen eines naturrechtlichen Systems haben einen literarischen Vorgänger in der auf deutsch

---

[368] Ebenda S. 596.
[369] Ebenda S. 596.
[370] Ebenda S. 983.
[371] Klasse 5, Actio 4 S. 675.

abgefaßten Schrift Oldendorps: „Wat byllick un recht ys, eyne korte erklaring, allen stenden denstlick. Rostock: Dietz 1529“[372], die sich an die richterliche Praxis richtet und als Erstlingsschrift auf naturrechtlichem Gebiet angesehen wird[373]. Diese Schrift wird nicht expurgiert, doch zeigen die Verbesserungen zu der Isagoge, daß die Kirche an der naturrechtlichen Konzeption Oldendorps nur wenig auszusetzen fand.

In der Isagoge fordert Oldendorp, daß die Interpretation des gesamten Rechts vom Naturrecht ausgehe. Es sei daher nötig, mit dem Studium des ius naturale zu beginnen und dann auf das ius civile überzugehen. Den Begriff des Naturrechts leitet er aus der Ciceronischen Definition unter Abweisung des von Ulpian aufgestellten Satzes: „Ius naturale est, quod natura omnia animalia docuit“ her. Demgegenüber meine Cicero: „est ratio summa insita in natura, quae jubet ea quae facienda sunt, prohibetque contraria[374]. Das Naturrecht sei göttlichen Ursprungs und zugleich mit dem Menschengeschlecht entstanden. Da die menschliche Erkenntnis des Guten mit dem Sündenfall aber verdunkelt sei, habe Gott den Menschen zehn Gebote gegeben, die absolute Richtschnur für die Interpretation menschlichen Verhaltens sind[375].

Dann folgt die Aufzählung und Kommentierung der zehn Gebote unter Berücksichtigung derjenigen Rechtsinstitute des Zivilrechts, die sich auf die zehn Gebote zurückführen lassen. Die göttlichen Gebote sind die Quelle des Zwölftafelgesetzes der Römer, aus dem wiederum das römische Zivilrecht abgeleitet wird.

Oldendorp teilt die zehn Gebote in drei Gruppen ein, wobei sich die erste Gruppe auf das Verhältnis Mensch-Gott bezieht, die zweite Gruppe die Beziehungen zwischen den Menschen untereinander regelt und die dritte Gruppe das Verhältnis Mensch-Sache normiert.

Danach ist z. B. das erste Gebot Quelle aller Gesetze[376] über Religion, Kultus, Zeremonien für Heiden und Christen. Für die Interpretation der Gesetze fordert Oldendorp Übereinstimmung des Gesetzinhalts mit den religiösen Anschauungen.

Die zweite Gruppe (Gebote 4 bis 8)[377] regelt die politischen und sozialen Beziehungen der Menschen zueinander.

Zum Beispiel vergleicht Oldendorp die Pflicht der Staatsbürger, den Anordnungen der Obrigkeit Folge zu leisten, mit der Gehorsamspflicht der Kinder den Eltern gegenüber, die im vierten Gebot ausgesprochen

[372] Benutzt wurde der mit einer Einleitung von A. Freybe versehene Nachdruck der Ausgabe im Jahre 1894.
[373] Freybe S. 21.
[374] Ebenda S. 3.
[375] Ebenda S. 8.
[376] Ebenda S. 8.
[377] Ebenda S. 9—12.

ist[378]. Die Obrigkeit ist nach der Oldendorpschen Darstellung von Gott eingesetzt, was zur Folge hat, daß alle Zwangsgewalt der Obrigkeit göttlichen Ursprungs ist.

Anläßlich der Darstellung des fünften Gebots fordert Oldendorp[379] Nächstenliebe und als Folge daraus verurteilt er Beleidigung und Verleumdung und den Krieg der Konfessionen gegeneinander. Jedoch rechtfertigt er aus dem fünften Gebot alle staatlichen Strafbestimmungen. Das Strafrecht sieht er als ein Vergeltungsstrafrecht.

Im sechsten Gebot setzt sich Oldendorp für die Einehe ein[380]. Bei der Behandlung des siebten Gebots betont Oldendorp die Rechte des Individuums[381]. Er tritt für einen freien wirtschaftlichen Wettbewerb ein unter Verteidigung des Privateigentums und Ablehnung eines gemeinschaftlichen Eigentums an erworbenen Gütern. Die dagegen bestehenden Einwände lehnt er ab. Seiner Meinung nach ist eine Ansicht, die eine communio rerum aus dem Evangelium rechtfertigt, irrig, da er es ablehnt, aus dem Evangelium Rechtssätze über irdische Angelegenheiten abzuleiten. Vielmehr vertritt Oldendorp eine strenge Trennung der geistlichen von den weltlichen Angelegenheiten. Diese Diskussion wird von den Expurgatoren als erste nicht mit der kirchlichen Lehrmeinung vereinbare Stelle gerügt[382].

Aus dem achten Gebot leitet Oldendorp die Klagen und Urteile her.

Die dritte Gruppe umfaßt die beiden letzten Gebote.

Das neunte Gebot verbietet Betrug und Erbschleicherei[383].

Im letzten Gebot faßt Oldendorp das Vorausgegangene noch einmal zusammen.

Im folgenden Teil, dem Kommentar zu den Zwölftafelgesetzen, muß die von Oldendorp geäußerte Auffassung von der Rechtfertigung durch den Glauben wegfallen: „Sicut enim verum est, animos immortales esse, vitamque. Futuram omnibus modis aeternam, ut est in Symbolo fidei catholicae: ita rursus falsissimum est, fortitudine aut bonitate, maiorem aliquam divinitatem donari: sed omnes ex aequo per fidem & servabimur ad perpetuam coelestemque beatitudinem. Joannes 3, Rom. 4[384]."

Die nächste Expurgation[385] streicht äußere Angriffe gegen kirchliche Mißstände.

---

[378] Ebenda S. 9.

[379] Ebenda S. 10.

[380] Ebenda S. 10.

[381] Ebenda S. 7.

[382] In der Ausgabe bei Brasichellen S. 29, in der Opera-Ausgabe S. 11.

[383] Ebenda S. 12.

[384] In der Ausgabe bei Brasichellen S. 43, in der Opera-Ausgabe S. 19.

Im übrigen bleibt das naturrechtliche Hauptwerk Oldendorps unbeanstandet. Wahrscheinlich liegt dies an der doch noch stark mittelalterlichen Naturrechtsanschauung, die in der Schrift zum Ausdruck kommt. Oldendorp, der von vielen als einer der Begründer des modernen Naturrechts angesehen wird, fußt in seiner naturrechtlichen Konzeption wesentlich auf Melanchthon[386]. Melanchthon hat in seinen ethisch-philosophischen Schriften, insbesondere in seinen „Epitomes philosophiae moralis libri duo. Enarrationes aliquot librorum ethicorum Aristotelis. Loci theologici" seine noch wesentlich von scholastischen Vorstellungen bestimmte Lehre vom Wesen des Rechts entwickelt. Er sieht den Willen Gottes als Quelle allen menschlichen Rechts an. Erkenntnismittel des göttlichen Willens ist die menschliche Vernunft und der Dekalog. Aus dem Naturrecht fließt das positive Recht, das von der Obrigkeit gesetzt wird, deren Autorität auf Gottes Willen beruht[387]. Allerdings geht Melanchthon in der Erkenntnis des Verhältnisses von Kirche und Staat über die mittelalterliche Lehre hinaus, da er eine Trennung der geistlichen und weltlichen Gewalten als gottgewollt voraussetzt. Diese Vorstellungen stimmen mit den Oldendorpschen Thesen überein.

3. De copia verborum & rerum in Iure Civili, impress. Lugduni 1543[388].

Zu diesem kleinen Rechtslexikon werden zwölf Beanstandungen angemerkt. Auf einige soll hingewiesen werden.

Unter dem Begriff „A libertate, ad piam causam"[389] schränkt Oldendorp die pietas in der Kirche auf Armenunterstützung und Schulseelsorge ein, was die Zensoren wohl als ungerechtfertigte Einschränkung betrachten.

Die Erörterungen zu „avaritia" geben Oldendorp Veranlassung, den biblischen Satz zu zitieren, daß alles käuflich sei[390].

„Ecclesia". Hier äußert Oldendorp Zweifel darüber, ob das Klosterwesen begrifflich mit zur Kirche gehört[391].

„Lex". Hier erläutert Oldendorp die Trennung der weltlichen von der geistlichen Gewalt, die er mit Matthäus 22 begründet[392].

„Matrimonium". Die Bemerkung, die copula carnalis bewirke rechtlich mehr als die Eheschließungsformeln allein, wird gelöscht[393].

---

[385] In der von Brasichellen benutzten Ausgabe auf S. 45 und 60, in der Opera-Ausgabe S. 21 und 29.

[386] Köhler S. 130.

[387] Stintzing S. 285.

[388] Benutzte Ausgabe Lugduni: Gryphius 1543.

[389] Ebenda S. 55.

[390] Ebenda S. 147.

[391] Ebenda S. 308.

[392] Ebenda S. 405.

[393] Ebenda S. 427.

„Magistratus". Anläßlich der Erläuterungen zum Begriff der Obrigkeit vertritt Oldendorp die These, daß der Papst nicht über dem Kaiser stehe und daß auch die Kleriker keinen Vorrang gegenüber den Laien hätten. Daraus folge, daß der Kirche nicht die Ausübung weltlicher Gewalt zustehe. Oldendorp steht damit ganz auf seiten Luthers.

4. De iure singulari & re iudicata per Gryphium impress[394].

Diese Schriften bleiben bis auf einen Satz unbeanstandet, in dem Oldendorp Zweifel äußert, ob das Prinzip der Gerechtigkeit immer den „dispensationibus" des geistlichen Rechts innewohne.

5. Collatio Juris civilis & canonici, impressum Coloniae apud Joannem Gymnicum 1541[395].

Diese Sammlung enthält eine Auswahl von juristischen Begriffen, die sowohl im ius civile als auch im ius canonicum vorkommen. Oldendorp erklärt ihre Bedeutung in beiden Rechtskreisen in der Absicht, scheinbare Antinomien auszuräumen[396].

Von den behandelten Rechtsbegriffen bleiben die Erläuterungen zum „matrimonium" unbeanstandet, obwohl Oldendorp auch hier die schon erwähnte lutherische Auffassung vertritt.

Expurgiert werden Äußerungen Oldendorps über die „usura"[397], in denen Oldendorp sich für einen gemäßigten Zinssatz einsetzt. Unter dem Begriff „Pater et filius" erörtert Oldendorp die möglichen Gelübde, weicht aber in der Lehre der Mönchsgelübde von der katholisch-orthodoxen Lehrmeinung ab[398].

6. De iure et aequitate. Lugduni 1549[399].

Oldendorp hat in einer Reihe von Schriften seine aequitas-Lehre entwickelt[400] und sie in dem Werk „De iure et aequitate forensis disputatio, Köln 1541" in der geschliffensten Form vorgetragen[401]. Während die vor-

---

[394] Benutzt wurde wieder die in den Opera Tom. I S. 481 ff. abgedruckte Ausgabe: „De iure singularis, brevis enarratio" und S. 517 „De sententia & re iudicata".

[395] Diese von Brasichellen auf S. 639 angegebene Ausgabe wurde auch hier benutzt.

[396] Siehe dazu Merzbacher: Oldendorp S. 226 ff.

[397] Ebenda S. 87, 88.

[398] Ebenda S. 81 ff.

[399] Brasichellen benutzt die Ausgabe von 1549 unter diesem Titel auf S. 640. Hier wurde die folgende Ausgabe zugrundegelegt: „De iure et aequitate forensis disputatio, secundum quam civilis disciplina, cum in scholis, tum in indiciis recte tractari potest. Coloniae Agrippinae: Gymnicus 1573.

[400] Hierher gehören die schon zitierte Schrift: „Wat byllick unn recht ys ... Rostock 1529; Formula investigandae actionis per quam unus quisque ius suum in iudicio persequatur, cum deliberatione aequi et boni, Köln 1538."

[401] Kisch: Erasmus S. 232.

ausgegangenen Schriften nicht expurgiert wurden, verbessert Brasichellen[402] die letztgenannte Schrift.

In „De iure et aequitate" bemüht sich Oldendorp, in Anlehnung an die antiken Schriftsteller (besonders Cicero, Celsus und Fabius) und an den französischen Humanistenjuristen Budé, dessen Urheberschaft Kisch[403] besonders heraushebt, der Rechtspraxis einen Leitfaden zur Verwirklichung des Ideals der aequitas im Sinne von Gerechtigkeit bei der Gesetzesauslegung und -anwendung an die Hand zu geben. Oldendorp sieht in der aequitas[404] ein „iudicium animi, ex vera ratione petitum". Mit Hilfe der natürlichen Vernunft, ausgerichtet an einem reinen Gewissen, soll der Richter Recht sprechen. Die natürliche Sittlichkeit[405] gewährleistet eine gerechte Urteilsfindung. Die Expurgation läßt die Darstellung bis auf drei kleine Beanstandungen gelten, von denen sich die wichtigste auf die schon bekannte Auffassung der Protestanten bezieht, die im Evangelium die Lehre vom ewigen und geistigen Leben verkörpert sehen, aber keine Rechtsvorschriften für den irdischen Bereich entnehmen wollen. Nach Oldendorp schreibt das Evangelium nichts anderes vor als „leges de moribus"[406].

Die Beanstandungen in den Expurgationen einiger Schriften Oldendorps zeigen, daß Oldendorp kein grundsätzlicher Gegner der Anwendung des kanonischen Rechts gewesen ist, daß er es vielmehr immer dann angewendet wissen wollte, wenn es nicht zum göttlichen Recht oder Naturrecht in Widerspruch stand[407]. Widersprüche ergeben sich für Oldendorp in einigen Punkten vielfach dann, wenn seine Glaubensüberzeugung von der traditionellen Lehre der katholischen Kirche abweicht: z. B. in der Erörterung des Eherechtes und der Auffassung von der Trennung der beiden Gewalten.

hh) Untersuchung der Indizierungen der erstmals durch die römischen Indices von 1558/59 und 1564 verbotenen Juristen Apel, Brück, Beyer, Hartmanni und Zoch

α) Gemeinsamkeiten dieser fünf indizierten Juristen

Allen diesen fünf erwähnten Juristen ist gemeinsam, daß sie vor dem ersten römischen Index auf keinem Bücherverbotskatalog zu finden sind. Alle fünf Männer haben Jura studiert, sind als Kanzler protestantischer Fürsten in den Staatsdienst getreten und haben in dieser Position we-

---

[402] S. 340 bei Brasichellen.
[403] Kisch: Erasmus S. 234.
[404] Ebenda S. 14.
[405] Wolf: Rechtsdenker, Oldendorp S. 163.
[406] In der von Brasichellen benutzten Ausgabe S. 109, hier S. 78.
[407] Dazu besonders Merzbacher: Oldendorp S. 225.

sentlichen Anteil an der Durchsetzung und Verbreitung der Reformation gehabt. Außer von Johann Apel können keine theoretischen Schriften dieser Juristen festgestellt werden. Erhalten sind Gutachten, Briefe und Memoranden, die sehr verstreut sind und zum großen Teil erst im 18. Jahrhundert publiziert wurden[408]. Vermutlich liegt hierin der Grund, warum ihre Namen auf den Bücherverbotskatalogen vor 1558/59 nicht zu finden sind. Die lokalen Kataloge verboten ja in der Regel häretische Schriften (ausgenommen sind die Häresiarchen, die auch in den Catalogi nur durch Namensnennung verboten wurden), um die Gläubigen vor der negativen Beeinflussung verderblicher Schrifteninhalte zu schützen.

Es kann also durchaus sein, daß die Namen von Brück, Beyer, Hartmanni und Zoch nur deshalb nicht auf den Catalogi vor 1558/59 zu finden sind, weil in den einzelnen Ländern, die Bücherverbotsverzeichnisse herausgebracht haben, keine Schriften dieser Autoren bekannt geworden sind. Deshalb liegt der Schluß nahe, daß man in Rom auf sie durch ihre politische Betätigung im Dienste der Reformation aufmerksam gemacht wurde. Hierdurch sind sie in der Öffentlichkeit bekannt geworden. Die staatspolitischen Handlungen ihrer Fürsten müssen zum überwiegenden Teil ihren Kanzlern zugerechnet werden.

Bei der Untersuchung der Indizierungen der fünf Kanzler-Juristen kommt es deshalb in erster Linie auf eine Überprüfung ihrer staatspolitisch-religiösen Haltung an. In Ermangelung juristisch-theoretischer Schriften (bis auf Johann Apel) werden sich die Einzeluntersuchungen mit der Darstellung einer Biographie unter besonderer Berücksichtigung der Bedeutung der behandelten Personen für die Reformation begnügen.

β) Joannes Appellus Norinbergen (Johann Apel) 1486—1536

Verbotene Schriften

1. Index autorum et librorum. 1558/59

In der ersten Klasse des Buchstabens „J“ findet sich das Verbot: „Joannes Appellus Norinbergen[409].“

2. Index librorum prohibitorum Pius IV. 1564

Der Tridentinische Index wiederholt auch hier das Verbot des ersten römischen Index in der ersten Klasse: „Joannes Apellus Norinbergen[410].“

3. Index librorum prohibitorum Gregors XVI. 1841

---

[408] Beispielsweise sind die meisten Gutachten und Briefe Brücks und Beyers im Corpus Reformatorum, ed. Bretschneider gesammelt.

[409] Reusch: Index S. 190.

[410] Reusch: Index S. 266.

Seit dem ersten römischen Index ist das Verbot in der ersten Klasse des römischen Index immer mitgeführt worden.

„Apellus (Joannes) Normbergensis, 1. Cl. Ind. Trid.[411]."

Dieses Verbot gilt in der Form bis 1900. Danach entscheiden die Leoninischen Regeln und die Bestimmungen des CIC bis 1966 über die Verbotswürdigkeit der einzelnen Schriften.

Überprüfung des Häresievorwurfs der Kirche anhand einer Lebensdarstellung Apels

Johann Apel wurde 1486 in Nürnberg geboren. 1502 ist er in den Matrikeln der Universität Wittenberg nachweisbar, 1516 finden wir ihn in Erfurt und Leipzig[412]. 1519 hielt sich Apel in Würzburg auf und wirkte von 1523 ab nachweislich als Kanonikus am Würzburger Münster unter dem humanistisch gebildeten erasmusfreundlichen Bischof Konrad III. von Thüngen[413]. Seine Verbindungen zu den Wittenberger Reformern waren sehr freundschaftlich, er unterhielt mit Spalatin, Eoban Hesse, Luther, Melanchthon und Justus Jonas einen regen Briefwechsel[414]. In Würzburg wurde Apel vor allem als Advokat an allen Gerichten eingesetzt. Als Jurist stand er bei seinem Dienstherrn in hohem Ansehen und fiel erst dann in Ungnade, als bekannt wurde, daß er — obwohl zum Zölibat verpflichtet — mit einer Nonne aus dem Kloster St. Marx zusammenlebte[415]. Zur Rechenschaft gezogen, berief sich Apel auf seine Eheschließung, die zwar geheim erfolgt, aber durch Übereinstimmung beider Ehegatten und durch bereits vollzogene copula carnalis rechtskräftig geworden wäre. Er bewegte sich damit zwar auf dem Boden des kanonischen Rechts, das zu dieser Zeit noch clandestine Ehen zuließ, handelte aber gegen sein Gelübde, das ihn zum Zölibat verpflichtete. Dasselbe galt für seine Ehefrau. Der Aufforderung des Bischofs, die Sache beizulegen und die Nonne in das Kloster zurückzuschicken, kam Apel nicht nach, verteidigte vielmehr seine Haltung in einer Schrift: „Defensio ad Episcopum Herbipolensem pro suo coniugio, 1523[416]." Hierin wandte er sich speziell an seinen Bischof und lehnte ausdrücklich eine Entscheidungsbefugnis des Papstes oder des Kaisers in seiner Sache ab, da er deren für ihn ungünstige Ansichten zur Genüge kannte[417]. Er führte wei-

---

[411] S. 15 des Gregorianischen Index von 1841.

[412] Wieacker: Apel S. 48.

[413] Will S. 31.

[414] Muther: Apel S. 243; Will-Nopitsch S. 35.

[415] Will S. 31.

[416] Benutzt wurde die Ausgabe Wittembergae 1523, der ein Vorwort Luthers vorweggeschickt ist.

[417] Das Exemplar hat keine Seitenzahlen. „Verum ita mihi persuasi plane, conscientiam celsitudinis tuae facile pati indicem, Romanum aut Pontificem atque Caesarem minime, quando in hoc Evangelio adversantur atque Christo."

ter aus, daß der Zölibat dem Naturgesetz widerspreche und deshalb als von menschlicher Hand festgesetzt dem Vorrang des göttlichen Rechts weichen müsse.

Zum Beispiel sei das unsittliche Leben in den Klöstern nur auf die unnatürliche Maßnahme des Zölibats zurückzuführen. Apel leitete seine Auffassung aus verschiedenen Bibelstellen her:

Matthäus 24, 15; Marcus 3; Kapitel 9 des Römerbriefes des Apostels Paulus.

Kurz nach Erscheinen dieser Rechtfertigung ließ der Bischof Apel verhaften. Verwandte von Johann Apel wandten sich daraufhin an das Reichsregiment in Nürnberg und forderten die Durchsetzung des Nürnberger Reichstagsbeschlusses vom 6. 3. 1523 gegen den Würzburger Bischof Konrad III., der angeordnet hatte, daß bei Verheiratung von Personen geistlichen Standes zur Strafe zwar Privilegien und Pfründen, nicht aber die persönliche Freiheit entzogen werden sollten[418]. Das Reichsregiment richtete auch ein entsprechendes Mandat an den Würzburger Bischof, der sich jedoch nicht fügte. Nach weiteren reichsregimentlichen Aufforderungen, den widerrechtlich festgehaltenen Gefangenen Apel freizulassen, erklärte der Bischof schließlich, Apel werde nicht die eingegangene Ehe vorgeworfen, sondern Verachtung der Konzilien und Gebote der Kirchenväter, außerdem Mitgliedschaft der „verdampten lutherischen Lehre“[419].

Zum Beweis wurde das Ergebnis einer Hausdurchsuchung bei Apel angeführt, bei der man Bücher und Schriften gefunden habe, deren Besitz nach päpstlichen und kaiserlichen Vorschriften nicht erlaubt sei. Aus diesem Grunde sei der vom Reichsregiment zur Durchführung befohlene Reichstagsbeschluß nicht anwendbar, man müsse vielmehr das Wormser Edikt von 1521 als Rechtsgrundlage heranziehen. Insofern sei nicht die Zuständigkeit des Reichsregiments gegeben, sondern die des Bischofs. Im übrigen habe er (der Bischof) bereits dem Papst Mitteilung von dem Vorgang gemacht. Am 26. August 1523 gab der Bischof schließlich doch seinen Gefangenen frei, ließ ihn Urfehde schwören und enthob ihn seiner Stellung[420].

Apel ging darauf als doctor legens nach Wittenberg. Er hielt Vorlesungen aus den Digesten und übernahm für den Kanonisten Justus Jonas, der nach seinem Übertritt zur protestantischen Partei die Ausübung seiner kanonistischen Professur nicht mehr mit seiner religiösen Gesinnung für vereinbar hielt, die Vorlesungen über die Decretalen. 1524 erhielt Apel durch Vermittlung Luthers, Spalatins und Justus Jonas die

---

418 Muther: Apel S. 250.
419 Muther: Apel S. 252.
420 Wieacker: Apel S. 48.

Lectura in Digesto veteri und die Lectura in decreto et decretalibus. In dasselbe Jahr fiel sein erstes Rektorat, in dem er dafür sorgte, daß der katholische Gottesdienst in der Stiftskirche Allerheiligen abgeschafft wurde[421]. Am 23. Juni 1525 wurde Apel von Luther zum Trauzeugen bei Luthers Hochzeit bestellt[422].

1530 verließ Apel Wittenberg, um die ihm von Herzog Albrecht von Brandenburg-Preußen angetragene Kanzlerschaft in Königsberg zu übernehmen. Vermittelt wurde ihm die Stelle durch Luther und Melanchthon[423].

Als preußischer Kanzler des protestantisch gewordenen Herzogs Albrecht wirkte Apel nicht nur im Geheimen Rat, er hatte auch das Ressort für Justizangelegenheiten und allgemeine Verwaltungsaufgaben zu erledigen. Dazu gehörten unter anderem die Maßnahmen zur Bekämpfung der Sekte der Wiedertäufer. Entscheidend war sein Rat in den Auseinandersetzungen mit dem katholisch gebliebenen Teil des geistlichen Deutschherrenordens, von dem sich Albrecht von Hohenzollern in seiner Eigenschaft als Hochmeister 1525 losgesagt hatte, um ein protestantisches weltliches Herzogtum unter polnischer Oberhoheit zu gründen.

Nach sehr erfolgreicher Tätigkeit in Preußen kehrte Apel 1534 in seine Heimatstadt Nürnberg als Ratskonsulent und Advokat zurück, ohne jedoch völlig aus den Diensten des ihm seither freundlich gesonnenen Herzogs Albrecht auszuscheiden[424]. In Nürnberg starb er nach kurzer Tätigkeit schon am 27. April 1536.

Für die Indizierung des Johann Apel ist sein Übertritt zum Protestantismus, der die Häresie begründet, ausschlaggebend. Ein genaues Datum oder Zeitpunkt der Konversion läßt sich nicht ermitteln, es ist jedoch zu vermuten, daß sich Apel schon als Würzburger Kanonikus der lutherischen Lehre genähert hat. Da sein Name auf den vorausgehenden lokalen Bücherverbotskatalogen fehlt, ist es völlig offen, wie die römischen Zensoren auf ihn gestoßen sind.

Es lassen sich mehrere Möglichkeiten denken, auf die seine Indizierung zurückzuführen sein kann.

1. Seine Auseinandersetzung mit dem Bischof von Würzburg, die dieser dem Papst mitgeteilt haben will, kann dort aktenkundig und später für den Index ausgewertet worden sein.

2. Möglicherweise ist eine Denunziation in Rom erfolgt, nachdem Apel in Wittenberg die Messe in der Stiftskirche abgeschafft hat.

---

[421] Will S. 32.
[422] Muther: Apel S. 261.
[423] Muther: Apel S. 272.
[424] Muther: Apel S. 281.

3. Er mag in Rom auch in der Eigenschaft als Kanzler des zum protestantischen Glauben übergetretenen ehemaligen Hochmeisters des Deutschherrenordens bekannt geworden sein.

Überblick über die theoretischen Schriften Apels

In Anbetracht der sieben Jahre währenden Professorentätigkeit an der Universität Wittenberg soll im Falle des Johann Apel ein kurzer Überblick über das theoretische juristische Schrifttum gegeben werden.

1. Methodica dialectices ratio ad jurisprudentiam accomodata. Nürnberg: Peypus 1535[425].

Auf der Rückseite des Titelblattes dieser Schrift findet sich ein Auszug aus einem Schreiben Cantiunculas an Apel, in dem dieser Apel zur Publikation seiner dialektischen Methode auffordert[426]. Die Arbeit selbst ist dem Bischof von Przemysl, Johannes Choienski, gewidmet, der als oberster Sekretär des Königreiches Polen zu den politischen Verhandlungspartnern Apels in seiner Zeit als preußischer Kanzler zählte[427]. Mit dieser methodischen Schrift wird Apel zum Begründer einer humanistisch-juristischen Lehrmethode durch Übertragung der Melanchthon'schen dialektischen Methode auf das Gebiet der Jurisprudenz[428].

Apel erkennt — wie die schon besprochenen Juristen Kling und auch zum großen Teil Hegendorph —, daß die von Melanchthon angewandte Methode der Begriffsbildung und Unterscheidung weit besser zum Verständnis der juristischen Wissenschaft führt als die bis dahin im juristischen Unterricht praktizierte Exegese in den Formen der scholastischen Methode[429].

Die Ankündigung Apels, eine Reform des juristischen Unterrichts in der eben beschriebenen Weise herbeizuführen, wird aber in der vorliegenden Schrift selbst nur zum Teil verwirklicht[430].

Änderungen finden sich in der Gliederung der Rechtsmaterien nach begrifflichen Gesichtspunkten, deren Einteilung in sechs Abschnitte: definitio, divisio, causa efficiens, effectus, adfine, contrarium erfolgt.

Diese für die Rechtsdidaktik bedeutende Schrift Apels ist in theologischer Hinsicht unergiebig. Dies geht aus der Eintragung des Antwerpener Expurgationsindex von 1571 hervor[431], wo es heißt: „Joannis Apelli

[425] Weitere Ausgaben dieser Schrift weist Muther: Apel auf S. 457 ff. nach.

[426] Siehe dazu auch Kisch: Humanismus, IV Cantiuncula-Briefe S. 301.

[427] Merzbacher: Apel S. 365.

[428] Kisch: Melanchthon S. 69.

[429] Muther: Apel S. 266; Merzbacher: Apel S. 364; Wieacker S. 162; Stintzing S. 289.

[430] Merzbacher: Apel S. 365.

[431] S. 118 des Antwerpener Expurgationsindex.

methodica dialectices ad jurisprudentiam accomodata, quae habetur in Oceano Juris, Lugduni excuso in volumine primo, nihil habet mali."

2. Isagoge per dialogum in quatuor libros Institutionum D. Justiniani imperatoris. Wratislaviae: Vincler 1540[432].

Die Isagoge ist um 1520[433] entstanden und deutet das in der Methodica ausgearbeitete System einer methodischen Neuformung des Rechtsstoffes erst an[434].

In der Form eines Gesprächs zwischen drei Juristen geißelt Apel die langwierigen traditionellen Unterrichtsformen (mos italicus). Er schlägt zur Besserung vor, den gesamten Rechtsstoff nach systematischen Gesichtspunkten zu ordnen und auf diesem Wege der von Cicero geforderten „ars iuris" näherzukommen.

Mit diesem Postulat tritt Apel an die Seite Melanchthons, Cantiunculas, Hegendorphs und Klings[435]. Er formt ein Institutionensystem nach den Ordnungsprinzipien des pädagogischen Humanismus[436]. Diese Schrift wird in keinem Expurgationsindex erwähnt. Die Expurgation der Methodica zeigt jedoch, daß die sachlich-juristische Auseinandersetzung mit der analytischen Kasuistik der scholastischen Jurisprudenz nicht als verderblich angesehen worden ist. Der Protestant in Apel spielt jedoch in einigen Bemerkungen auf die „Mönchsreligion" an, die die reine Lehre des Evangeliums verfälscht habe[437]. In der Abkehr von der Autorität der Glossatoren und der Anerkennung der Rechtsmeinungen der antiken Juristen — insbesondere Cicero — dokumentiert sich die humanistische Rechtswissenschaft. Parallel dazu verläuft die Ablehnung der Autorität der Kirchenväter und der Konzilien durch die Reformatoren und die Rückkehr zur reinen Quelle der Bibel. Es wäre aber falsch anzunehmen, daß die neue humanistische Richtung in der Rechtswissenschaft ohne Konfessionswechsel der Juristen zur Indizierung geführt hätte, wie es das Beispiel des Claudius Cantiuncula zeigt, der Katholik geblieben war.

---

[432] Die erste Auflage des Werks von 1540 ist posthum erschienen. Weitere Auflagen weist Muther: Apel S. 460 ff. nach. Hier wurde das Exemplar: „Qua ratione ac methodo institutionum libri IV. Divi Justiniani Imperatoris legi debeant, eleganter ac concinne in dialogos redacti, per Joannem Apellum Norimbergen. Juris utriusque Doctorem. Coloniae apud Joannem Birckmannum & Wernerum Richwinum 1564" benutzt.

[433] Die Zeitangaben bei Muther: Apel S. 287 und bei Stintzing S. 290 sind durch die neuen Erkenntnisse Wieackers: Apel S. 49 überholt.

[434] Wieacker: Apel S. 61.

[435] Wieacker: Apel S. 50.

[436] Wieacker: Apel S. 58.

[437] „Monasticem appellant veterem religionem, verum Christiani fidei cultum quem apostoli a Christo, nos ab apostolis accepimus, novum." (Ohne Seitenzählung.)

Obwohl in keinem Expurgationsindex auf eine Expurgierung der Isagoge hingewiesen worden ist, kam durch Zufall in der Universitätsbibliothek Heidelberg ein Exemplar der Schrift zum Vorschein, das — wie ein Vergleich zu der oben erwähnten Ausgabe von 1564 gezeigt hat — expurgiert worden ist, ohne daß in dem Buch bzw. an anderer Stelle darauf hingewiesen worden wäre. Der Titel lautet: „Isagoge per dialogum, in IV lib. Institutionum Dive Justiniani Imperatoris, Auctore Joanne Apello Norimbergensi, Juris Utriusque Doctore. Lovanii ex officina Bartholomei Gravii 1551[438]."

Auffällig ist, daß diese expurgierte Ausgabe bei dem Löwener Drucker Bartholomäus Gravius gedruckt worden ist, der ja auch den im Deutschen Leihverkehr und in Belgien leider nicht erhältlichen Druck der Expurgation der „Methodica" des Konrad Lagus veranlaßt hat.

Durch Zeilenvergleich konnten die Stellen ermittelt werden, die im expurgierten Exemplar einfach ausgefallen sind:

Es werden immer die Zitate von Ketzern weggelassen, vor allem die Erwähnungen Melanchthons fehlen, wobei immer wieder auffällt, daß der Inhalt der Zitate unberührt bleibt.

Zwischen S. 157 und S. 158 fehlt ein größerer Textteil, der die fast bissige Kritik Apels, die oben schon angedeutet wurde, an der Mönchsreligion und der Verfälschung der reinen Lehre des Evangeliums durch die Päpste und deren Anspruch auf alleingültige Interpretation enthält. Apel meint hier spöttisch, sogar dem Apostel Paulus gelänge es nicht, die Autorität der päpstlichen Canones zu erschüttern. Es folgen noch kleinere Auslassungen auf S. 168 und S. 174, die abfällige, unsachliche Äußerungen gegenüber der Kirche und den Klerikern enthalten. Sachbezogene Äußerungen hinsichtlich der neuen Lehrmethode bleiben unbeanstandet.

Die beiden besprochenen Werke stellen gleichzeitig das gesamte uns erhaltene wissenschaftliche Schrifttum des Juristen und Staatsmannes Johann Apel dar[439]. Von den theologischen Forderungen Luthers hat Apel die juristische Verteidigung der Priesterehe in seiner „Defensio" übernommen. Im übrigen geht er von eigenem Quellenstudium aus unter Zugrundelegung der Methodik, die Melanchthon für die Theologie entwickelt hat, da er die kritiklose Übernahme von Lehrmeinungen von Autoritäten — sowohl in der Theologie wie in der Jurisprudenz — für unwissenschaftlich ansieht.

---

[438] Die Schrift ist in der Löwener Ausgabe durch Bartholomäus Gravius in einem Sammelband von verschiedenen Schriften enthalten mit der Signatur J 980.

[439] Siehe Muther: Apel-Schriften auf S. 455—468, der die verschiedenen Aus-

γ) Gregorius Bruck (Gregor Brück) 1485/86—1557

Verbotene Schriften

1. Index autorum et librorum 1558/59

In der ersten Klasse des Buchstabens „G" steht Gregor Brück als „Gregorius Bruck"[440].

2. Index librorum prohibitorum Pius IV. 1564

Hier wird das Verbot wiederholt: „Gregorius Bruchk[441]."

3. Index librorum prohibitorum Gregors XVI. 1841

Das Verbot in der ersten Klasse ist ohne Änderungen in den Indices der folgenden Jahrhunderte weitergeführt worden: „Bruck, seu Pontanus Gregorius. 1. Cl. Ind. Trid.[442]."

Die Benediktinische Indexrevision hat lediglich bewirkt, daß die latinisierte Form des Namens „Brück" zur Deutlichkeit hinzugesetzt wurde.

Für die Zeit bis 1966 greifen die Bestimmungen des Leoninischen Index und die Regeln des CIC Platz.

Überprüfung des Häresievorwurfs der Kirche anhand einer Lebensdarstellung Brücks

Gregor Brück, eigentlich mit Nachnamen Heinze, stammte aus dem Städtchen Brück bei Berlin, in dem er 1485/86 geboren wurde[443]. Im Jahre 1502 begann Brück in Wittenberg und Frankfurt a. d. O. mit dem Studium der Rechtswissenschaft. In Wittenberg, wo er 1521 zum doctor iuris utriusque promovierte, hörte er juristische Vorlesungen bei Henning Göden und Hieronymus Schürpf[444].

1519 berief ihn Friedrich der Weise als Rat in seinen Hofdienst und verwandte ihn bald als Kanzler in allen wichtigen Staatsgeschäften[445]. Im Hinblick auf die Durchsetzung und Verbreitung der Reformation nahm Brück für die sächsische Entwicklung eine Schlüsselstellung ein. Er war 1521 auf dem Reichstag in Worms zu finden, wo er mit dem Beichtvater Karls V., Glapion, die Verhandlungen über Luther führte[446].

---

gaben der theoretischen Schriften anführt und von S. 468—487 die Briefe abdruckt.

[440] Reusch: Index S. 187.

[441] Reusch: Index S. 263.

[442] S. 50 des Gregorianischen Index von 1841.

[443] Fabian: Brück S. 12; eine sehr ausführliche Brück-Bibliographie enthält Fabian: Schmalkalden S. 377 ff.

[444] Muther: Brück, ADB. 3. S. 388.

[445] Fabian: Brück S. 14.

[446] Kolde S. 354.

Auf den Reichstagen zu Speyer 1526 und 1529 vertrat Brück kursächsische Interessen. 1529 versuchte er durch seinen Einspruch die Ausführung des beschlossenen Ausschußentwurfs der Reichstagskurien zum Religionsartikel zu verhindern[447]. Vor allem plädierte er — allerdings vergeblich — für die Weitergeltung der Klausel des Reichsabschieds von 1526, daß man es in Religionssachen bis zu einem Konzil halten solle, wie man es vor Gott und den Menschen verantworten könne.

Seit 1524 bemühte sich Brück von kursächsischer Seite aus maßgeblich um das Zustandekommen eines Verteidigungsbündnisses der protestantischen Stände[448]. Seine politischen Bemühungen wurden von dem Wunsche nach Einigkeit im protestantischen Lager getragen. Er veranlaßte die Wittenberger Reformatoren zu Verständigungsgesprächen mit den Zwinglianern, ohne jedoch positive Ergebnisse erzielen zu können.

Auch die Bekenntnisverhandlungen zwischen Bucer und den Wittenbergern, die zur Wittenberger Konkordie führten, kamen auf Betreiben Brücks zustande[449]. Es ist überhaupt festzustellen, daß Brück auf allen Reichstagen die Interessen der Protestanten vor Kaiser und Reich vertrat und zu allen wichtigen politischen Fragen die Wittenberger Reformatoren um Stellungnahmen ersuchte. Sein Verhältnis zu Melanchthon[450] und Luther, der von ihm sagt, „alle Juristen seien gottlos, außer D. Brück“, ist freundschaftlich und gegenseitig befruchtend gewesen.

Im Jahre 1529 nahm Brück seinen Abschied als Kanzler, blieb aber Rat von Hause aus bis zu seinem Tod am 20. (oder 15.) Februar 1557[451].

Seine Nachfolge trat Christian Beyer an, der anschließend besprochen wird. Auch nach seinem offiziellen Ausscheiden aus dem aktiven Dienst als kursächsischer Kanzler wurde Brück von dem Kurfürsten Johann und nach 1532 von dem Kurfürsten Johann Friedrich in Staatsgeschäften verwendet. Zusammen mit Christian Beyer las er 1530 auf dem Augsburger Reichstag das protestantische Glaubensbekenntnis vor[452] und überreichte es dem Kaiser[453]. Die entscheidenden Verhandlungen auf den großen Schmalkaldischen Bundestagen von 1533, 1535, 1537 leitete Brück weiterhin[454].

---

[447] Fabian: Schmalkalden S. 19.

[448] Fabian: Schmalkalden S. 14.

[449] Fabian: Brück S. 16.

[450] Fabian: Schmalkalden S. 47, Fußnote 176.

[451] Fabian: Brück S. 14.

[452] Ranke: Reformation Bd. 3 S. 248 berichtet, daß Brück den Text in lateinischer Sprache und Beyer in deutscher Sprache vorgelesen hat.

[453] Die Anregungen zur Abfassung der Augsburger Konfession sind auch von Brück ausgegangen; siehe dazu auch Kolde S. 369.

[454] Fabian: Schmalkalden S. 318.

In der Zeit von 1529—1546[455] vollzogen sich unter Brücks Leitung wichtige staatsrechtliche Änderungen in Kursachsen. Brück entwarf einen Plan für ein Konsistorialverfassungssystem der evangelischen Landeskirchen und war an der Ausbildung des protestantischen Eherechts maßgeblich beteiligt. Er rechtfertigte ein Widerstandsrecht (im Einvernehmen mit Martin Luther) gegen den „rechtlichen Krieg", den das Reichskammergericht 1530 gegen die reformierten Fürsten begann. Ganz besonders setzte sich Brück für die Säkularisation und die territoriale Gewinnung des Erzbistums Magdeburg ein[456].

Zusammenfassend ist mit den Worten Fabians[457] zu sagen, daß Brück von 1521—1547 das „wichtigste Territorium protestierender Stände unter drei Kurfürsten vorwiegend geleitet und nächst diesen als einflußreichster Staatsmann der deutschen Reformationsgeschichte das Landesfürstentum protestierender Landesherren, die Landeskirchen Augsburgischer Konfession, evangelisches Kirchenrecht und deutsche Hochschulen für Jahrhunderte grundlegend beeinflußt hat".

Es ist nicht verwunderlich, daß ein Staatsmann, der so im Mittelpunkt der Reformation gestanden hat wie Brück, den römischen Zensoren bekannt und als Folge der religiösen Gegnerschaft zur römischen Kirche indiziert worden ist. Die Indizierung sollte sein Schrifttum insgesamt treffen, dazu gehören also alle Gutachten und Briefe, Gesetzesentwürfe und Staatsverträge[458].

δ) Christianus Beyer (Christian Beyer)
Ende des 15. Jahrhunderts bis 1535

Verbotene Schriften

1. Index autorum et librorum 1558/59

In der ersten Klasse des Buchstabens „C" findet sich die Eintragung: „Christianus Beyer[459]."

2. Index librorum prohibitorum Pius IV. 1564

Das Verbot wird wiederholt: „Christianus Beyer[460]."

3. Index librorum prohibitorum Gregors XVI. 1841

An dem Verbot in der ersten Klasse hat sich nichts geändert: „Beyer Christianus. 1. Cl. Ind. Trid.[461]."

---

[455] Brück hat in dieser Zeit seinen Hauptwohnsitz in Wittenberg, wie Muther: Brück, ADB. 3. S. 390 berichtet.
[456] Fabian: Brück S. 16.
[457] Fabian: Brück S. 17.
[458] Nachweis bei Fabian in seiner Brück-Bibliographie; vgl. Fußnote 443.
[459] Reusch: Index S. 181.
[460] Reusch: Index S. 255.
[461] S. 39 des Gregorianischen Index von 1841.

Überprüfung des Häresievorwurfs der Kirche anhand einer Lebensdarstellung Beyers

Beyer wurde im fränkischen Kleinlangheim Ende des 15. Jahrhunderts geboren[462]. 1500/01 studierte er in Erfurt, ab 1503 in Wittenberg Rechtswissenschaft. 1507 wurde er Baccalaureus beider Rechte an der Universität Wittenberg. 1510 promovierte er zum doctor iuris utriusque. Von 1513—1514 übte Beyer das Amt des Bürgermeisters der Stadt Wittenberg aus. In Wittenberg traf Beyer schon früh mit Luther zusammen, zu dessen Lehren er sich bald bekannte. Die Freundschaft mit Luther war so eng, daß dieser Beyer zum Paten seines Erstgeborenen wählte[463]. 1517 erhielt Beyer den Lehrstuhl für Pandekten in Wittenberg und die Beisitzerstelle am Oberhofgericht.

Er war hauptsächlich als Rechtskonsulent tätig, seine Consilien sind uns teilweise überliefert[464].

1529 trat Beyer die Nachfolge Brücks als kursächsischer Kanzler an. Er ist in die Geschichte eingegangen durch Verlesen des deutschen Exemplars der Augsburger Konfession auf dem Augsburger Reichstag vom 25. Juni 1530 „drei Uhr nachmittags"[465].

Beyer gehörte zu den „tätigen Helfern in Reformationssachen"[466]. Er besuchte mit Metsch den Konvent in Braunschweig und wurde 1535 zum Schiedsrichter zwischen dem Kurfürsten Johann Friedrich I. und Herzog Georg von Sachsen bestellt[467]. Er kam jedoch nicht mehr zur Ausführung dieses Auftrags, da ihn am 21. Oktober 1535 der Tod ereilte.

Als Nachfolger und zeitweiliger politischer Kampfgefährte Brücks tritt Beyer ebenso für die Durchsetzung der Reformation ein wie dieser. Seine politische Stellung im Dienste der Reformation hat ihm wohl die Indizierung in der ersten Indexklasse eingetragen.

Auch von ihm sind keine theoretischen Schriften überliefert. Allerdings hat Muther[468] nachgewiesen, daß die in Band 3 der bereits mehrfach erwähnten Kirchhoff'schen Consiliensammlung aufgenommenen Consilien 22, 23 und 25 über Pommersche Rechtshändel aus der Zeit Königs Bogislav X. von Christian Beyer stammen müssen, obwohl ein „Christianus Bergerus J. U. D. et LL. imperial. ordinar. Vitebergensis" unterzeichnet hat. Da ein Ordinarius dieses Namens in der fraglichen Zeit nicht in Wittenberg gelehrt hat, vermutet Muther, daß Bergerus ein

[462] Wirth S. 159.
[463] Müller S. 252.
[464] Muther: Zivilprozeß S. 211.
[465] Wirth S. 159.
[466] Schaich-Klose S. 23 Fußnote S. 24.
[467] Muther: Zivilprozess S. 210.
[468] Muther: Zivilprozess S. 211.

Schreibfehler für Beyerus ist. Unter dieser Voraussetzung müssen die Consilien 22, 23, 25 Beyer zugerechnet werden.

Von der Kirchhoff'schen Consiliensammlung hat die römische Kirche jedoch ausdrücklich durch Dekret vom 16. Dec. 1605[469] nur Consilium 27 in Tom. II. verboten. Sotomaior gibt ebenfalls die Sammlung der von Kirchhoff zusammengestellten Consilien bis auf wenige genannte Ausnahmen zum Lesen frei[470].

Gutachten und Briefe, die Aufschlüsse über die politisch-religiöse Haltungs Christian Beyers bieten, sind verstreut im Corpus Reformatorum zu finden.

ε) Hartmannus Palatinus J. C. (Hartmanni) um 1500—1547

Verbotene Schriften

1. Index autorum et librorum 1558/59

In der ersten Klasse des Buchstabens „H" steht das Verbot: „Hartmannus Palatinus J. C.[471]."

2. Index librorum prohibitorum Pius IV. 1564

Pius wiederholt das Verbot in der ersten Klasse: „Hartmannus Palatinus J. C.[472]."

3. Index librorum prohibitorum Gregors XVI. 1841

Auch dieses Verbot wird unverändert in den Indices der folgenden Jahrhunderte mitgeführt.

„Hartmanni (Hartmannus) Palatinus J. C. 1. Cl. Ind. Trid.[473]."

Für die Zeit nach 1900 gelten die Leoninischen Regeln und die Bestimmungen des CIC bis 1966.

Überprüfung des Häresievorwurfs der Kirche anhand einer Lebensdarstellung Hartmannis

Die Indexeintragung „Hartmannus Palatinus J. C." ist nicht eindeutig, da im 16. Jahrhundert Vater und Sohn des gleichen Namens lebten. Obwohl vieles dafür spricht, daß der Vater — kurpfälzischer Kanzler — gemeint ist, könnte zeitlich auch der Sohn in Frage kommen, der sowohl als Jurist wie auch als Vorsitzender des kurpfälzischen Konsistoriums auch jenseits der kurpfälzischen Grenzen Bedeutung erlangt hatte.

---

[469] Index librorum prohibitorum Gregors XVI. 1841 S. 202.
[470] S. 744, 745 des Expurgationsindex von Sotomaior.
[471] Reusch: Index S. 188.
[472] Reusch: Index S. 264.
[473] S. 169 des Gregorianischen Index von 1841.

Das Geburtsjahr von Hartmann Hartmanni senior ist unbekannt. Es wird um 1500 anzusetzen sein. Über das Leben und Werk des späteren kurpfälzischen Kanzlers sind nur magere Angaben erhältlich[474]. Hartmanni sen. stammt aus Eppingen und wirkt von 1523—1527 in Heidelberg als Professor in der juristischen Fakultät[475]. Später war er als Assessor beim Reichskammergericht in Speyer tätig. Die Kurfürsten Ludwig V. und Friedrich II. übertrugen ihm schließlich das Amt des Kanzlers am kurpfälzischen Hof[476]. Herausgehoben wird von allen Schriftstellern immer wieder sein besonderer Eifer für die Wissenschaft und sein unermüdliches Eintreten für die reine Lehre des Evangeliums im lutherischem Sinne. Seine Kanzlerschaft an einem protestantischen Hof hat ihn in eine exponierte Stellung gerückt. Es ist bekannt, daß er zu den einflußreichsten Ratgebern Friedrichs II. gehörte[477]. Seine staatspolitische Tätigkeit für die Ausbreitung und Durchsetzung der Reformation in der Kurpfalz rückt ihn an die Seite der sächsischen Kanzler Brück und Beyer.

Theoretische Schriften sind zu seinen Lebzeiten nicht erschienen. Erst 30 Jahre nach der ersten Indizierung und 42 Jahre nach seinem Tode (Hartmanni starb am 3. Juli 1547) gibt sein Sohn eine von Hartmanni zusammengestellte Sammlung von Rechtsfällen heraus, die zum großen Teil am Reichskammergericht verhandelt worden sind[478]. Beigefügt sind der Sammlung einige „observationes" von Bernhard Wurmser, einem elsässischen Edelmann[479].

Dennoch könnte sich auch die Indizierung auf den Sohn des Kanzlers Hartmanni beziehen, obwohl die Bedeutung, die dem Vater als kurpfälzischem Kanzler in den politischen Auseinandersetzungen zwischen Kirche und protestantischem Territorium zukam, mehr dafür spricht, daß dieser gemeint ist.

Hartmanni jun. lebte von 1523 bis 1586. Er studierte Rechtswissenschaft und war Assessor bei der kaiserlichen Kammer, Rat bei drei Kurfürsten der Pfalz, Praeses des Konsistoriums und Präfekt der Diözese Heidelberg[480]. Wegen seiner großen Weisheit erhielt er den Beinamen „Solon Palatinus". Die kennzeichnenden Merkmale der Indexeintragung „Palatinus J. C." treffen also auch auf den Sohn zu. Seine führende Stellung im Konsistorium und in der evangelischen Kirche der Pfalz könnte die Aufmerksamkeit der katholischen Kirche auf ihn gelenkt haben.

[474] Adam S. 74—76; Freher S. 823; Beck-Buxtorff Suppl. Teil II S. 117; Teichmann ADB, 10. S. 680; Hautz I S. 414.
[475] Hautz I S. 380.
[476] Freher S. 823.
[477] Hautz I S. 414.
[478] Teichmann ADB, 10. S. 680 gibt folgenden Schrifttitel an: „Observationes practicae. Basel 1589 u. ö.
[479] Fahnenberg S. 37.
[480] Beck-Buxtorff Suppl. Teil II S. 117.

Von seinen Schriften ist uns nur die erstmals 1573 in Heidelberg erschienene Beschreibung, in welcher Gestalt ein Fürst sein Regiment einrichten solle, erhalten.

Auch ein Vergleich der Inhalte der Schriften von Vater und Sohn gibt keinen Aufschluß darüber, welcher von beiden gemeint sein könnte. Dies wäre im übrigen auch nur ein sekundäres Hilfsmittel, da die Schriften für die Indizierung in der ersten Klasse des ersten römischen Index nicht ausschlaggebend gewesen sind.

Ohne Einsicht in die römischen Indexakten kann nicht mit letzter Sicherheit geklärt werden, welcher der beiden Hartmanni von den römischen Zensoren gemeint war.

ζ) Laurentius Czoch (Lorenz Zoch) 1477—1547

Verbotene Schriften

1. Index autorum et librorum 1558/59

In der ersten Klasse des Buchstabens „L“ findet sich die Eintragung: „Laurentius Czoch[481].“

2. Index librorum prohibitorum Pius IV. 1564

Das Verbot wird wiederholt: „Laurentius Czoch[482].“

3. Index librorum prohibitorum Gregors XVI. 1841

An dem Verbot in der ersten Klasse hat auch die Benediktinische Indexrevision nichts geändert: „Zoch Laurentius. 1. Cl. Ind. Trid.[483].“

Für die Zeit von 1900 bis 1966 gelten die Leoninischen Regeln und die Bestimmungen des CIC.

Überprüfung des Häresievorwurfs der Kirche anhand einer Lebensdarstellung Zochs

Über Lorenz Zoch ist sehr wenig bekannt. In den einschlägigen bio-bibliographischen Hilfswerken ist sein Name nicht verzeichnet. Dennoch erwähnt ihn Friedensburg als Professor iuris in Wittenberg[484]. Enders, der Herausgeber des Briefwechsels Martin Luthers, schließt in Anschluß an einen Brief vom 30. 10. 1531[485], den Zoch an Luther geschrieben hat, eine kurze biographische Darstellung an.

Aus Halle an der Saale stammend (geboren am 9. August 1477) studierte Zoch Rechtswissenschaft in Deutschland und Bologna, wo er 1503 nachweisbar ist. Er wurde später erzbischöflich magdeburgischer Kanzler

[481] Reusch: Index S. 193.
[482] Reusch: Index S. 270.
[483] S. 419 des Gregorianischen Index von 1841.
[484] S. 204 bei Friedensburg.
[485] Nr. 1949, S. 117—119 in der Ausgabe von Enders.

unter dem Kardinal und Kurfürsten Albrecht II. Bei der Verleihung der Kardinalswürde an den Erzbischof Albrecht von Mainz, Magdeburg und Halberstadt wurde Lorenz Zoch beauftragt[486], im Namen seines Dienstherrn dem Kaiser, dem Papst und dem päpstlichen Gesandten den Dank Albrechts auszusprechen. Noch 1524 stand er entschieden auf der Seite der Katholiken und verklagte im Auftrag des Kardinals die Stadt Magdeburg vor dem Reichskammergericht wegen ihres Übertritts zur Reformation[487].

Die Lektüre der Schriften Luthers gegen die Sakramentierer soll Zoch jedoch für die lutherische Lehre eingenommen haben, jedenfalls wurde er zwei Jahre inhaftiert, weil er sich zu Luther bekannt hatte. Aus dem bei Enders wiedergegebenen Brief Zochs an Luther von 1531 geht hervor, daß Luther für Zoch Hafterleichterungen erwirkt hat, für die sich Zoch in überströmenden Worten bedankt: ... „so kann ich dennoch die Wunderwerk und Gitigkeit Gottes, so der Allmächtige durch Euch als sein auserwählt Instrument seiner Kirchen und armen Haufen erzeigt ...[488]."

Nach wiedergewonnener Freiheit trat Zoch in kursächsische Dienste und wurde Professor iuris in Wittenberg. In zweiter Ehe verheiratete er sich mit Katharina, der Tochter Schürpfs.

Als Schwiegersohn Schürpfs gab Zoch mit einem Vorwort die Consilien seines Schwiegervaters heraus.

Der Kurfürst von Sachsen verwandte Zoch auch in verschiedenen religiös-politischen Missionen, er wurde zum Hagenauer Religionsgespräch geschickt und beteiligte sich zusammen mit Major bei dem Regensburger Kolloquium. Sein Todestag wird auf den 27. Februar 1547 datiert.

Weder Enders noch Friedensburg erwähnen Schriften von Zoch. Für die Indizierung in der ersten Klasse ist der Übertritt zum Protestantismus entscheidend. Besondere Aufmerksamkeit hat wohl der Umstand erregt, daß Zoch sich als Kanzler eines geistlichen Fürsten zum Protestantismus bekannt hat.

Wahrscheinlich ist darauf auch die Indizierung zurückzuführen.

---

[486] May: Albrecht S. 183.
[487] Enders S. 119.
[488] Enders S. 118.

2. Indizierte deutsche Juristen auf dem dritten und vierten römischen Index von 1589/90 und 1595/96

a) Die Verbote von Juristen und juristischen Schriften auf dem Sixtinischen Index von 1589/90 unter besonderer Berücksichtigung des Einzelschriftenverbots des Johann Ferrarius

Da die römische Kirche den Sixtinischen Index in der Verbreitung unterdrückte und damit die Beachtung der durch die Indizierungen ausgesprochenen Bücherverbote durch die Gläubigen unmöglich machte, werden die Verbote von juristischen Schriftstellern und ihren Schriften auf dem Sixtinischen Index nicht ausdrücklich behandelt. Eine Darstellung der dreizehn neu indizierten Juristen und juristischen Schriften erübrigt sich auch schon deshalb, weil diese Verbote des Sixtinischen Index von Clemens VIII. übernommen bzw. um neue Verbote vermehrt worden sind bis auf das Einzelschriftenverbot des Johann Ferrarius.

In der zweiten Klasse des Buchstabens „J“ verbietet Sixtus eine Schrift des protestantischen Juristen Johannes Ferrarius (zu deutsch Eisermann): „Joannis Ferrarii Montani De republica bene instituenda paraeneses, nisi prius ad regularum normam revisae et approbatae fuerint“[489], die Clemens VIII. nicht in seinen Index übernommen hat.

Ferrarius (1485/86—1558) stammte aus Hessen, hat bei Melanchthon in Wittenberg alte Sprachen und theologische Vorlesungen gehört und seine philologischen Studien mit dem magister, seine theologischen Studien mit dem baccalaureus theologiae abgeschlossen. Seit 1522 studierte er in Marburg Jura und wurde 1527 Professor in der juristischen Fakultät der Universität Marburg. Seine wichtigste Schrift ist die indizierte. Aus der Nichtwiederaufnahme der Schrift in den Index Clemens VIII. muß man wohl entnehmen, daß Clemens VIII. die von Sixtus indizierte Schrift nicht für verbotswürdig gehalten hat.

b) Schriftenverbote auf dem Clementinischen Index von 1595/96

aa) Allgemeine Bemerkungen

Im Clementinischen Index (und auch schon im Sixtinischen Index) erscheinen erstmals Einzelschriftenverbote deutscher Juristen in der zweiten Indexklasse.

Eine Zweiteilung der Untersuchung in Verbote der ersten Klasse und der zweiten Klasse bietet sich also an. In der ersten Klasse werden wieder diejenigen Juristen zuerst behandelt, die sich vorher schon auf einem Bücherverbotskatalog außerrömischer Herkunft befunden haben. An-

[489] Reusch: Index S. 494.

schließend sollen die Indizierungen in der ersten Klasse untersucht werden, die erstmals von Rom ausgegangen sind.

Innerhalb der zweiten Indexklasse werden ebenfalls zuerst die schon einmal indizierten Werke und anschließend die durch die römischen Indices von 1589/90 und 1595/96 erstmals indizierten juristischen Schriften behandelt.

bb) Indizierungen von Juristen in der ersten Indexklasse des Clementinischen Index von 1595/96

α) Conradus Hersbachius (Konrad Heresbach) 1496—1576

Verzeichnis seiner verbotenen Schriften

1. Münchener Index von 1582

In der ersten Klasse des Buchstabens „C“, die eine Erweiterung des Tridentinischen Index darstellt, findet sich das absolute Schriftenverbot durch einfache Namensnennung: „Conradus Heresbachius[490].“

2. Index librorum prohibitorum Clemens VIII. 1595/96

In der ersten Klasse des Buchstabens „C“ erscheint das Verbot: „Conradus Hersbachius[491].“

Es ist anzunehmen, wenn auch nicht völlig sicher, daß die Kompilatoren des Sixtinischen und Clementinischen Index sich auf den Münchener Index gestützt haben.

3. Index librorum prohibitorum Gregors XVI. 1841

Seit dem Clementinischen Verbot haben sich keine Änderungen mehr ergeben: „Heresbachius Conradus. 1. Cl. App. Ind. Trid.[492].“

Für die Zeit von 1900—1966 gelten wieder die Leoninischen Regeln und die Bestimmungen des CIC.

Überprüfung des Häresievorwurfs der Kirche anhand einer Lebensdarstellung Heresbachs

Heresbach gehörte zu den umstrittensten Persönlichkeiten des 16. Jahrhunderts. Als Prinzenerzieher und einflußreichster Ratgeber am Hofe der Herzöge von Jülich-Cleve-Berg in der Zeit von 1523—1561 lenkte er die Geschicke des Herzogtums durch die Wirren der Reformation.

In den Augen der einen ist Heresbach Katholik geblieben, die anderen halten ihn für einen Kalvinisten, die dritten für einen Lutheraner.

Heresbach ist am 2. August 1496 in Hertzbach (heute Heresbach) geboren worden. Er studierte seit 1512 Philologie und Philosophie in Köln,

---

[490] Reusch: Index S. 345.
[491] Reusch: Index S. 543.
[492] S. 173 des Gregorianischen Index von 1841.

wobei ihn das Studium der griechischen und hebräischen Sprache ganz besonders interessiert hat. Neben theologischen Studien widmete er sich in den Jahren 1515—1517 auch intensiv der Jurisprudenz[493]. Anschließend besuchte Heresbach französische Universitäten. In Frankreich erwarb er auch den baccalaureus der Rechte[494]. Wieder nach Köln zurückgekehrt, traf er dort mit Erasmus zusammen, dessen humanistische Philosophie und theologische Anschauungen Heresbach entscheidend geformt haben. Als Freund des Erasmus begleitete Heresbach diesen nach Basel[495]. Von dort aus vermittelte ihm Erasmus eine Professur für die griechische Sprache an der Universität Freiburg im Breisgau. Heresbach nahm den Ruf an. In seinen Vorlesungen vertrat Heresbach die Auffassung, daß alle Disziplinen nur durch ein Quellenstudium erforscht werden könnten, Übersetzungen also abzulehnen seien. Insbesondere verlangte er von den Theologen Kenntnis der griechischen Sprache, da viele Kirchenlehrer der katholischen Kirche nur griechisch geschrieben hätten. Gleichzeitig setzte er sich mit dem damals von katholischer Seite vielfach vertretenen Standpunkt auseinander, das Erlernen der griechischen Sprache sei gleichbedeutend mit Ketzerei. Er zitierte sogar Mönche, die auf dem Standpunkt standen, daß derjenige zum Juden werde, der die hebräische Sprache erlerne. Diese Meinungen lehnte Heresbach als lächerlich ab und verurteilte die Absicht der Vertreter der Kirche, die Gläubigen absichtlich in Dummheit zu belassen, um ihnen ohne Gefahr etwas vormachen zu können[496].

1522 reiste Heresbach schon wieder von Freiburg nach Italien, um dort seine juristischen Studien zu vertiefen. Am 22. Oktober 1522 promovierte er in Italien zum Doktor beider Rechte. Nebenher vervollkommnete Heresbach auch seine hebräischen Kenntnisse und betrieb alttestamentliche Studien am Urtext, wobei er sich besonders eingehend mit den Psalmen befaßte. 1523 nahm Heresbach — wieder auf Vermittlung des Erasmus — die ihm angebotene Stelle als Erzieher des cleveschen Erbprinzen Wilhelm an[497]. Seine pädagogischen Schriften über die beste Methode der Fürstenerziehung zeigen eine große Befähigung für diese Aufgabe.

1525 hatte sich Heresbach als Freund des Erasmus und als Führer der niederrheinischen Humanisten in der Umgebung des Herzogs Johannes durchgesetzt und wurde von diesem als Ratgeber in allen wichtigen

---

[493] Biographische Daten finden sich auch bei Allen: Erasmi Epistolae Bd. V S. 131—132; Niessen S. 410.

[494] Ennen, ADB. 12. S. 103.

[495] Redlich S. 161.

[496] Diese Ansichten Heresbachs sind seiner Freiburger Antrittsrede entnommen, die teilweise bei Wolters, S. 25—27 wiedergegeben ist.

[497] In einem Brief vom 25. Mai 1523 an Ennius Filonardus, abgedruckt bei Allen: Erasmi Epistolae Bd. V S. 284/285, hier S. 285, lobt Erasmus die großen menschlichen und wissenschaftlichen Fähigkeiten Heresbachs.

staatsrechtlichen, religiösen und kulturellen Fragen herangezogen. Heresbachs Einfluß auf den Herzog war so groß, daß die politische Leitung des Herzogtums bis zu seinem Abschied praktisch in den Händen Heresbachs lag[498].

1525 erließ der Herzog eine Ordnung in Kirchensachen[499], die eine erste Stellungnahme des Fürsten zur lutherischen Lehre enthielt und die ohne Zweifel das Werk Heresbachs war. Hierin versicherte der Fürst, der nach Gewohnheitsrecht in seinem Herzogtum Entscheidungen in Kirchensachen in eigener Machtvollkommenheit fällte, daß die Ordnung nur so lange gelten solle, bis ein Konzil zusammengetreten sei oder die Reichsstände eine Lösung gefunden hätten.

Die Initiative zum Erlaß einer vorläufigen Regelung in Kirchensachen ging auf die Anschauung Heresbachs zurück, daß der Fürst handeln müsse, wenn die Kirche zu lange zögere.

In dieser Kirchenordnung werden die Pfarrer aufgefordert, das Wort Gottes ohne Aufruhr, Ärgernis und Eigennutz zu verkünden[500]. Sodann werden die Untertanen von der Pflicht befreit, Seelenmessen für ihre Toten lesen zu lassen. Der Grund für diese Maßnahme liegt in der Absicht, das Volk vor Ausbeutung durch die „Pfaffen" zu bewahren. Weiterhin wird verboten, den Geistlichen ein Entgelt für ihre Amtshandlungen zu entrichten. Jeder Pfarrer soll allein seine Pfarrei versorgen. Den Untertanen wird versprochen, den Mißbrauch der geistlichen Jurisdiktion, des Bannes und Interdikts zu verhindern. Allzu frühzeitiger Eintritt in die Klöster wird untersagt, außerdem darf künftig der Eintretende kein Vermögen in das Kloster einbringen. Bettelei der Mönche wird ebenfalls verboten. Das Recht der Geistlichen, Immobilien zu erwerben, fällt in Zukunft weg. Obwohl der Fürst durch diese Ordnung zwar die Mißstände in der katholischen Kirche beseitigen wollte, um das Eindringen des lutherischen Bekenntnisses zu verhindern, zeigt diese Ordnung in Kirchensachen dogmatische Abweichungen von der katholischen traditionellen Glaubenslehre.

Dadurch setzten sich der Fürst und Heresbach als der eigentliche Initiator der Kirchenordnung dem Vorwurf der Häresie und lutherfreundlichen Verhaltens aus.

Auch die Heirat des sächsischen Kurfürsten Johann Friedrich mit einer Tochter des cleveschen Herzogs Johann II. brachten das westdeutsche Herzogtum in den Ruf, auf der protestantischen Seite zu stehen.

Auch nach der Augsburger Konfession von 1530 schwankte der Fürst von Jülich-Cleve-Berg zwischen den Glaubensrichtungen. Auf Heres-

[498] Redlich S. 167.

[499] Wolters S. 49 datiert diese Kirchenordnung vom 2. Juli 1525.

[500] Wolters S. 50.

bachs Rat sollte eine vermittelnde Position beibehalten werden. Ergebnis dieser Haltung war ein neues Mandat vom 18. Juli 1530, das im wesentlichen die Kirchenordnung von 1525 bestätigte[501]. Darin hieß es[502], Unbildung und Eigennutz der Geistlichen hätten viele Mißbräuche entstehen lassen, und da die neu sich einschleichenden Prediger unter dem Vorwand des Evangeliums und des Wortes Gottes den gemeinen Mann zu Aufruhr und Neuerung veranlaßten, so befehle der Landesfürst, daß keine unchristliche Lehre noch ungebührliche Neuerung gelehrt oder eingeführt werde. Dies zeigt deutlich die Kritik an der katholischen Kirche, aber auch die klare Absage an die lutherische Reformation.

Am 11. Januar 1532 erging endlich eine umfassende Kirchenordnung, die weder rein katholisch noch eindeutig evangelisch ausgerichtet war und den befreundeten Fürsten zur Stellungnahme zugesandt wurde[503].

Darin ist versucht worden, eine im erasmischen Sinne gemäßigte Reformation der katholischen Kirche zu vollziehen. Auch hierfür war Heresbach verantwortlich. Anklänge an die lutherischen Thesen sind unverkennbar. Die Pfarrer sollten die reine Lehre des Evangeliums verkünden. Von den sieben Sakramenten der katholischen Kirche werden nur das Sakrament der Taufe und das Abendmahl erwähnt. Die Messriten werden beibehalten.

Der Kirchenordnung von 1532 folgte schon am 8. April 1533[504] eine neue Ordnung, die sich erheblich mehr dem lutherischen Bekenntnis näherte und von Heresbach Erasmus zur Begutachtung zugesandt worden war[505]. Hierin wurde bestimmt, daß die unklaren Stellen des Evangeliums nach den Kirchenvätern Augustinus, Hieronymus und Chrysostomus auszulegen seien. Allein anerkannt wurde das Evangelium als Grundlage des Glaubens unter Ausschaltung der für die Katholiken verbindlichen Tradition. Auch hier wurden nur die zwei oben schon genannten Sakramente zugrundegelegt. Die Privatbeichte wurde zwar geduldet, aber nicht mehr als dogmatisch notwendig, sondern nur noch als heilsam angesehen. Die Priesterehe wurde gestattet.

Da Heresbach als Verfasser der cleveschen Kirchenordnungen anzusehen ist, müssen die theologischen Ansichten, die in den Ordnungen ausgesprochen werden, ihm zugerechnet werden.

1535 wurde Heresbach zum geheimen Rat ernannt. Als solcher leitete er die entscheidenden Maßnahmen gegen die Wiedertäufer in die Wege, die schließlich durch die Einnahme von Münster endgültig geschlagen

---

501 Wolters S. 61.
502 Zitiert bei Wolters S. 61.
503 Wolters S. 63.
504 Richter, Nr. 44 S. 212—220.
505 Dies geht aus den Erasmus-Briefen Nr. 2728 und 2736 in Allen: Erasmi Epistolae Bd. X S. 117 und S. 125 hervor.

wurden. Darüber berichtete Heresbach an Erasmus in einem Brief wahrscheinlich aus dem Jahr 1536[506]. Darin meinte Heresbach unter anderem, die lutherische Lehre enthalte kein Dogma, welches bisher von der katholischen Kirche oder durch Reichsgesetz für ketzerisch erklärt worden wäre.

Die Hinwendung zu Luthers Thesen scheint jetzt deutlicher zum Ausdruck zu kommen, denn sonst hätte Heresbach die Bulle „Exsurge" von 1520 und das Wormser Edikt von 1521 nicht unerwähnt gelassen. In dasselbe Jahr 1536 fiel die Eheschließung Heresbachs mit Mechelt van Dunen, einer früheren Nonne, für deren Austritt aus dem Kloster Heresbach die päpstliche Absolution erreichte. Dadurch konnte auch die Erbfähigkeit seiner Frau wiederhergestellt werden.

1539 übernahm sein ehemaliger prinzlicher Zögling, Wilhelm, die Regierung. Heresbachs Einfluß wurde noch größer als bisher, er entschied von nun an die Geschicke des Landes[507]. Ostern 1540 ordnete Heresbach an, daß die Gemeinden das Abendmahl in der Gestalt einnehmen sollten, die ihnen das Gewissen vorschriebe.

Auf den Reichstagen von 1540 in Worms und 1541 in Regensburg verteidigte Heresbach die Einnahme Gelderns durch seinen Herzog vor dem Kaiser, der jedoch unerbittlich blieb und schließlich Cleve mit seinen Truppen besetzte. In dem Unterwerfungsakt mußte sich Herzog Wilhelm neben politisch-territorialen Zugeständnissen verpflichten, die katholische Religion zu bewahren.

Trotzdem blieb der Plan einer umfassenden Kirchenreform bestehen, und Heresbach bekannte sich weiter zu dem von ihm veranlaßten Inhalt der Kirchenordnungen.

Neben seinem religiösen Einfluß auf die Entwicklung des Herzogtums Jülich-Cleve-Berg während mehrerer Jahrzehnte der Reformationszeit setzte sich Heresbach auch für das Bildungswesen in seinem Lande ein und gab der Rechtsentwicklung im Herzogtum Cleve entscheidende Anstöße. Er sorgte für die Niederschrift des jülischen und cleveschen Gewohnheitsrechtes[508] und übernahm die Redaktion eines neuen Gesetzbuches für das Herzogtum, wobei insbesondere eine Reformierung des bestehenden Privatrechts, Prozeßrechts und des gemeinen römischen Rechts erzielt worden ist[509].

---

[506] Abgedruckt bei Allen: Erasmi Epistolae Bd. XI Nr. 3031a S. 156—172.

[507] Nießen S. 413.

[508] Stobbe II S. 393 berichtet, daß das Gewohnheitsrecht 1537 in 70 Artikeln in Jülich aufgezeichnet wurde und die Rechtsgebiete Strafrecht, Privatrecht und Prozeßrecht betraf.

[509] Stobbe II S. 394: Herzog Wilhelm publizierte 1555 die zuvor von Karl V. bestätigte „Ordnung und Reformation des gerichtlichen Process, sampt Erklärung etlicher Felle, so sich gemeinlich zugetragen ...".

1561 zog sich Heresbach mit seiner zweiten Frau auf seinen Landsitz zurück und beschäftigte sich nur noch mit schriftstellerischen Arbeiten. Am 14. Oktober 1576 starb er.

Heresbachs politischer Lebensweg zeigt eine ständige Konfrontation mit der Reformation, wobei er — ähnlich wie Erasmus — ständig versucht hat, einen Mittelweg einzuschlagen.

Obwohl Ennen[510] und Franzen[511] meinen, daß Heresbach nie die Grundlagen des Katholizismus verlassen, sondern einen Reformkatholizismus vertreten habe, sind die Kirchenordnungen unter seiner staatspolitischen Leitung Zeugnis prinzipieller Wandlungen, die Heresbach durchgemacht hat und die nach Auffassung des 16. Jahrhunderts (und auch heute noch) den Tatbestand der Häresie mehrfach erfüllen (z. B. Ablehnung der Tradition, Ablehnung von fünf Sakramenten).

Auch wenn Heresbach selbst geglaubt hat, den Boden der katholischen Glaubenslehre nicht zu verlassen, sondern nur Mißstände zu beseitigen, sind seine dogmatischen Anschauungen nicht mit der katholischen Lehrmeinung vereinbar.

Überblick über einige Schriften Heresbachs

Die Indizierung in der ersten Klasse des Clementinischen Index betrifft das gesamte Schrifttum.

Hartzheim erwähnt die Indizierung aller Schriften Heresbachs[512]: „Fidem Romano-Catholicam ad mortem usque integre, ut fertur, tenuit... Subinde fatetur Heresbachium non fuisse Lutheranum sed Pontificium mortuum ut Melchior Adamus narrat. Ut ut se res habeat, Conradi Heresbachii libri in indicem primae classis prohibitorum referuntur." Hartzheim zitiert die Beurteilung von Adam[513], der Heresbach nicht für einen Lutheraner hält, und stellt dem die Indizierung gegenüber, die alle Schriften von Heresbach unter das Schriftenverbot der ersten Klasse einordnet.

1. Psalmorum Davidicorum simplex et dulcida explicatio. Vulgata translatio cum graeca LXX. interpretum versione ad hebraicum veritatem collata castigataque. Cum praefatione Joannis Sturmii. Basileae: Perna 1578.

Die sprachlichen Vorstudien zu seinem Psalmenkommentar hat Heresbach schon in Köln geleistet und in Italien seine hebräischen und alttestamentlichen Kenntnisse vervollkommnet. Die Psalmenexegese bildet den Mittelpunkt seiner alttestamentarischen Studien[514].

---

[510] Ennen in ADB 12. S. 104.
[511] Franzen Sp. 245.
[512] Hartzheim S. 63.
[513] Hartzheim S. 220—221.
[514] So auch Wolters S. 30.

2. Celeuma exhortatorium ad praeparationem christiane moriendi. Francofurti ad Moenum: Feyerabend 1592.

Diese Schrift enthält eine erbauliche Mahnung an den Lebenden, sich durch ein christgefälliges Leben auf den Tod vorzubereiten.

3. Diarium seu quotidianae preces in usum simplicium singulis diebus hebdomadis accomodatae. Francofurti ad Moenum: Feyerabend 1592.

Die täglichen Gebete enthalten Danksagungen und Fürbitten um Schadensabwendungen und dergleichen.

4. Historia Anabaptistica de factione Monasteriensi anno 1534 & sqq. ad Erasmum Roterodamum Epistolae forma anno 1536 descripta, nunc demum ex authoris autographo ... opera et studio Theodori Strackii. Amsterdami: Laurencius 1637.

In dieser Schrift sind die schon im Text mitgeteilten Berichte an Erasmus über die Bekämpfung des Aufstandes der Wiedertäufer enthalten.

In demselben Buch beginnt auf S. 193 ff. der lateinische Abdruck des Glaubensbekenntnisses Heresbachs: „Confessio Fidei", ebenfalls von Theodor Strack veröffentlicht. Übereinstimmungen mit dem Inhalt der Kirchenordnungen liegen auf der Hand.

Zum Glaubensgut der Kirche gehört im Sinne von Heresbach: „vera enim nota ac indicium Ecclesiae est, ubi Evangelium pure & recte docetur & Sacramenta juxta Christi institutum administrantur".

Hierin drückt sich die Ablehnung der Tradition zugunsten der ausschließlichen Anerkennung des Evangeliums aus.

Weiter bekennt sich Heresbach nur zu den zwei schon erwähnten Sakramenten und tritt für die Spendung des Abendmahls in beiderlei Gestalt unter Berufung auf Matthäus 26, 26—28 und Lucas 22, 19, 20 ein.

Dem Glaubensbekenntnis folgt auf S. 202 ein Gedicht Melanchthons: „Clarissimo viro Dn. Doctori Heresbachio Philippus in Colloquio Wormatiensi anno 1537." Auf dem vom Kaiser 1537 einberufenen Kolloquium zu Worms sollte eine Verständigung zwischen Katholiken und Protestanten und unter den Protestanten eine Einigung herbeigeführt werden. Obwohl man Heresbach auf dem Wormser Kolloquium unter die Auditoren der katholischen Partei gewählt hat, entwickeln sich sehr freundschaftliche Beziehungen zu Melanchthon, der den Hauptflügel der Protestanten vertreten hat. Die allseitigen Hoffnungen, Erwartungen und Wünsche, die Heresbach, Melanchthon und andere zu Beginn des Kolloquiums gehegt hatten, und die gemeinsame Enttäuschung über den ergebnislosen Ausgang veranlaßten Melanchthon zu diesem Gedicht an Heresbach.

5. Christianae jurisprudentiae epitome. Neostadii in Palatinatu typis Matthaei Harnisch 1586.

Diese Rechtslehre enthält ein eigentümliches rechtsphilosophisches System. Heresbach führt alle Rechtsnormen auf die Zehn Gebote zurück, die als göttliches Gesetz über allen menschlichen Gesetzen stehen sollen. Im Prinzip hat Oldendorp in seiner Isagoge dasselbe versucht[515]. Die Gesetze teilt Heresbach ein in göttliche (Zehn Gebote), natürliche (Erkenntnisse über Gott und die guten Sitten, die wiederum dem Menschen durch den göttlichen Willen eingeprägt sind) und menschliche, die die Sitten und Gewohnheiten der Menschen nach Ort, Zeit und Person regeln. Die Zehn Gebote müssen sich in allen Rechtsquellen spiegeln, da sie der Ursprung allen Rechts sind.

Nach dieser Einteilung findet sich das Steuerrecht des Staates unter dem siebten Gebot: „Du sollst nicht stehlen"; das Prozeßrecht wird der Wahrheitsforderung des achten Gebots unterstellt. Das vierte Gebot enthält unter anderem die Verpflichtung der Untertanen, Befehle der Obrigkeit nicht zu beachten, wenn sie mit göttlichen Gesetzen kollidieren.

Die Schrift drückt eine fromme Gesinnung des Autors aus. Sie ist in den letzten Lebensjahren Heresbachs entstanden.

In dem Bestreben, die Zehn Gebote über alle menschliche Regelungen zu stellen und ihnen im Rechtsleben unmittelbare Geltung zu verschaffen, zeigen sich Ansatzpunkte der augustinischen Philosophie. Abweichend von der katholischen Glaubenslehre fallen Heresbachs Entscheidungen innerhalb des dritten Gebots aus. Hier plädiert Heresbach für ein Aufsichtsrecht des Staates über die Reinerhaltung der Glaubenslehre, über die Amtsausübung der Bischöfe und Pastoren und über die Verwaltung des Kirchenvermögens. In der Sakramentenlehre entscheidet sich Heresbach wieder im lutherischen Sinne.

6. De educandis erudiendisque principum liberis, reipublicae gubernandae destinatis, deque republica christiana administranda. Francofurti ad Moenum: Feyerabend 1570[516].

Juristisch gesehen ist diese Schrift am interessantesten. Sie behandelt die Themen der Fürstenerziehung und der Staatsverwaltung und ist bis zu der Dissertation von Petri (1938) kaum in der Literatur gewürdigt worden.

Als einzige Schrift der Heresbach'schen Werke hat dieses Buch bei Mascaregnas[517] und Sotomaior[518] eine Expurgation erfahren. Die Expurgationen stimmen wörtlich überein.

---

515 So auch Petri S. 42.

516 In den nachfolgenden Zitaten werden die beiden Bücher mit: I = Fürstenerziehung und II = Staatsverwaltung bezeichnet.

517 S. 444 bei Mascaregnas.

518 S. 221 bei Sotomaior.

Die eigentlichen sachlichen Beanstandungen sind gering. Im wesentlichen handelt es sich wieder um Streichungen der Namen und lobenden Erwähnungen von Ketzern, zu denen immer noch Erasmus und selbstverständlich die Wittenberger Theologen gehören. In beiden Schriften wird das Verhältnis Staat — Fürst behandelt und werden Formen und Methoden der Staatsverwaltung untersucht.

Von den beiden Vorreden ist die erste Herzog Karl Friedrich, dem Jüngeren, und die zweite seinem ehemaligen Zögling, Herzog Wilhelm, gewidmet. Die erste Widmung wird ganz gestrichen[519]. In der zweiten Widmung umreißt Heresbach Absichten und Zweck seines Werkes. Er rechtfertigt die Abfassung seiner Schrift über die Fürstenerziehung, die er trotz der zu demselben Thema bestehenden ausgezeichneten Arbeiten seines Freundes Erasmus unternommen habe zu schreiben, mit der Absicht, den jungen Fürsten in der Zeit der Reformation einen Wegweiser in die Hand zu geben. Die Erwähnung des Erasmus wird gestrichen. Die wahre Aufgabe eines Fürsten sei es, Recht und Religion zu schützen und Korruption und Willkür entgegenzuwirken.

Im ersten Kapitel der Fürstenerziehung definiert Heresbach seinen Staatsbegriff. Gott habe der Obrigkeit das Schwert verliehen, damit sie Ordnung in der Welt schaffe und aufrechterhalte, die Guten schütze und die Bösen bekämpfe[520].

Anfangs seien die Menschen frei gewesen, erst der Sündenfall habe Gott veranlaßt, sie durch die Gesetze und eine Obrigkeit in Schranken zu halten. Der Mensch sei daher verpflichtet, der Obrigkeit wegen des ihr von Gott verliehenen Auftrags zu gehorchen. Der göttliche Auftrag rechtfertige Gesetzgebung, Gerichtswesen und ein bestimmtes soziales Gefüge.

Heresbach kennt einen dreigeteilten Aufbau des Gemeinwesens: ordo politicus, ecclesiasticus und oeconomicus. Die staatliche und kirchliche Ordnung sei den Brüdern Moses und Aaron anvertraut worden. Damit sei klar, daß zwischen diesen beiden Ordnungen große Einigkeit bestehen solle. Petri hat mit vielen Beispielen[521] nachgewiesen, daß Heresbach hier an die aristotelische Einteilung in eine ökonomische, despotische und politische Ordnung anknüpft, die über Thomas von Aquin Eingang in die mittelalterlich-scholastische Philosophie gefunden hat. Aber auch die Wittenberger Theologen, insbesondere Melanchthon in seinen Loci communes, fordern für den Christen verbindliche Ordnungen wie Ehe, Familie und Staat, die den Begriffen oeconomia, ecclesia und politia entsprechen. Im wesentlichen stimmt Heresbach hier mit der katholisch-

---

[519] Zugrundegelegt wurde die bei Sotomaior auf S. 221 abgedruckte Expurgation.
[520] I Cap. 1, S. 12.
[521] Petri S. 30, 31.

scholastischen Auffassung überein. Auch die mittelalterliche Lehre von der Einheit des christlichen Körpers, aus der Heresbach gegenseitige Hilfs- und Liebespflichten der Ordnungen zueinander ableitet, entspricht dem katholischen *und* protestantischen Lehrsystem.

Der Fürst hat dafür zu sorgen, daß die Ordnung aufrechterhalten bleibt und Verbrechen bekämpft werden. Er muß sodann gottesfürchtig sein[522] und ist an Gesetz und Recht gebunden[523].

Die Kompetenzen des Fürsten erstrecken sich entsprechend der protestantischen Auffassung auch auf religiöse Angelegenheiten. Die Rechtfertigung dazu leitet Heresbach aus jüdischen Rechtsgewohnheiten und aus der Gesetzgebungspraxis der römischen Kaiser auf kirchlichem Gebiet ab. Diese Stelle[524] wird in der Expurgation gelöscht.

Unbeanstandet bleiben jedoch die im folgenden aufgezählten einzelnen Zuständigkeiten des Fürsten im religiösen Bereich.

Danach regelt der Fürst die äußere Ordnung der Kirche entsprechend Luthers Auffassung von der landesherrlichen Ausprägung des Kirchenregiments, d. h. das Aufsichtsrecht über die Kirche steht dem Staat zu, ebenso die Überwachung der Glaubensverkündung, die Verhinderung des Ämterkaufs und die Durchführung von Kirchenvisitationen[525]. Allein die im Zusammenhang damit geäußerte Kritik an kirchlichen Mißständen[526] wird gelöscht.

Neben den für die Indizierung interessantesten staatsrechtlichen Vorstellungen Heresbachs soll noch kurz sein System einer guten Staatsverwaltung charakterisiert werden.

Heresbach geht von einem erblich regierenden Fürsten aus[527], der an der Spitze des Staates steht. Diesem sollen Berater beigegeben werden, die alle Stände vertreten. Für die innere Verwaltung fordert er Fachkenntnisse auf dem Gebiet des römischen Rechts und des heimischen Rechts. Die Tendenz zu einem Beamtenstaat ist vorhanden[528].

Neben Einzelheiten auf dem Gebiet der Behördenorganisation und der Finanzverwaltung ist für die Indizierung die Darstellung des Gerichtsverfassungs- und Prozeßrechts wieder recht aufschlußreich. Heresbach geht von der Theorie der Vereinigung aller Gewalten im Staat in der

---

[522] I Cap. 4 S. 21.

[523] I Cap. 14 S. 48; II Cap. 1 S. 88; II Cap. 15 S. 131, 132.

[524] I Cap. 9 S. 117—118.

[525] II Cap. 7 S. 114r „Sicubi ecclesia ministris destituatur, id principi indicent praefecti, curentque ut ecclesiarum pastores recte doceant, et sacramenta legitime administrent, synodos observent: coniurationes, sectas, factiones inquirant ac detegant ut coerceantur. Weiter II Cap. 9, S. 118—119.

[526] II Cap. 9, S. 121; S. 120v; S. 119v.

[527] II Cap. 1, S. 86v.

[528] II Cap. 7 S. 112r.

Person des Landesherrn aus[529] und unterstellt so auch die geistliche der weltlichen Gerichtsbarkeit[530].

Im Ergebnis ist festzustellen, daß Heresbach an einigen Stellen in seinen theologischen Schriften und den drei juristisch-philosophischen Werken häretische Thesen vertritt. Die Expurgation streicht nur die direkten Angriffe gegen die traditionelle katholische Lehrmeinung, sie erfaßt nicht alle möglichen Angriffspunkte.

In der Frage der landesherrlichen Allgewalt, bei dem Aufsichtsrecht des Staates über kirchlichen Kultus und Geistlichkeit, dem Recht des Staates auf Kirchenvisitationen, der Ablehnung der Tradition als einer Glaubensgrundlage und der Anerkennung von nur zwei Sakramenten steht Heresbach auf lutherischer Seite. Dagegen hält er fest an Messen und Ritus der alten Kirche und an der Autorität des Papstes. Im Gegensatz zum Determinismus Luthers und seiner Lehre vertritt Heresbach die katholische Auffassung, daß der Mensch auch nach dem Sündenfall seine gute Natur bewahrt hat.

β) Guilelmus Rodingus Hassus (Wilhelm Roding) 1549—1603

Verzeichnis seiner verbotenen Schriften

1. Münchener Index von 1582

In der ersten Klasse des Buchstabens „G" wird „Guilelmus Rodingus"[531] verboten.

2. Index librorum prohibitorum Clemens VIII. 1595/96

In der ersten Klasse des Buchstabens „G" findet sich die Eintragung „Guilelmus Rodingus Hassus"[532].

Der hessische Jurist Wilhelm Roding erhält im römischen Index im Gegensatz zum Münchener Verzeichnis den Beinamen „Hassus". Dies läßt den Schluß zu, daß man in Rom Recherchen angestellt hat, die über die einfache Benutzung des Münchener Index hinausgehen. Diese Untersuchungen müssen schon vor 1589 liegen, da Sixtus V. Roding schon in die erste Indexklasse gesetzt hat.

3. Index librorum prohibitorum Gregors XVI. 1841

„Rodingus (Gulielmus) Hassus. 1. Cl. App. Ind. Trid.[533]."

Für die Zeit von 1900 bis 1966 gelten die Leoninischen Regeln und die Bestimmungen des CIC.

---

529 II Cap. 15 S. 131v—133v.

530 II Cap. 15 S. 133v.

531 Reusch: Index S. 346.

532 Reusch: Index S. 553.

533 S. 333 des Gregorianischen Index von 1841.

Überprüfung des Häresievorwurfs der Kirche anhand einer Lebensdarstellung Rodings

Wilhelm Roding gehörte zu den reichskammergerichtlichen Schriftstellern der zweiten Hälfte des 16. Jahrhunderts. Er stammte aus Marburg (geboren 1549), wo sein Vater als Professor der Rhetorik und später als Prediger und Professor der Theologie wirkte. Über die Konfession Rodings besteht kein Zweifel, er ist Protestant gewesen. Nach einem Studium der schönen Künste und der Jurisprudenz nahm Roding eine Stelle am Magdeburger Pädagogicum an, später wurde er dann kurpfälzischer Rat und danach hessischer Rat[534]. Seine juristischen Studien setzte Roding auf Kosten des hessischen Landgrafen Wilhelm in Padua fort. Der Landgraf schätzte ihn als guten Juristen und präsentierte ihn bald darauf für ein Assessor-Amt am Reichskammergericht, auf das Roding aber doch verzichtete, um sich nicht einer eventuellen Zurückweisung durch ein schlechtes Examen auszusetzen[535]. Trotzdem hat sich Roding in seinen literarischen Arbeiten mit dem kammergerichtlichen Verfahren befaßt, was auf detallierte Kenntnisse in der kammergerichtlichen Praxis schließen läßt. So wurde er auch 1586 zu dem Reichsdeputationstag nach Worms deputiert, wo in der Hauptsache das kammergerichtliche Verfahren verhandelt wurde[536]. Am 20. September 1603 starb er in Kassel.

Überblick über einzelne Schriften Rodings

Von den wenigen literarischen Arbeiten Rodings ist nur eine juristische Schrift bekannt, die sich mit dem kammergerichtlichen Verfahren auseinandersetzt, das Roding als Anhänger des Petrus Ramus in einem nach ramistischer Methode geprägten System darstellt[537].

Dieses Werk erscheint in der ersten Auflage unter dem Titel:

1. „De iudicio Rom. Imp. institutionum libri II de audientia camerali ejusque processu. Ambergae: Forster 1594.

Die Auflagen des Werkes sind bis ins 18. Jahrhundert hinein gedruckt worden[538], die Verbreitung war trotz der Indizierung des Autors gesichert.

Darin teilt Roding das ius camerale[539] in zwei Abschnitte: de iudicio camerali und de ejus personis ein.

---

[534] Stintzing S. 520.

[535] Fahnenberg S. 66; Stintzing S. 520.

[536] Eisenhart ADB, 29, S. 30.

[537] Eisenhart ADB, 20, S. 30.

[538] Weitere Auflagen: Speyer 1598, Kassel 1604, Argentorati 1609; Speyer 1660; 1668; 1686; Frankfurt 1688, Köln 1710, Wetzlar 1756.

[539] Roding definiert das ius camerale folgendermaßen: „ius camerale est quod constitutionibus et legibus Imperii Camerae Imperiali peculiariter constitutum, vel observatum stylove judicii receptum est". Die erste Auflage von 1594 hat keine Seitenzählung.

Der erste Teil handelt de iurisdictione, der zweite Teil de processu audientiarum et causarum. Die weitere Unterteilung wird durch Titel und Paragraphen vorgenommen. Die deduktive Methode hat Roding von Petrus Ramus übernommen. Der französische Philosoph und Philologe Pierre de la Ramée steht seit Clemens VIII. in der ersten Klasse des römischen Index. Methodisch strebt Ramus eine ars bene disserendi an, indem er davon ausgeht, daß die Dialektik eine praktische Wissenschaft ist, die vor allem durch die Natur des menschlichen Geistes ihre Impulse erhält. Um zu einem gedanklichen Schluß (iudicium) zu gelangen, soll der Mensch alle „argumenta“ sammeln, die ihm zu einem bestimmten Thema einfallen. Diese müssen dann koordiniert und geordnet dargestellt werden, wobei eine gewisse Methode des logischen Ablaufs eingehalten wird. Diese besteht in der Aufstellung von allgemeinen Thesen und gewinnt durch Deduktion spezielle Erkenntnisse. Die definitio folgt also einer distributio, die entweder partitio oder divisio (Unterscheidung der species) ist[540] und so lange deduziert wird, bis der kleinste Begriff gewonnen ist. Ramus, der kein Jurist war, hat diese Methode für die Philosophie entwickelt und sie bei der systematischen Darstellung des Rechtsstoffes empfohlen.

Sie ist an den Universitäten Heidelberg, Helmstädt, Altdorf und Leipzig verboten worden, weil man ihr die wissenschaftliche Gründlichkeit absprach und sie weder als Rhetorik noch als Dialektik anerkennen wollte.

Als systematische Methode zur Gliederung von Wissenschaften ist in der ramistischen Methode eine abstrakte Form der Erkenntnisvermittlung einer wissenschaftlichen Disziplin zu sehen. Die Indizierung von Ramus in der ersten Klasse des römischen Index ist also nicht etwa die Folge seiner neuen wissenschaftlichen Methode, sondern wohl seiner kalvinistischen Gesinnung, die auch zu seinem Tod 1571 in der Bartholomäusnacht geführt hat[541].

Da der Inhalt des Roding'schen Buches über das kammergerichtliche Verfahren streng wissenschaftlich gehalten ist und nicht gegen kanonistische Rechtssätze verstößt, muß eine Auswirkung des häretischen Bekenntnisses auf die Schrift verneint werden.

2. Petri Rami ... Dialecticae lib. duo, ex variis ipsius disputationibus et multis tudomari Talaei commentariis denuo breviter explicati. Francofurti: Wechel 1576 u. ö.

Diese Schrift ist zum Lobe des Petrus Ramus geschrieben und stellt seine Methode dar für alle Wissensgebiete. Angriffe gegen die Kirche sind nicht ersichtlich.

---

[540] Dazu Stintzing S. 146—149.
[541] Stintzing S. 146.

3. Contra impias scholas Jesuitarum, et eos qui suos pueros ipsis informandos committunt, ad Christianos homines oratio. Heidelbergae: Maier 1575.

In dieser Schrift zeigt sich die häretische Gesinnung Rodings. Der Traktat ist dem Kurfürsten Friedrich von der Pfalz gewidmet. Roding verurteilt darin die Jesuiten in einem Maße, das die römischen Zensurbehörden auf ihn aufmerksam gemacht haben könnte. Er meint, von allen Kirchenfeinden seien die Jesuiten die „acerbissimi & perniciosissimi“[542]. Durch die Jesuiten sei in kurzer Zeit das Böse verbreitet worden und ihr Einfluß auf die christlichen Gemeinden sei spürbar verderblich. Er fügt weitere Kritik über Tun und schädlichen Einfluß der Jesuiten hinzu, von denen er schließlich meint, sie könnten nur vom Satan gesandt worden sein: „Sed tu Jehova, si mihi auxilio tuo adfueris, turbam istam Jesuitarum, turpem infirmam, contemptam & abiectam indicabo“[543], „Papa Romanus summus Jesu adversarius tibi pater fuit, Impietas mater, obstetrix Insania, morum & doctrinae informator Satanas“[544]. Er warnt alle Menschen vor den Jesuiten und besonders die Eltern, ihre Kinder in die Schule der Jesuiten zu schicken, da diese dort verdorben würden.

Die Schrift ist in der Literatur nicht unbeachtet geblieben, sie hat eine Gegen- und Verteidigungsschrift des Johann Perellius ausgelöst, die sogar von Johann Götz ins Deutsche übersetzt worden ist, um die größtmögliche Verbreitung zu sichern. Hier wurde das deutsche Exemplar benutzt mit dem Titel: „Johann Perellius. Ein Gespräch von der Jesuiter lehr und wesen, thun und lassen wider die schmach und lästerwort, die ain Sacramentirer auß Hessen, Wilhelm Roding genannt, in der Franciscaner schul zu Haidelberg wonhafft, den erwelten Jesuiten boßhafftig, mutwilliglich unnd mit unwarhait zugemessen hat. Verteutschet durch Johann Götz, der Rechten Doctor.“ Ingolstadt: Sartorius 1576.

Roding wird hierin als Calvinist bezeichnet, der als Rat des kurpfälzischen Fürsten in Heidelberg eine Lästerschrift gegen die Jesuiten geschrieben habe. Perellius widerlegt die Anschuldigungen gegen die Jesuiten und wählt dafür die Form des Dialogs.

Es ist sehr wahrscheinlich, daß auch die Gegenschrift in Rom bekannt geworden ist. Da der römische Index Roding mit dem Beinamen „Hassus“ versieht, der aus der Verteidigungsschrift hervorgeht, könnte diese für die römischen Zensoren Grundlage der Indizierung gewesen sein.

4. 1576 und 1577 sind noch zwei Reden Rodings erschienen.

---

[542] Ebenda S. 1.
[543] Ebenda S. 2.
[544] Ebenda S. 5.

Oratio ad ill. principem Joannem Casimirum, Ducem Bavariae ... comitem Palatinum Rheni, Ill. Friderici ... e Gallia pace & tranquillitate Regni constituta redeuntem. Heidelbergae: Mareschall 1576.

Oratio funebris in laudem Friderici Pii ... Comitis Palatina ad Rhenum, Ducis Bavariae, qui obiit A. D. VII. Calend. Novemb. Anno Christi 1576 habita. Heidelbergae ibid. Novemb.: Mareschall 1577.

Besonders in der Gedächtnisrede zum Tode seines Kurfürsten Friedrich von der Pfalz zeigt sich die religiöse Einstellung Rodings. Er lobt das Eintreten Friedrichs für die reine Lehre des Evangeliums[545] und für die aus religiösen Gründen Vertriebenen. Er erwähnt auch Friedrichs Kampf gegen die päpstlichen Heere und beschreibt seine Standfestigkeit in Glaubensfragen: „... nihil prius in animum induxit, quam ut Christianam religionem, Papae tenebris obscuratam & fere extinctam, multis jam saeculis in Palatinatu quasi intermortuam excitaret ligneos illos Deos Othonis Henrici exemplo in templis deturbaret, affligeret & comminueret, quicquid Papae sordibus contaminatum esset, perpurgaret. Opponebat se universus Papae exercitus[546].

Von Roding konnten keine weiteren Schriften ermittelt werden. Die erwähnten Werke sind nirgends expurgiert worden.

γ) Joannes Zangerus (Johann Zanger) 1557—1607

Verzeichnis seiner verbotenen Schriften

1. Münchener Index von 1582

In der ersten Klasse des Buchstabens „J“ steht „Joannes Zangerus“[547].

2. Index librorum prohibitorum Clemens VIII. 1595/96[548]

In der ersten Klasse des Buchstabens „J“ findet sich die Eintragung „Joannes Zangerus“[549].

Es ist anzunehmen, daß das Münchener Verbot den römischen Zensoren vorgelegen hat.

3. Trotz des Verbotes in der ersten Klasse ergeht am 8. März 1662 ein Dekret der Indexkongregation[550] folgenden Inhalts:

„Joannis Zangeri olim Decretalium Professoris facultatis iuridicae senioris, & ordinarii in Inclyta electorali Acedemia Wittembergensi, commentarius in quatuor praecipuos Decret.: Titulos De sententia &

[545] Ebenda S. 10.
[546] Ebenda S. 11.
[547] Reusch: Index S. 348.
[548] Der Index Sixtus V. von 1589/90 enthält schon das Verbot aller Schriften Zangers in der ersten Indexklasse, siehe Reusch: Index S. 492.
[549] Reusch: Index S. 559.
[550] Index librorum prohibitorum Alexanders VII. 1664 S. 386.

re iudicata, Apellationibus, Clericis peregrinantibus & confirmatione utili & inutili."

4. Index librorum prohibitorum Gregors XVI. 1841

„Zangerus Joannes. 1. Cl. App. Ind. Trid. — Commentationes in libri II. Decretalium quatuor titulos, de sententia, et re iudicata:

Apellationibus: Clericis peregrinantibus: et confirmatione utili, et inutili. Decr. 8. Martii 1662[551]."

5. Index librorum prohibitorum Leos XIII. 1900

„Zangerus, Johannes. Commentationes in lib. II. decretalium hos quatuor tit.: De sententia et re iudicata, appellationibus, clericis peregrinantibus et confirmatione utili et inutili. Decr. 8. mart. 1662[552]."

Nach den Leoninischen Regeln ist das Verbot in der ersten Klasse des Clementinischen Index nicht mehr aufgeführt worden, weil es im 16. Jahrhundert ergangen ist. Die Frage des Verbots aller Schriften richtet sich wieder nach den decreta generalia. Das Verbot der Einzelschrift durch Dekret des 17. Jahrhunderts wird im Index nach 1900 aufgeführt, weil das Verbot nach 1600 ergangen ist.

Der Index librorum prohibitorum Pius XII. 1948 wiederholt auf S. 506 die schon bei Leo verbotene Schrift Zangers, so daß bis 1966 noch eine Schrift des Wittenberger Dekretalisten Johann Zanger ausdrücklich durch den Index verboten ist.

Überprüfung des Häresievorwurfs der Kirche anhand einer Lebensdarstellung Zangers

Zanger wurde 1557 in Braunschweig als Sohn eines evangelischen Pfarrers gleichen Vornamens geboren. Seit 1576 studierte er in Heidelberg Rechtswissenschaft. Er hörte hier Vorlesungen bei dem wegen seines reformierten Bekenntnisses aus Frankreich geflüchteten Juristen Hugo Donellus, der als Calvinist aus Frankreich ausgewiesen war[553]. Zanger setzte seine juristischen Studien in Italien fort und promovierte schließlich zusammen mit Hermann Vultejus am 2. Februar 1580 in Basel[554].

Aus den äußerst mageren Angaben und Nachweisen, die in der Literatur über Zanger zu finden sind, konnte nicht entnommen werden, welches Thema die Dissertation behandelte[555].

Jugler vermutet, daß sie nur kurze Thesen enthalten hat und deshalb in der weiteren Literatur unberücksichtigt geblieben ist. 1581 nahm Zan-

---

551 S. 418 des Gregorianischen Index von 1841.

552 S. 315 des Leoninischen Index von 1900.

553 Jugler I S. 362.

554 Landsberg, ADB. 44. S. 685.

555 Jugler I S. 363.

ger jedenfalls einen Ruf an die Universität Wittenberg an und wurde gleichzeitig Beisitzer am Hofgericht in Wittenberg, später dann auch Mitglied des Konsistoriums und einiger höherer Gerichte. 1594 rückte er zum ersten Professor und Senior der Juristenfakultät auf[556].

Zanger hat nicht nur Vorlesungen über Zivilrecht und Kriminalrecht gehalten, er hatte auch lange Zeit die Dekretalenprofessur inne, wobei er jedoch bevorzugt über das Prozeßrecht las[557].

Sein immer schon lebhaftes Interesse für die Theologie veranlaßte Zanger, 1597 in Wittenberg ein Theologiestudium zu beginnen[558]. Er wurde als Rat mehrerer Fürsten in juristischen und theologischen Streitigkeiten angerufen und sehr geschätzt. Am 6. September 1607 starb er in Wittenberg.

Zanger ist zwar überzeugter Protestant gewesen, es ist aber anzunehmen, daß ein besonderer Umstand die Indizierung in Rom ausgelöst hat. Selbst wenn man in der Indizierung des Münchener Index von 1582 den Anlaß für die römische Indizierung sieht, bleibt die Tatsache erstaunlich, daß Zanger in seinem 25. Lebensjahr schon in der ersten Klasse eines Index zu finden ist.

An und für sich hat die Kirche im 16. Jahrhundert nur solche Juristen indiziert, die sich zum Zeitpunkt ihrer Indizierung schon in der Politik oder in der juristischen Wissenschaft hervorgetan hatten, die also bereits bekannt geworden waren. Die meisten waren sogar schon gestorben (z. B. Hegendorph, Zasius, Schürpf, Lagus, Apel, Brück, Beyer, Hartmanni, Zoch, Heresbach), bevor sie indiziert wurden. Die Angaben über Zanger bis zu seinem 25. Lebensjahr sind im Hinblick auf die Indizierung in der ersten Klasse des Münchener Index nicht aufschlußreich. Er hatte gerade seine Dissertation beendet und den Ruf nach Wittenberg angenommen. Da er schon als Sohn eines evangelischen Pfarrers geboren worden ist, erscheint es auch kaum wahrscheinlich, daß er sich in jungen Jahren aktiv gegen die Kirche eingesetzt hat.

Es könnte sein, daß Zangers Dissertation nicht so harmlos gewesen ist, wie Jugler vermutet[559]. Andererseits bliebe noch die entfernte Möglichkeit, daß der Münchener Index den Vater Zangers mit dem gleichen Namen gemeint hat. Dagegen spricht jedoch die Tatsache, daß Zanger durch seine im 17. Jahrhundert erschienenen Schriften seine Indizierung

---

556 Jugler I S. 363.

557 Friedensburg S. 493.

558 Jugler I S. 364.

559 Die Dissertation konnte bibliographisch nicht ermittelt werden. Vermutlich handelt es sich um Doktorthesen. Althusius hat jedenfalls am 1. Juli 1586 — also beinahe zur selben Zeit wie Zanger — in Basel nur mit Doktorthesen promoviert. Näheres hierüber bei Thieme: Festschrift für Liermann S. 297—304.

praktisch nachträglich rechtfertigt. Es empfiehlt sich daher auch hier eine kurze Behandlung seiner Schriften.

Überblick über die wichtigsten Schriften Zangers

Die einzige Schrift Zangers, die vor 1590[560] erschienen ist, „Commentarii ad tit. de exeptionibus et replicat. Witembergae 1586" u. ö.[561], kollidiert nicht mit kirchlichen Interessen. Alle anderen Schriften erscheinen nach 1590 und können in Rom nicht für das erste schon im Sixtinischen Index von 1589/90 stehende Verbot erster Klasse ausschlaggebend gewesen sein.

1. Orationes duae, I. quod, licet Pontifex Romanus nullam habeat potestatem condendae legis, tamen Ius canonicum, licite in Scholis & foro doceatur & observatur. II. qualenam debeat esse judicatum, ne ab ulla parte contendentium merito in dubium, aut in suspicionem vocari possit. Habitae Witebergae in Auditorio Jurisconsultorum, I. 1594, II. 1600.

Witebergae: Helwig 1601.

In der ersten Rede setzt Zanger seinen Studenten auseinander, daß es trotz der ungeordneten Anhäufung von Dekreten und Konstitutionen im kanonischen Gesetzbuch und der zahlreichen Irrtümer, die sich dort eingeschlichen hätten, von großem Nutzen sei, das kanonische Recht zu studieren, da insbesondere die auf das Gerichtswesen bezüglichen Regelungen und die Behandlung öffentlicher Streitigkeiten in den Dekretalen Gregors IX. heutzutage unverzichtbar seien. Diese Normen hätten sich durch Jahrhunderte hindurch als beständig erwiesen im Gegensatz zu vielen weltlichen Gesetzen und Staatsordnungen. Er kommt dann auf die Bedeutung seines Lehrstuhls für kanonisches Recht in Wittenberg zu sprechen. Nach der Universitätsreform von 1536 seien die Vorlesungen über kanonisches Recht zum großen Teil beibehalten worden, weil man das kanonische Recht immer noch ergänzend neben den neuen protestantischen Kirchenordnungen und primär zu prozessualen Fragen heranziehen müsse.

Herzog August von Sachsen habe den Lehrstuhl 1550 und 1566 bestätigt. Für ihn selbst sei es eine große Ehre, die Dekretalenprofessur auszufüllen.

Anschließend geht Zanger auf die universalen Machtansprüche der Päpste ein, die „non modo jurisdictionem & postestatem Ecclesiasticam, sed etiam civilem & Politicam exercuit". Er hält jede Betätigung der Päpste auf weltlich-politischem Gebiet für unvereinbar mit den Grund-

---

[560] Da Clemens das Sixtinische Verbot in der ersten Klasse übernommen hat, ist der Zeitpunkt zur Erforschung der Indizierungsgründe vor 1589/90 anzusetzen.

[561] Entnommen aus Jugler I S. 365.

sätzen des Neuen Testaments und will nun beweisen, daß die Päpste über die ihnen durch das Evangelium zugewiesenen Kompetenzen hinausgehen, obwohl ihm klar ist, daß viele sein Unterfangen als Sakrileg ansehen werden.

Zanger erinnert daran, daß zu Zeiten der Kaiser Konstantin und Justinian kirchliche Angelegenheiten durch die weltliche Gesetzgebung geregelt wurden und daß die Konstantinische Schenkung ein Märchen sei. Gegen den päpstlichen Universalanspruch stehe das Bibelwort: „Regnum meum non est ex hoc mundo." Danach sei die Jurisdiktionsgewalt der Päpste auf den geistlichen Sektor beschränkt. Die Aufgabe der Kirche bestünde lediglich in der Verkündung des Wortes Gottes und der Spendung der Sakramente. Diese Thesen gipfeln in den Sätzen: „Quinimo Pontificem caput Ecclesiae & Christi vicarium esse negamus." „Est igitur vox nefaria & detestabilis blasphemia, quod Pontifex gaudet & gloriatur, se Deum nominari & a seculari potestate se ligari non posse, impudentissime jactitat."

Das 1555 erzielte Übereinkommen in Religionsangelegenheiten zwischen dem Kaiser und den Fürsten zeige ebenfalls, daß der Papst keine „jura maiestatis" habe.

Im zweiten Teil der Rede erörtert Zanger die Frage, auf welche Weise es zur Anerkennung des kanonischen Rechts auf weltlichem Sektor gekommen ist. Kaiser Lothar habe die canones den römischen Gesetzen dann übergeordnet, wenn es um Kirchensachen ging. Erst die juristische Praxis sei dazu übergegangen, die canones auch auf weltliche Angelegenheiten anzuwenden, wenn dadurch eine gerechtere Lösung erzielt werden konnte. Allein Nützlichkeitserwägungen hätten also die Anwendung des ersten und zweiten Buchs der Dekretalen bewirkt. Die Verbindlichkeit kirchlicher Gesetze für den weltlichen Bereich erfolge auf Grund von kaiserlicher Zustimmung, nicht etwa als Ausfluß des kirchlichen Universalitätsanspruches.

Böhmer[562] hält diese Rede für eine Apologie des kanonischen Rechts. Dies mag vom protestantischen Standpunkt aus angehen, die katholische Kirche mochte die häretische Gesinnung in der Ablehnung des Universalitätsanspruches des Papsttums und der Anerkennung kanonisch-rechtlicher Vorschriften nur aus Nützlichkeitserwägungen gesehen haben.

Die Oratio II befaßt sich mit einer prozessualen Frage, interessiert hier also weniger.

2. Im Hinblick auf die Indizierung ist auch eine andere Rede aufschlußreich, die Zanger anläßlich der Promotion von Andreas Seifard 1606 in Wittenberg gehalten hat:

---

[562] § 66 S. 131 bei Böhmer.

„De excommunicatione maiore, qua toties in Principes tam nefarie Pontifices Romani fuerunt abusi, Dissertatio theologico-Juridica. Resoluta ab Andrea Seifardo. Witebergae: Herwich 1607."

Am Beispiel der Exkommunikation Elisabeths I. von England durch Sixtus V. wegen ihres Abfalls von der katholischen Kirche und der nachfolgenden Entbindung der Untertanen vom Treueid gegenüber ihrer Königin durch den Papst prangert Zanger den Machtmißbrauch der Päpste an.

3. Joannis Zangeri J. C. Olim Decretalium Professoris, Facultatis Juridicae Senioris & Ordinarii in inclyta Electorali Academia Wittebergensi Commentationes in Lib. II Decretalium hos quatuor tit.: De sententia et re iudicata Apellationibus Clericis peregrinantibus & confirmatione utili et inutili. Herausgeber: Daniel Johann Zanger J. U. D. — Wittenbergae: Berger & Helwig 1620.

Diese nachträglich durch Dekret verurteilte Schrift ist posthum durch Daniel Johann Zanger, den Sohn Johann Zangers, nach einem Kollegheft herausgegeben worden. Die Gründe des Verbots sind der Schrift nicht zu entnehmen. Auch Schulte[563] wundert sich über das Verbot dieser Schrift, die seiner Meinung nach keine Angriffe gegen die Kirche enthält.

Wahrscheinlich hat man in Rom das Werk nur deshalb verboten, weil der Verfasser schon in der ersten Klasse eines römischen Index stand und die erneute Verurteilung das bestehende Verbot wieder einschärfen wollte.

4. Während die erwähnten Werke keine Expurgation erfahren haben, findet sich bei Sandoval[564] und bei Mascaregnas[565] die Expurgation einer Schrift: „Tractatus de Exceptionibus. Wittebergae: Lehmann 1593." Beide Expurgationsindices gehen von der Ausgabe 1593 aus und enthalten dieselben Verbesserungen. Die Beanstandungen sind verhältnismäßig gering, sie betreffen im wesentlichen die schon bekannten Anschauungen Zangers von der beschränkten Geltung des kanonischen Gesetzbuches und der Eingrenzung der Jurisdiktionsgewalt der Päpste auf geistliche Angelegenheiten.

Aus den im Verhältnis zu der sehr frühzeitigen Indizierung spät erschienenen Schriften Zangers läßt sich eine aggressive Haltung gegen das Papsttum erkennen. Zanger lehnt den Universalitätsanspruch des Papstes ab und will die canones nur dann anerkennen, wenn Nützlich-

[563] Bd. 3 S. 32 bei Schulte.
[564] S. 548 bei Sandoval.
[565] S. 830 bei Mascaregnas.

keitserwägungen dies befürworten. Für die römische Kirche mußte diese Haltung um so verwerflicher erscheinen, als Zanger in Wittenberg Professor der Dekretalen gewesen ist.

δ) Matthaeus Wessenbeccius (Matthäus Wesenbeck) 1531—1587

Verzeichnis seiner verbotenen Schriften

1. Antwerpener Index von 1570

In der zweiten Klasse des Buchstabens „P“ findet sich die folgende Eintragung: „Paratitla Wesenbecii, materia de divortiis, ubi judaicum divortium contendit etiamnum inter christianos valere, donec repurgetur[566].“

Ein Werk Wesenbecks mit diesem Titel konnte nicht ermittelt werden, gemeint ist wohl das Kapitel über Ehescheidung in seinem „Commentarius in Pandectas vulgo Paratitla. 1. Auflage. Basel: Oporinus 1565“. Der Kommentar zu den Pandekten enthält die gesamte Darstellung des protestantischen Eherechts in den Titeln: „De sponsalibus; De ritu nuptiarum und De divortiis et repudiis.“

2. Index des spanischen Generalinquisitors Quiroga von 1583

Allem Anschein nach hat Quiroga den Antwerpener Verbotsindex benutzt. Unter dem Buchstaben „V“ steht: „Wesembecii Paratitla, materia de divortiis, ubi judaicum divortium contendit nunc etiam inter christianos valere[567].“ Unterschiedlich gegenüber dem Antwerpener Verbot ist das Fehlen des Expurgationsvermerks. Der Antwerpener Index hielt das Werk für expurgierbar, wie die Formulierung „donec repurgetur“ zeigt, während Quiroga das Werk nicht für verbesserungsfähig hält.

3. Index librorum prohibitorum Clemens VIII. 1595/96[568]

In der ersten Klasse des Buchstabens „M“ werden alle Schriften Wesenbecks verboten: „Matthaeus Wessenbeccius[569].“

Es kann nicht endgültig ermittelt werden, ob die Kompilatoren des römischen Index das Einzelschriftenverbot des Antwerpener Index von 1570 und des spanischen Index von 1583 einfach zu einem Verbot erster Klasse geschärft haben oder ob man in Rom zusätzliche Informationen eingeholt hat, auf Grund deren das Verbot in der ersten Klasse erfolgt ist. Angesichts der führenden Stellung, die Wesenbeck als protestantischer

---

566 Reusch: Index S. 299.

567 Reusch: Index S. 431.

568 Im Index Sixtus V. steht Wesenbeck ebenfalls in der ersten Klasse, siehe Reusch: Index S. 503.

569 Reusch: Index S. 566.

Jurist und als protestantischer Theologe in Wittenberg genoß, liegt es nahe, daß das Verbot erster Klasse auf zusätzlichen Untersuchungen beruht.

4. Index librorum prohibitorum Gregors XVI. 1841

„Wesenbecius, seu Wesembecius Matthaeus. 1. Cl. App. Ind. Trid.[570]."

Für die Zeit von 1900 bis 1966 gelten wieder die Leoninischen Regeln und die Bestimmungen des CIC.

Überprüfung des Häresievorwurfs der Kirche anhand einer Lebensdarstellung Wesenbecks

Matthaeus Wesenbeck stammte aus Antwerpen, wo er am 25. Oktober 1531 geboren wurde. Er absolvierte seine rechtswissenschaftlichen Studien in Löwen seit 1544 und hörte dort insbesondere bei Gabriel Mudaeus[571]. 1550 promovierte er zum Lizentiaten der Rechte.

Neben seinem juristischen Studium beschäftigte sich Wesenbeck mit theologischen Streitfragen[572]. Er las viele Schriften der Wittenberger Reformatoren, deren Gedanken ihm einleuchtend schienen und ihn schließlich von der Richtigkeit der lutherischen Lehre überzeugen konnten[573]. Im Anschluß an seinen Löwener Studienaufenthalt reiste Wesenbeck durch Frankreich und machte in Paris die Bekanntschaft von Juristen und calvinistischen Theologen[574], die seine religiösen Vorstellungen ebenfalls zugunsten des protestantischen Bekenntnisses beeinflußt haben sollen.

Um der nach dem Regierungsantritt Philipps II. verschärften Inquisition in den Niederlanden zu entgehen, wandte sich Wesenbeck nach Deutschland und nahm einen Ruf als Professor der Rechte 1557 in Jena an[575].

Die Jenaer Zeit Wesenbecks ist im Hinblick auf die Indizierung besonders aufschlußreich. Der Superintendent Winter von Jena verlangte nämlich von Wesenbeck anläßlich der Taufe eines Kindes des Professors Johann Stigel, er solle sich zur „Sächsischen Konfutation" bekennen. Die sächsische Konfutation war 1559 von Herzog Johann Friedrich dem Mittleren von Sachsen erlassen worden, um einen theologischen Streit zwischen den beiden Jenenser Professoren der Theologie, Matthias Flaccus Illyricus und Victor Stigel, im Sinne der Flaccianer zu schlichten[576]. Die

---

570 S. 411 des Gregorianischen Index von 1841.
571 Historischer Schauplatz S. 121.
572 Rauchbar, ohne Seitenzählung.
573 Siehe Narratio de Matthaeo Wesenbecio, Witebergae 1570.
574 Historischer Schauplatz S. 123.
575 Stintzing S. 352.
576 Titel der Konfutation bei Müller, J. J. S. 39: „Confutatio & condemnatio praecipuarum corruptelarum sectarum & errorum, hoc tempore ad instaura-

Konfutation diente im Glaubensstreit also nur der Klarstellung, sie stellte nicht etwa neue Glaubenssätze auf. Wesenbeck verweigerte nun dieses Bekenntnis, woraufhin ihn Winter von der Taufzeugenschaft ausschloß[577]. Es entstand daraufhin ein theologischer Streit[578] zwischen Winter und Wesenbeck, der sich in vielen literarischen Angriffen auf beiden Seiten abspielte. Der Kurfürst griff schließlich in Wesenbecks Sinne ein, enthob Winter seines Amtes und admittierte Wesenbeck auf die Augsburger Konfession, die Apologie und Luthers Katechismus.

Dieser im Jahre 1560 auf theologischem Gebiet ausgetragene Streit zwischen dem Theologen Winter und dem theologisch argumentierenden Juristen Wesenbeck[579] zeigt, daß Wesenbeck überzeugter Lutheraner gewesen ist, der jederzeit für seinen Glauben in der einmal für richtig gehaltenen Form eintritt. Möglicherweise hat der für Wesenbeck siegreich verlaufende theologische Streit dazu beigetragen, ihn zu den führenden sächsischen Glaubensvertretern zu zählen, der in den Augen der katholischen Kirche nur einen Platz in der Klasse der Häretiker finden konnte.

1569 übernahm Wesenbeck den Lehrstuhl des gerade verstorbenen Wittenberger Juristen Johann Schneidewin (der in der zweiten Indexklasse indiziert ist). Nebenher war Wesenbeck Beisitzer des Wittenberger Konsistoriums und des Schöppenstuhls.

Auch er wurde als Gutachter verschiedener Fürsten geschätzt. Seine Pandektenlehrbücher wurden im 16. Jahrhundert überall gelesen und in vielen Auflagen in den folgenden Jahrhunderten wiederaufgelegt. Am 5. Juni 1586 starb er in Wittenberg.

Überblick über einige Schriften Wesenbecks

Brasichellen expurgiert drei Schriften Wesenbecks[580]:

1. Censura in commentaria Institutionum Matthaei Wesenbecii, impressa Coloniae 1593[581].

2. Censura in Paratitla, Basileae 1593[582].

---

tionem & propagationem regnis Antichristi Pontificis Romani, aliarumque fanaticarum opinionum, ingruentium grassantium contra veram sacrae Scripturae, Confessionis Augustanae & Schmalkaldicorum Articulorum Religionem & c."

577 Müller, J. J. S. 38—172; Sincerus S. 161; Eisenhart ADB. 42. S. 135.

578 Einige Verteidigungsbriefe Wesenbecks an den Herzog sind bei Müller, J. J. S. 41 ff. abgedruckt. Darin versichert Wesenbeck den Herzog seiner Rechtgläubigkeit im lutherischen Sinne unter Anführung vieler theologischer Zitate, die ein gründliches Bibelstudium erkennen lassen.

579 Siehe auch Zeumer S. 23.

580 Ein Teil der Expurgation bei Brasichellen ist vom Antwerpener Expurgationsindex von 1571 S. 122—123 übernommen worden.

581 S. 673—675 bei Brasichellen.

582 Ebenda, S. 675—678.

3. Censura in Commentaria in codicem. Basileae 1593 habentur post Paratitla[583].

Sotomaior expurgiert erheblich mehr Schriften:

1. Commentarius in Institutionum Iuris, libros quatuor, Basileae 1576[584].

2. Commentarii in Pandectas iuris Civilis, Codicis Justinianei, qui olim Paratitla dicebantur, Basileae 1606[585].

3. Commentarii ac Praelectiones, in librum tertium Codicis. Wittembergae 1609[586].

4. Oeconomia utriusque Iuris. Parisiis 1573[587].

Ohne Expurgation wurden zum Lesen freigegeben:

1. Tractatuum & Responsorum, quae vulgo consilia iuris appellantur. Pars prima & secunda[588].

2. Commentarii in Tit. de Pactis & de Fide instrumentorum. Wittenbergae 1594[589].

3. Consilia quaedam, vide in Laurentii Kirchovii Consiliis collectis, volum. 1 & 4[590].

Beide Expurgationen gehen von einem Verbot erster Klasse aus, die Verbesserungen sind untereinander sehr ähnlich. Abgesehen von den immer wieder beanstandeten Namen und lobenden Erwähnungen von Ketzern und von abfälligen Bemerkungen über Organe und Einrichtungen der Kirche (insbesondere Papsttum und Mönchswesen) werden praktisch alle Aussagen über das Eherecht in den Paratitla und im Institutionenkommentar gestrichen.

Auffällig sind auch die vielen theologischen Beanstandungen.

Im Kommentar zum Codex[591] vertritt Wesenbeck zum Beispiel die Auffassung, daß die Sakramentenlehre nicht notwendig zu den eigentlichen Glaubensartikeln gehöre[592] und gelangt so zu einem von der katholischen Lehrmeinung unterschiedlichen Häresiebegriff[593].

---

583 Ebenda S. 678—679.
584 S. 773 bei Sotomaior.
585 Ebenda S. 773—774.
586 Ebenda S. 774.
587 Ebenda S. 774—775.
588 Ebenda S. 773.
589 Ebenda S. 774.
590 Ebenda S. 774.
591 Brasichellen S. 678 legt seiner Expurgation die Ausgabe von 1593 zugrunde; Sotomaior S. 774 hat die Ausgabe des Werks von 1606 benutzt. Hier wurde die Ausgabe „Francofurti 1619“ zugrundegelegt.
592 Codex, Lib. 1 tit. 2, 5.
593 Codex, Lib. 1 tit. 5.

Die Abendmahlslehre deutet Wesenbeck im lutherischen Sinne. Er überträgt die Kompetenz des Papstes zur Verfolgung und Bestrafung von Ketzern der weltlichen Obrigkeit. Überhaupt zieht sich die lutherische These über die Trennung der geistlichen von den weltlichen Angelegenheiten, die in der Ablehnung der universellen päpstlichen Gesetzgebungsbefugnis gipfelt und besonders im dritten Buch des Codex ihren Niederschlag gefunden hat, durch den ganzen Kommentar[594].

In der „Oeconomia iuris“[595] beziehen sich alle Beanstandungen nur auf den letzten Teil der Schrift: „oeconomia iuris canonici“, in dem Wesenbeck das Decretum Gratiani und die fünf Bücher der Gregorianischen Dekretalen interpretiert.

Es werden auch hier die schon bekannten antipäpstlichen Äußerungen ausgemerzt, ebenso die auf die rein geistliche Funktion der Kirche anspielenden Bemerkungen. Wesenbeck sieht in der Ausübung weltlicher Macht durch den Papst eine Usurpation ehemals kaiserlicher Kompetenzen[596].

Sehr aufschlußreich ist die abschließende, an den Leser gerichtete Bemerkung der Expurgation der „oeconomia iuris“[597]: „Et deinceps caute legendus est hic Autor, sicubi minus digne de Pontificibus, aut iure Pontificio loqui visus fuerit.“

Die Beanstandungen auf eherechtlichem Gebiet sind ebenfalls recht aufschlußreich. Da Wesenbeck dem Wittenberger Konsistorium angehörte, hat sich die dort geübte Praxis in seinen Werken stark niedergeschlagen. Eine Auswertung der Expurgationshinweise besonders in den „Paratitla“[598] zeigt, daß Wesenbeck zwischen Verlöbnis und Eheschluß unterschieden hat, aber das Verlöbnis als gewöhnlichen Vertrag ansieht[599]. Im Falle der Eheschließung gewaltunterworfener Kinder steht Wesenbeck auf dem Standpunkt der notwendigen Einwilligung der Eltern, damit die Ehe rechtswirksam zustandekommt.

Wenn die copula carnalis jedoch schon erfolgt ist, kann nach seiner Meinung die Ehe nicht mehr getrennt werden[600].

Die kanonisch-rechtlichen Gradverbote erkennt Wesenbeck nur bis zum dritten Grad an, wie es damals Praxis des Wittenberger Konsistoriums gewesen ist[601]. Aus dem Charakter der Ehe als gesellschaftlicher

---

594 Vgl. die Titel in Lib. 3 des Codexkommentars.

595 Die hier benutzte Ausgabe Basel 1579 stimmt in den Seitenzahlen mit der Ausgabe bei Sotomaior überein.

596 S. 302—304 der „œconomia“.

597 S. 775 bei Sotomaior.

598 Bei Sotomaior S. 773—774; bei Brasichellen S. 675—678.

599 Paratitla-Ausgabe 1619, Lib. 12 tit. 2.

600 Lib. 23 tit. 2 col. 547 der Paratitla-Ausgabe 1619.

601 Lib. 23 tit. 2 col. 541 der Paratitla-Ausg. von 1619.

Institution, die den Gesetzen der weltlichen Obrigkeit unterliegt, ergibt sich für Wesenbeck sogar, daß die iure positivo geschlossene und konsumierte Ehe nicht mehr getrennt werden kann, auch wenn nach göttlichem Recht anerkannte Verwandtschaftsverbote entgegenstehen[602].

Die geistliche Verwandtschaft erkennt Wesenbeck als Ehehindernis nicht an mit der Begründung, daß sich sonst alle Christen der Ehe enthalten müßten, da sie alle in Christo miteinander verwandt wären.

Was die Scheidung der Ehe angeht[603], so beruft sich Wesenbeck im Titel „De divortiis" der Paratitla zunächst einmal auf die in der Theodosianischen „lex concensu" aufgezählten Scheidungsgründe: adulterium, insidiae, inimicitiae capitales, saevitia intolerabilis und stellt diesen das kanonische Recht, das die Ehescheidung vollkommen ablehnt, gegenüber. Nach Abwägung aller Argumente für und wider, kommt er dann auf die nach protestantischem Eherecht anerkannten Scheidungsgründe Ehebruch und Desertion zu sprechen, die er mit Hilfe des mosaischen Rechts belegt. Diese Argumentation wird ihm wohl besonders übelgenommen, was aus dem zweimaligen Verbot dieses Teils der Schrift in den Indices von Antwerpen 1570 und Quiroga 1583 hervorgeht.

Bei der Behandlung der Frage der Wiederverheiratung hält Wesenbeck es für billig, auch dem schuldigen Teil eine zweite Eheschließung zu gestatten.

Die in den Expurgationen aufgeführten Schriften stellen bis auf wenige Ausnahmen das gesamte Schrifttum Wesenbecks dar. Nicht berücksichtigt wurden: „Tractatus de feudis, Witebergae 1584"[604] und „Exempla iurisprudentiae. Basileae 1573"[605].

Zum Schluß soll noch auf eine anonyme Schrift hingewiesen werden, die ohne Ort unter dem Titel „Aenigma timorumenon in Lutum sanguine Maceratum" erschienen ist und Wesenbeck zugeschrieben wird. Die Schrift ist nicht unter den Anonyma in den römischen Indices des 16. Jahrhunderts zu finden und auch später nicht mehr unter dem genannten Titel indiziert worden.

Der Verfasser beklagt hierin das von der katholischen Inquisition in den spanischen Niederlanden und in Frankreich geknechtete Volk, das wegen seines Glaubens durch die katholische Geistlichkeit und die katholischen Machthaber Folterungen erdulden müsse. Königin Elisabeth I. von England, der das Gedicht auch gewidmet ist, wird aufgerufen, die Protestanten vor der völligen Unterdrückung zu retten[606].

---

602 So auch Mejer S. 164.
603 Lib. 23 tit. 2 col. 549 der Paratitla-Ausg. von 1619.
604 Aus Stintzing S. 366.
605 Aus Stintzing S. 366.
606 Historischer Schauplatz S. 137, wo die Schrift besprochen ist.

Es muß dahingestellt bleiben, ob die Zeitgenossen Wesenbeck mit der Verfasserschaft dieses Gedichts in Zusammenhang gebracht haben und ob darüber Denunziationen in Rom eingetroffen sind.

Aus den Expurgationen ergibt sich, daß Wesenbeck in seinen Schriften die protestantische Eherechtsdarstellung erheblich mehr im Sinne der protestantischen theologischen Vorstellungen weiterentwickelt hat als seine hier schon behandelten Vorgänger Kling, Lagus, Apel und Oldendorp. Wesenbeck setzt sich für eine scharfe Trennung der geistlichen Gewalt von der weltlichen ein und lehnt ein Eingreifen des Papstes in weltliche Angelegenheiten ab.

ε) Joannes Georgius Godelmannus (Johann Georg Godelmann) 1559—1611

Verzeichnis seiner verbotenen Schriften

1. Index librorum prohibitorum Clemens VIII. 1595/96

In der ersten Klasse des Buchstabens „J" steht die Eintragung: „Joannes Georgius Godelmannus[607]."

Godelmann gehört zu den Juristen, die erstmals durch den römischen Index verboten worden sind, ohne daß vorher durch einen lokalen Bücherverbotskatalog ein Verbot einer Schrift oder der Person ergangen wäre. Auch auf dem Sixtinischen Index ist Godelmann noch nicht zu finden.

2. Dekret vom 7. August 1603, veröffentlicht vom Magister Sacri Palatii Brasichellen[608].

„Joannis Georgii Godelmani, Liber de magis, veneficis & lamiis, Francofurt. 1601. omnino prohibetur. Est enim auctor positus in prima classe Indicis Romani."

Dieses Dekret gibt als Motivation für das Schriftenverbot der Abhandlung über die Hexen die Indizierung in der ersten Klasse an[609]. Sicher hat diese bahnbrechende Schrift Godelmanns aber schon für das Verbot in der ersten Indexklasse des Clementinischen Index eine Rolle gespielt. In der ersten Auflage ist die Schrift nämlich 1591 erschienen und schon 1592 von dem protestantischen Theologen Georg Nigrinus, der auch in der ersten Klasse des Clementinischen Index zu finden ist, ins Deutsche übersetzt worden. Da das Verbot in der ersten Klasse rechtlich das Verbot jeder Einzelschrift erfaßt, ist anzunehmen, daß die Kirche durch das Dekret von 1603 die erneute Auflage des Traktates über die Hexen verurteilen wollte. Dafür spricht auch das weitere Verbot dieser Schrift

[607] Reusch: Index S. 457.
[608] Index Alexanders VII. 1664, S. 294.
[609] Siehe auch Reusch I S. 418.

durch Dekret von 1677, das nach einer neuen Auflage des Traktates von der römischen Kirche erlassen wurde.

3. Index librorum prohibitorum Gregors XVI. 1841[610]

Der Index Gregors XVI. faßt alle bisher ergangenen Schriftenverbote zusammen:

„Godelmannus Joannes Georgius. 1. Cl. App. Ind. Trid.

Tractatus de Magis, Veneficis et Lamiis, deque his recte cognoscendis, et puniendis. Liber I, II, et III. Decr. 7. Augusti 1603 et 18. Maii 1677."

Das zweite Dekret von 1677 folgte der Neuauflage des Hexentraktats von 1675 in Nürnberg.

4. Index librorum prohibitorum Leos XIII. 1900

„Godelmannus, Joannes Georgius. Tractatus de magis, veneficis et lamiis, deque his recte cognoscendis et puniendis. Decr. S. Off. 28 iun. 1601; 18. maii 1677[611]."

Für die übrigen Schriften Godelmanns gelten die decreta generalia Leos XIII. Die Datumsangabe des ersten Dekrets: „28. Juni 1601" widerspricht dem in den vorausgegangenen Indices und vor allem in dem Dekretabdruck im Alexandrinischen Index angegebenen Datum vom 7. August 1603. Da die Ausgabe des Traktats erst 1601 erschienen ist, erscheint es unwahrscheinlich, daß im gleichen Jahr in Rom schon ein Verbotsdekret erlassen worden sein sollte. Deshalb liegt die Annahme nahe, daß der Leoninische Index nicht etwa eine Berichtigung enthält, sondern daß ein Druckfehler vorliegt.

5. Index librorum prohibitorum Pius XII. 1948

Der Index Pius XII. enthält wörtlich dieselbe Eintragung auf S. 195 wie der Leoninische Index. Das dort gedruckte Verbot ist also einfach übernommen worden.

Überprüfung des Häresievorwurfs der Kirche anhand einer Lebensdarstellung Godelmanns

Godelmann wurde am 12. Mai 1559 in Tuttlingen geboren. Von 1572 bis 1576 studierte er in Straßburg und Tübingen die „humaniora" und begann dann mit dem Studium der Jurisprudenz[612]. Juristische Vorlesungen hörte er bei Joachim von Beust und Matthäus Wesenbeck in Wittenberg. Er reiste viel und erhielt schließlich seine erste Professur 1579 in Rostock[613]. Erst am 1. September 1580 promovierte er in Basel, ging dann aber wieder nach Rostock zurück. 1581 heiratete Godelmann

610 S. 159 des Gregorianischen Index von 1841.
611 S. 144 des Leoninischen Index von 1900.
612 Freher S. 987; Adam S. 447.
613 Stintzing S. 728.

die Tochter des berühmten protestantischen Theologieprofessors David Chytraeus aus Rostock, der ebenfalls in die erste Klasse des Clementinischen Index aufgenommen worden ist[614].

Von Godelmann ist auch die deutsche Übersetzung der von Chytraeus in lateinischer Sprache verfaßten Biographie Karls V. ausgegangen.

Godelmann las in Rostock über Ciceros „De legibus", über Lehnrecht und Kriminalrecht[615]. Die 1584 gehaltenen Vorlesungen über die Carolina sind später unter dem Titel: „Tractatus de magis, veneficis et lamiis . . ." erschienen[616].

1587 begab sich Godelmann in politischer Mission nach Warschau und Riga und verhandelte dort Angelegenheiten der Stadt Rostock. 1589 berief ihn der Statthalter Heinrich Rantzau nach Holstein. Seine politisch-gutachterliche Tätigkeit brachte ihm großes Ansehen ein, was schließlich dazu führte, daß ihn der sächsische Kurfürst 1592 als Rat nach Dresden bestellte.

Godelmann vertrat Kursachsen beim Reichskammergericht in Speyer. In dieser Eigenschaft wurde er mit dem Fall des kursächsischen Kanzlers Nikolaus Krell befaßt[617], der für die Indizierung Godelmanns interessante Aufschlüsse gibt.

Nikolaus Krell ist zunächst Erzieher und dann Kanzler Herzog Christians I. von Sachsen gewesen. Nach dem Tode des ihm sehr geneigten Herrschers wurde Krell beschuldigt, heimlich den Calvinismus in Sachsen verbreitet zu haben. Die Religionskämpfe um den richtigen und wahren Glauben zwischen den Philippianern und den Lutheranern, den Calvinisten und anderen Vertretern der evangelischen Kirchen in den nicht katholischen Ländern veranlaßten den Vater Christians I., für die nach seiner Meinung allein richtige reine lutherische Lehre einzutreten und Andersdenkende gegebenenfalls auf blutigem Wege auszuschalten. Die vereinzelten Milderungen, die Christian I. in Glaubenssachen durchführte (z. B. Abschaffung des Exorzismus bei der Taufe) wurden nach seinem frühen Tode im Jahre 1591 von politischen Gegnern seinem Kanzler Krell als calvinistische Tendenzen untergeschoben, um auf diese Weise seine Absetzung zu erreichen. Krells Verhaftung, der weder eine formelle Anklage, geschweige denn ein gerichtliches Urteil zugrundelag, wurde vom Reichskammergericht in Speyer für unrechtmäßig erklärt und seine Freilassung gefordert, solange kein Rechtsgrund für seine Verhaftung angegeben werden konnte. Auf Veranlassung des nach dem Tode Christians I. eingesetzten Administrators für Sachsen gelang es

614 Krabbe: Chytraeus S. 374.

615 Krabbe: Rostock S. 700.

616 Wächter S. 294.

617 Darüber ausführlich Saran S. 596—614.

nun Godelmann, die Angelegenheit beim Reichskammergericht mehrere Male hinauszuzögern und schließlich den Kaiser zu veranlassen, der Todesstrafe für Krell zuzustimmen[618]. Krell wurde sodann von einem böhmischen Gericht zum Tode verurteilt.

Möglicherweise ist die Rolle Godelmanns in diesem konfessionellen Streit nach Rom berichtet worden. Da sich Godelmann als Vertreter Kursachsens öffentlich vor dem Reichskammergericht und dem Kaiser für die Durchsetzung der lutherischen Lehre und gegen den angeblich vom Calvinismus beherrschten Kanzler Krell eingesetzt hat, könnte die Indizierung in der ersten Klasse des römischen Index die Reaktion auf die öffentliche Verteidigung eines häretischen Glaubensbekenntnisses durch Godelmann gewesen sein. Dafür spricht auch der Umstand, daß Godelmann erst im Index Clemens VIII. erscheint und nicht schon im Sixtinischen Index von 1589/90, dessen Publikation vor der Affäre Krell lag.

Immerhin ist es nicht sicher, ob die Haltung Godelmanns in der Affäre Krell den einzigen Anlaß für die Indizierung gegeben hat, wahrscheinlich hat auch der 1591 erstmals erschienene Traktat über die Hexen einiges dazu beigetragen.

1597 erhob der Kaiser Godelmann in Anbetracht seiner großen Verdienste in den Adelsstand. Am 20. Februar 1611 starb er in Dresden.

Überblick über das Schrifttum Godelmanns

Von den Schriften Godelmanns werden bei Stintzing[619] folgende Werke genannt:

1. Proleg. lection. in Cic. de legibus 1583.
2. De litiscontestatione. 1578. Diss.
3. De legum Rom. dignitate oratio. Rostock 1583.
4. De iure patronatus Rostock 1585.
5. De studiis privatis. Rostock 1588.
6. Tractatus de magis, veneficis et lamiis, deque his recte cognoscendis et puniendis ... in tres libros distributus.
   Francofurti: Bassaeus 1591[620].

Keine der Schriften Godelmanns ist jemals expurgiert worden. Der Traktat über die Hexen ist jedoch eine Sonderuntersuchung wert, da er nicht nur zweimal durch Dekret verboten wurde, sondern auch vier Jahre vor Publikation des vierten römischen Index des 16. Jahrhunderts

[618] Darüber hinaus besonders auf S. 612 bei Saran.

[619] S. 728, 729 bei Stintzing.

[620] Diese Ausgabe von 1591 wurde auch der Bearbeitung zugrundegelegt.

erschienen ist, also eventuell für das Verbot in der ersten Klasse mit ausschlaggebend gewesen sein kann.

Im übrigen soll noch darauf hingewiesen werden, daß nach der Tridentiner Regel XI auch ohne ausdrückliches Verbot alle Schriften verboten waren, die über Hexen- und Zauberthemen handelten. Der Hexentraktat Godelmanns wäre also schon gemäß Tridentiner Regel XI verboten gewesen.

Auf Grund dieser Regel wurden im 17. Jahrhundert praktisch alle Schriften dieser Kategorie von der Kirche durch Dekret verurteilt[621].

Da in Ermangelung einer Expurgation keine bestimmten Ansatzpunkte für die Verbotswürdigkeit in der Schrift hervorgehoben werden können, soll kurz eine allgemeine Darstellung der Abhandlung gegeben werden.

In dem Traktat über die Hexen, Zauberer und Giftmischer vertritt Godelmann die Forderung nach mehr Menschlichkeit bei der Verurteilung von sogenannten Hexen und verlangt ein Verfahren, das sich im Rahmen der Gesetze vollzieht. Er glaubt zwar durchaus noch an die Existenz von Hexen, schränkt aber die diesen von dem Glauben der Menschen angedichteten Taten mit Hilfe der Vernunft ein. In seiner Zeit erregt Godelmann durch diese humanitären Forderungen großen Protest und erreicht zu seinen Lebzeiten noch keine wirksamen Milderungen.

Im ersten Buch behandelt Godelmann die Rechtsverhältnisse der Zauberer und Giftmischer, die mit dem Teufel im Bunde stehen. Im zweiten Buch erläutert er Rechtsgrundsätze für die Behandlung der Hexen, und im dritten Buch stellt er das Verfahren und die Strafe dar.

Diese Einteilung hat Godelmann von Johann Weier übernommen (lateinisch Wierus), der als Leibarzt Herzog Wilhelms von Cleve und Schüler Konrad Heresbachs schon 1563 ein Werk mit dem Titel: „De praestigiis daemonum“ erscheinen ließ, in dem er den Unterschied zwischen Hexen, Zauberern und Giftmischern darlegt. Nach der Ansicht Weiers müssen die mit dem Teufel verbündeten Zauberer mit dem Tode bestraft werden, nicht aber die Hexen, weil diese sich nur einbildeten, ein Bündnis mit dem Teufel geschlossen zu haben und zum größten Teil nur Geständnisse unter Folterqualen ablegten, deren Beweiskraft zu bezweifeln wäre. Dieses Buch von Weier wird bei Clemens VIII. einzeln indiziert, der Verfasser steht nicht in der ersten Klasse.

Offensichtlich ist also eine Schrift über die Hexen allein nicht Grund genug, eine Indizierung in der ersten Klasse zu motivieren. Es muß im Falle Godelmann noch ein anderer Grund hinzugekommen sein, der die

[621] Reusch II S. 418.

römischen Zensoren dazu veranlaßt hat, den Namen Godelmanns in die Klasse der Häretiker einzureihen. Dieser Anlaß kann in Godelmanns öffentlichem Auftreten für Kursachsen in der religiös-politischen Angelegenheit Krell zu suchen sein.

Godelmann behält also die von Weier geprägte Dreiteilung zwischen Hexen, Zauberern und Giftmischern bei, fordert aber ein gesetzmäßiges Verfahren für alle drei Gruppen[622]. Damit steht er in Gegensatz zu Bodin, nach dessen Meinung die Zauberei zu den delicta excepta gehört, bei deren Verfolgung das Gericht nicht an das Gesetz gebunden sei. Für die Richtigkeit seiner Auffassung führt Godelmann Artikel 83 der Carolina und einige Stellen aus der Heiligen Schrift an.

Für Godelmann sind die Hexen (lamiae) nur betörte Geschöpfe. Ihre Geständnisse müssen immer auf ihre Wahrscheinlichkeit überprüft werden[623]. Wenn die Hexen z. B. gestehen, Menschen und Vieh durch ihre magische Kunst getötet zu haben, so sind sie nach Art. 109 der Carolina zu verbrennen. Wenn sie keinen Schaden gestiftet haben, ist ebenfalls nach Art. 109 zu verfahren und auf empfindliche Strafen zu erkennen. Bekennen die Hexen aber, durch die Luft geritten zu sein, sich in Tiere verwandelt und mit dem Teufel Geschlechtsverkehr verübt zu haben, dann liegt nach Godelmann reine Einbildung vor, die keine Strafe nach sich zieht, vielmehr geistliche Belehrung erfordert. Godelmann bezieht sich hier ausdrücklich auf die Leitsätze des Konzils von Ancyra, wo die Möglichkeit der Verwandlung einer Hexe in ein Tier ausgeschlossen wird.

Der Gedanke, menschliche Milde und Gerechtigkeit im Hexen- und Zaubererprozeß walten zu lassen, beherrscht das Werk Godelmanns. Die katholische Kirche — die Protestanten waren hier übrigens der gleichen Meinung wie die Katholiken — verfolgte zwar Hexen und Zauberer unerbittlich durch ihre Inquisitionsgerichte, aber sie glaubte an eine echte Verbindung der Hexen mit dem Teufel. Wer dies in Zweifel stellte, machte sich in den Augen der Kirche der Häresie schuldig[624]. Hierin liegt wohl auch der materielle Verbotsgrund für die Schrift Godelmanns.

ζ) Joannes Leumclarius vel Leunclajus
(Johann Leunclavius, zu deutsch Löwenklau) 1541—1594

Verzeichnis seiner verbotenen Schriften

1. Index librorum prohibitorum Clemens VIII. 1595/96

In der ersten Klasse des Buchstaben „J" steht die Eintragung: „Joannes Leumclarius vel Leunclajus[625]." Vorausgegangen ist das Verbot er-

[622] Vgl. die Darstellung in Lib. III des Traktats.
[623] Lib. III Cap. 11 S. 131 ff.
[624] Wächter S. 306.
[625] Reusch: Index S. 558.

ster Klasse bei Sixtus V. „Joannes Leumclaius“[626]. Die vorausgehenden lokalen Indices enthalten kein Schriften- oder Personenverbot des Johann Leunclavius.

2. Index librorum prohibitorum Gregors XVI. 1841

Seit der Indizierung im Clementinischen Index hat sich an dem Verbot in der ersten Klasse nichts mehr geändert.

„Leunclavius, seu Leunclajus Joannes. 1. Cl. App. Ind. Trid.[627].“

Die Benediktinische Indexrevision hat den Namen in der auf den Buchtiteln gebrauchten lateinischen Form berichtigt.

Für die Zeit von 1900 bis 1966 gelten wieder die Leoninischen Regeln und die Bestimmungen des CIC.

Überprüfung des Häresievorwurfs der Kirche anhand einer Lebensdarstellung des Johann Leunclavius

Über Johann Leunclavius, zu deutsch Löwenklau, ist wenig bekannt. Er hat sich im 16. Jahrhundert einen Namen gemacht als Herausgeber von historisch-philologischen Arbeiten und Rechtsquellen. Besondere Verdienste hat sich Leunclavius um die byzantinische und türkische Geschichtsschreibung erworben, er ist auch der Herausgeber der ersten Ausgabe der Basiliken.

Leunclavius ist 1541 in Amelsbüren bei Münster in Westfalen geboren worden. Babinger widerlegt mit dieser Geburtsangabe die falschen Datumsangaben der vor ihm liegenden biographischen Darstellungen über Leunclavius[628], die das Geburtsjahr auf 1533 festgesetzt hatten[629]. Seit 1555 studierte Leunclavius in Wittenberg, wohin ihn wohl der Ruhm des für die Altphilologie und protestantische Theologie gleichermaßen bedeutenden Philipp Melanchthon gelockt hatte. 1562 setzte Leunclavius sein Studium in Heidelberg fort, wo er insbesondere bei Wilhelm Xylander griechische Studien betrieb. Ein Jahr später wurde er in Heidelberg Dekan der Artistenfakultät[630]. Im Anschluß an seine Heidelberger Zeit muß Leunclavius viel gereist sein, insbesondere die Kriegsschauplätze der ganzen Welt sollen ihn angezogen haben[631]. Bevorzugtes Reiseziel ist wohl der Orient gewesen.

Es sind keine Nachrichten überliefert, zu welcher Konfession sich Leunclavius bekannt hat. Die Studienorte Wittenberg und Heidelberg sprechen jedoch dafür, daß Leunclavius nicht Katholik gewesen ist.

---

626 Reusch: Index S. 491.
627 S. 221 des Gregorianischen Index von 1841.
628 Babinger S. 120.
629 Horawitz ADB, 18 S. 488; Stintzing S. 239.
630 Babinger S. 123.
631 Babinger S. 112.

Es ist auch unbekannt, in welchem Ausmaß Leunclavius juristische Studien getrieben hat, ob er sich im wesentlichen auf die Sammlung antiker Rechtsquellen beschränkt oder gar eine juristische Lehrtätigkeit ausgeübt hat.

Seine ausgedehnten humanistischen Studien haben ihn in Verbindung mit den führenden Gelehrten seiner Zeit gebracht. Insbesondere gibt der Briefwechsel mit Johann Sambucus gute Aufschlüsse über die Zusammenhänge der europäischen Gelehrten und die humanistischen Editionen des Leunclavius[632].

Johann Leunclavius ist im ungarischen Feldlager vor Gran im Jahre 1594[633] gestorben.

Babinger[634] erwähnt eine Indizierung, meint aber, ihre Wirkung sei nicht groß gewesen, da in dem „Patrologiae Cursus Completus" des Abbé Jaques-Paul Migne einige seiner Werke Aufnahme gefunden hätten.

Dieser Vorgang ist jedoch nicht so widersprüchlich, wie Babinger meint, da die Tridentiner Regel II gerade für die Personen, die in der ersten Klasse indiziert sind, die Möglichkeit der Freigabe einzelner Werke eröffnet.

Überblick über das Schrifttum des Johann Leunclavius

Eine Kurzaufzählung des Großteils von Leunclavius' Schriften soll seine literarische Vielfältigkeit vor Augen führen[635].

Annales Sultanorum Othmanidarum a Turcis sua lingua scripti ... J. L. latine redditos illustravit et auxit ... 1588. Francofurti 1588.

Commentarius de bellis Moscorum adversus finitimos ... gestis. Basileae 1571.

Historiae musulmanae Turcorum, de monumentis ipsorum exscriptae, libri XVIII ... Francofurti 1591.

Juris graeci-romani, tam canonici quam civilis ... tomi duo ... Francofurti 1596.

Paratitlorum libri tres antiqui ... latini de graecis facti. Ejusdem Notatorum libri duo, quibus innumera loca iuris civilis integritati suae restituuntur et illustrantur ... Francofurti 1593.

De Variis monetis ... Turcici imperii status, seu Discursus varii de rebus Turcarum. Lugduni Batavorum 1630.

---

632 „Die Briefe des Johann Sambucus", Nr. 76, 86, 98, 101, 111 usw.

633 Babinger S. 126.

634 Babinger S. 125.

635 Die Angaben der Schriften des Johann Leunclavius in gekürzter Form sind dem „Catalogue général des livres imprimés de la Bibliothèque Nationale", de Paris, Tom. XCVI, S. 865 ff. entnommen worden.

Ed. Dion Cassius. Historiae Romanae libri XLVI. Hanoviae 1606.

Es folgen dann weitere Editionen und Übersetzungen antiker Schriften, die keinen speziell juristisch-schöpferischen Inhalt mehr aufweisen.

Eine Reihe seiner Schriften ist bei Sandoval[636] und Sotomaior[637] expurgiert, obwohl der Autor auch hier in der ersten Klasse steht.

Bei Sandoval werden im einzelnen korrigiert: „Notae in Dionis Cassii historiam Romanam", die Edition der Werke Xenophons und seine „Apologia pro Zosimo".

Sotomaior wiederholt diese Expurgationen und erlaubt ohne Korrekturen:

1. Juris graeco-Latini tomi duo . . . Francofurti 1596.
2. Commentarius de bellis Moscorum, 1572.
3. Historia Musulmana Turcarum, 1591.
4. Supplementum Annalium Turcicorum, cum Apologia & Annales Sultanorum. Basileae 1573.
5. Epigrammata Sacra &, Epitalamia.
6. Novellarum liber, cum Annotationibus. Basileae.
7. Librorum LX Basilicorum Synopsis.

Die juristischen Abhandlungen werden also zum Lesen freigegeben; vermutlich hat sich Leunclavius auf die Sammeltätigkeit beschränkt, ohne von der traditionellen juristischen Lehrmeinung abzuweichen. Die expurgierten Schriften sind historisch-philologischer Natur und können hier nicht behandelt werden.

Aus den spanischen Expurgationen ergibt sich somit, daß sich die protestantische Glaubenshaltung nicht auf das juristische Schrifttum ausgewirkt hat, soweit es in der Expurgation behandelt worden ist.

η) Joannes Ricardus, Osanaeus

1. Index librorum prohibitorum Clemens VIII. 1595/96

In der ersten Klasse des Buchstabens „J" ist folgende Eintragung zu finden: „Joannes Ricardus Osanaeus[638]." Diese Eintragung stammt wieder aus dem bei Reusch wiedergegebenen Abdruck des Clementinischen Index. Die Kölner Indexausgabe von 1597 enthält zwar dasselbe Verbot[639], die beiden ersten Namen sind jedoch durch ein Komma vom letzten Namen getrennt[640].

---

[636] Sandoval S. 532—533.
[637] Sotomaior S. 631—632.
[638] Reusch: Index S. 558.
[639] Ebenda S. 31.
[640] Auch der Sixtinische Index enthält das Verbot in der bei Clemens VIII. wiedergegebenen Form, siehe Reusch: Index S. 491.

Diese Namensform, aus der hervorgeht, daß „Osanaeus“ als Beinamen der beiden ersten Namen aufzufassen ist, scheint richtiger zu sein. Ein Mann mit dem Namen Johann Richard Ossanaeus hat im 16. Jahrhundert als Professor der Rechte an der Universität Ingolstadt um 1570 gewirkt. Über ihn ist wenig bekannt. Es steht jedoch fest, daß er Katholik gewesen ist und daher wohl nicht gemeint sein kann. Auch Reusch[641] vermutet eine Verwechslung mit dem Herausgeber der Melanchthon'schen „Declamationes“, Johannes Ricardus, dem die römischen Zensoren fälschlicherweise den Beinamen „Osanaeus“ gegeben haben. Für Reusch liegt der Grund der Verwechslung im falschen Abschreiben aus der Bibliographie von Frisius, bei dem die Namen beider Autoren untereinander stehen. Wie dem auch sei, die Kölner Ausgabe des Clementinischen Index macht deutlich, daß Osanaeus als Beinamen gedacht ist. Damit spricht die Vermutung für Johann Richard, nicht für den Ingolstädter Juristen Ossanaeus.

2. Index librorum prohibitorum Gregors XVI. 1841

Auch die Benediktinische Indexrevision bringt keine endgültige Klärung, welcher der beiden fraglichen Autoren gemeint ist. „Richardus (Joannes) Ossanaeus. 1. Cl. App. Ind. Trid.[642].“

Da dieser Index nach Nachnamen geordnet ist, muß wohl Johann Richard angesprochen sein, dem aber auch noch der irreführende Zusatz „Ossanaeus“ beigegeben wurde.

Es scheint also eine Indizierung von Johann Richard vorzuliegen, obwohl die im Index wiedergegebene Kombination der Namen Richard und Ossanaeus bis 1900 nicht ausgeräumt werden konnte und nach 1900 nur deshalb keine Beachtung mehr gefunden hat, weil das Verbot nicht mehr im Index erschien.

cc) Indizierungen von einzelnen juristischen Schriften in der zweiten Indexklasse des Clementinischen Index 1595/96

α) Joachimus (Joachim von Beust) 1522—1597

Verzeichnis seiner verbotenen Schriften

1. Münchener Index von 1582

In der ersten Klasse des Buchstabens „J“ steht die Eintragung: „Joachimus de Beust[643].“

---

641 Reusch I S. 515.

642 S. 327 des Gregorianischen Index von 1841.

643 Reusch: Index S. 347.

2. Index des spanischen Generalinquisitors Quiroga 1583

Quiroga verbietet eine Schrift von Beust unter folgendem Titel innerhalb des Buchstabens „J“: „Joachimus supra titulum ff. de jurejurando[644].“

Aus diesem Verbot geht nicht hervor, wer der Verfasser der Schrift ist, da kein Nachname genannt ist. Erst bibliographische Ermittlungen haben ergeben, daß der Wittenberger Jurist Joachim von Beust und seine Schrift „Lectura in tit. Digesti veteris de iurejurando“ gemeint sind[645]. Die Wirkung eines derartig unvollständigen Verbots muß allerdings bezweifelt werden.

3. Index Sixtus V. 1589/90

In der ersten Klasse des Buchstaben „J“ findet sich Beusts Name: „Joachim de Beust[646].“

Im gleichen Index erscheint aber in der zweiten Klasse des Buchstaben „J“ das Verbot der Schrift über den Eid: „Joachimus super titulum ff. de jurejurando[647].“

Beide Verbote machen deutlich, daß der Münchener Index und das spanische Bücherverbotsverzeichnis von Quiroga von den Kompilatoren des römischen Index ausgewertet worden sind, ohne daß im einzelnen aufklärende Nachforschungen stattgefunden hätten. Andernfalls hätte man das unter „Joachimus“ stehende Verbot hinsichtlich des fehlenden Nachnamens ergänzt, da es in der Indexform wirkungslos bleiben mußte.

Hätte den römischen Zensoren die Schrift vorgelegen, dann wäre wohl das durch den Index ausgesprochene Verbot hinsichtlich des unschwer anhand des Buches zu ermittelnden Verfassernamens gegenüber dem spanischen Verbot der Schrift verbessert worden. Da dies nicht geschehen ist, kann man wohl annehmen, daß das von Quiroga schon ausgesprochene Verbot ohne nochmalige Prüfung durch Rom übernommen worden ist. In diesem Fall wären auch kaum Unterlagen über eventuelle Verbotsgründe in Rom vorhanden.

4. Index librorum prohibitorum Clemens VIII. 1595/96

In der zweiten Klasse des Buchstabens „J“ ist das bekannte Schriftenverbot ohne Nachnamen zu finden: „Joachimus super titulum ff. de jurejurando[648].“

Clemens VIII. hat das Verbot in der ersten Klasse des Sixtinischen Index nicht übernommen, was eigentlich verwunderlich ist. Da Beust

---

644 Reusch: Index S. 412.
645 Reusch I S. 498.
646 Reusch: Index S. 489.
647 Reusch: Index S. 493.
648 Reusch: Index S. 559.

eine exponierte Stellung in der kursächsischen Landeskirche als Generalvisitator der kursächsischen Kirchen und Schulen innehatte, Professor der Rechte in Wittenberg gewesen war, danach als Beisitzer des Dresdener Konsistoriums fungierte und in dieser Eigenschaft zu einem Werk inspiriert wurde, das ihm den Ruf einbrachte, der Begründer des sächsischen protestantischen Eherechts geworden zu sein[649], gegen Ende seiner Laufbahn sogar die vormundschaftliche Aufsicht über die jungen kursächsischen Prinzen übertragen bekam und sich schriftstellerisch vorwiegend religiöser und theologischer Themen angenommen hat[650], muß wohl angenommen werden, daß Beust nur durch ein Versehen der Kompilatoren des Clementinischen Index nicht wiederaufgenommen worden ist. Auch Reusch[651] vermutet, daß das Fehlen Beusts in der ersten Indexklasse des Clementinischen Index auf ein Versehen bei der Zusammenstellung des Index zurückzuführen ist. Da der Index von 1595/96 jedoch Gesetzeskraft besitzt, ist das Verbot in der zweiten Klasse allein verbindlich, ein allgemeines Schriftenverbot wäre nur auf Grund der allgemeinen Tridentiner Regeln zu rechtfertigen.

5. Dekret der Indexkongregation vom 3. Juli 1623[652]

„Joachimus a Beust de Sponsalibus & Matrimoniis."

Diese wichtigste juristische Schrift Beusts, die eine dogmatische Darstellung des sächsischen protestantischen Eherechts enthält, ist schon 1586 in Wittenberg erschienen; das Verbot erfolgt erst 37 Jahre später, nachdem das Werk inzwischen fünfmal nachgedruckt worden ist und damit seine Verbreitung bereits gesichert war[653].

6. Index librorum prohibitorum Innozenz XI. 1704

Im Index Innozenz XI. ist lediglich das durch Dekret ergangene Verbot abgedruckt: „Joachimus a Beust de Sponsalibus, & Matrimoniis[654]." Es fehlt unter dem Namen Beust das im Clementinischen Index unter „Joachimus" eingereihte Verbot der Schrift über den Eid.

Erst die Benediktinische Indexrevision überprüft das Clementinische Verbot und ermittelt Joachim von Beust als den Verfasser der Schrift über den Eid.

---

[649] Tractatus de sponsalibus et matrimoniis ad praxim forensem accomodatus. Witembergae 1586.

[650] Jugler S. 24 ff. gibt die Schriften Joachim von Beusts an. Theologischen oder religiösen Inhalts sind folgende Werke: Christiados libellus. Witembergae 1570.
Enarratio Evangeliorum et Epistolarum. Lips. 1590.
Enchiridion de arte bene beateque moriendi. Lips. 1593.

[651] Reusch I S. 498.

[652] Abgedruckt im Index Decretorum des Index Alexanders VII. S. 323.

[653] Nachdrucke der Abhandlung über das Eherecht bis 1623 aus Jugler S. 26: Wittenberg 1588; Leipzig 1591; 1597; 1618; Jena 1606.

[654] S. 144 des Index Innozenz XI von 1704.

7. Index librorum prohibitorum Gregors XVI. 1841

„a Beust Joachimus. Lectura in titulum Digesti Veteris de Jurejurando. App. Ind. Trid.

Tractatus de Sponsalibus & Matrimoniis ad praxim. Forensem accomodatus. Decr. 3. Juli 1623[655].“

8. Index librorum prohibitorum Leos XIII. 1900

„Beust, Joachimus a. Tractatus de sponsalibus et matrimoniis ad praxim forensem accomodatus. Decr. 19 oct. 1613[656].“

Die Dekretangabe des Traktats über die Ehe stimmt mit dem Datum des Dekrets im Alexandrinischen Index und in den bis 1900 erscheinenden Indexausgaben nicht überein. Wahrscheinlich ist dem Drucker des Leoninischen Index ein Irrtum unterlaufen.

9. Index librorum prohibitorum Pius XII. 1948

Der Index enthält auf S. 49 dieselbe Verbotsangabe wie der Leoninische Index.

Dic indizierten Schriften Joachim von Beusts

Für die Erforschung des möglichen Indizierungsgrundes einer in der zweiten Klasse des römischen Index verbotenen Schrift kommt es lediglich auf den Inhalt oder den Titel der verbotenen Schrift an, nicht mehr auf die Person des Autors.

Deshalb werden nur kurz zur Orientierung ein paar Daten aus dem Leben Beusts angegeben:

Joachim von Beust (19. 4. 1522—4. 2. 1597) studierte Jura in Leipzig und Bologna. 1548 Promotion zum Doctor iuris utriusque in Bologna. 1550 Professor iuris in Wittenberg und Ernennung zum Kurfürstlich Sächsischen Rat. Seit 1565 war Beust als Rat verschiedener Fürsten in diplomatischen Diensten tätig und Schlichter in theologischen Streitigkeiten zwischen den Vertretern einzelner Richtungen innerhalb der evangelischen Kirche. 1580 Konsistorialrat in Dresden. 1592 Generalvisitator der sächsischen Kirchen und Schulen. Ab 1591 Fürstenerzieher am kursächsischen Hofe[657].

1. Lectura in titulum Digesti veteris de Jureiurando.

Wittenbergae: Crato 1576.

Die wörtliche Übernahme des spanischen Verbots dieser Schrift durch den Sixtinischen und Clementinischen Index hat gezeigt, daß die römischen Zensoren das Schriftenverbot nicht nachgeprüft haben, da aus

[655] S. 39 des Gregorianischen Index von 1841.
[656] S. 63 des Leoninischen Index von 1900.
[657] Über ihn besonders v. Weber; Jugler Bd. 1; Zedler Bd. 3, S. 1582—1583.

dem Schriftenverbot in der zweiten Klasse des römischen Index nicht hervorgeht, wer der Autor der Schrift ist.

Es existieren also in diesem Fall in Rom keine Verbotsgründe, die Aufschluß über die Indizierung gäben.

Die Expurgationsindices enthalten ebenfalls keine Verbesserungen der Schrift.

Da die römischen Zensoren einfach vom spanischen Index abgeschrieben haben, muß die Frage gestellt werden, warum Quiroga diese Schrift verboten hat. Aber auch hier ist es zweifelhaft, ob man die Schrift gelesen hat, da schon der spanische Index das Verbot ohne Nachnamen angibt. Die Vermutung liegt nahe, daß das Verbot auf Grund einer Denunziation in den spanischen Index Eingang gefunden hat, wobei der Denunziant wohl Garant für die Verbotswürdigkeit gewesen ist.

Inhaltlich beschäftigt sich die Schrift mit dem Eid im römischen Recht, wobei gelegentliche Vergleiche zum kanonischen Recht angestellt werden. Möglicherweise sind die Vergleiche nicht immer positiv für das kanonische Recht verlaufen, so daß darin ein materieller Indizierungsgrund läge.

2. Tractatus de sponsalibus et matrimoniis ad praxim forensem accomodatus. Wittebergae. Crato 1586.

Die Indizierung dieser Schrift ist verständlich, da sie eine Darstellung des sächsischen protestantischen Eherechts enthält, die auf juristisch-theologischen Argumentationen beruht.

Die Schrift zerfällt in zwei Teile: De sponsalibus und de matrimonio (später kam noch de dotibus hinzu).

In der Frage der Priesterehe und der elterlichen Einwilligung beim Eheschluß gewaltunterworfener Kinder steht Beust auf der Seite der protestantischen Theologen. Diese Frage ist im übrigen durch sächsische Landesgesetze von 1580 geregelt worden und zum Zeitpunkt des Erscheinens der Beustschen Schrift nicht mehr Gegenstand der Diskussion gewesen. Der wissenschaftlichen Erörterung werden insbesondere die Ehescheidung und die Gradverbote vorbehalten.

Beust zählt Scheidungsgründe auf und behandelt das Problem der Wiederverheiratung, auch des schuldigen Teils.

Er beurteilt die Gradverbote im wesentlichen nach dem kanonischen Recht, dessen Verwandtschaftsberechnung er zugrundelegt, weist aber auf die landesrechtlichen Regelungen[658] hin, die die kanonisch-rechtlichen Vorschriften teilweise einschränken.

Auch diese Schrift ist nicht expurgiert worden.

---

[658] z. B. Meißener Landesordnung von 1543; die Sächsischen Generalartikel von 1557 und die Kirchenordnung von 1580.

β) Valentinus Forsterus (Valentin Forster) 1530—1608

Verzeichnis seiner verbotenen Schriften

1. Index des spanischen Generalinquisitors Quiroga 1583

Unter dem Buchstaben „T" findet sich die Eintragung: „Tractatus de successionibus ab intestato Constantini Foresterii[659]."

Der Vorname ist hier wohl verwechselt worden, es kann jedenfalls nur Valentin Forster gemeint sein, der eine Schrift dieses Titels geschrieben hat. Im gleichen Index erscheint übrigens unter Buchstabe „C" noch einmal das Verbot[660].

2. Index Sixtus V. 1589/90

In der zweiten Klases des Buchstabens „C" wird dieselbe Schrift verboten: „Constantini Forsteri Tractatus de successionibus ab intestato[661]."

Sixtus V. hat also einfach das Verbot des spanischen Index übernommen.

3. Index librorum prohibitorum Clemens VIII. 1595/96

In der zweiten Klasse des Buchstabens „V" findet sich das Verbot: „Valentini Forsterii De successionibus ab intestato, donec expurgetur[662]."

Zweifellos ist auch der spanische Index Vorbild gewesen, die Korrekturen und der Vermerk „donec expurgetur" zeigen jedoch, daß das Verbot nachgeprüft worden ist.

4. Index librorum prohibitorum Gregors XVI. 1841

„Forsterus Valentinus. De Successionibus, quae ab intestato deferuntur, libri V. Donec corrigantur. App. Ind. Trid.[663]."

Nach der Benediktinischen Indexrevision ist der Titel der verbotenen Schrift vervollständigt worden.

Für die Zeit von 1900 bis 1966 gelten wieder die Leoninischen Regeln und die Bestimmungen des CIC.

Die indizierte Schrift Valentin Forsters

Valentin Forster (20. 1. 1530—26. 10. 1608) stammt aus Helmstedt, war Protestant und studierte in Wittenberg, Padua und Bourges Jura. Anschließend ist er in spanischen Kriegsdiensten nachweisbar und später im spanischen Staatsdienst tätig.

Auseinandersetzungen mit der spanischen Inquisition wegen seines Glaubensbekenntnisses veranlaßten ihn, Spanien zu verlassen und nach

---

[659] Reusch: Index S. 430.
[660] Reusch: Index S. 399.
[661] Reusch: Index S. 471.
[662] Reusch: Index S. 577.
[663] S. 147 des Gregorianischen Index von 1841.

Frankreich zurückzukehren. In Bourges promovierte er bei Hugo Donellus 1560. Anschließend hielt er Privatvorlesungen in Wittenberg und im katholischen Ingolstadt. 1569 bekam er den Lehrstuhl Oldendorps in Marburg. 1580 übernahm Forster die Professur für römisches Recht an der Universität Heidelberg als Nachfolger des Calvinisten Donellus, kehrte aber 1595 nach Helmstedt zurück, weil ihm als Lutheraner das reformierte Bekenntnis der Heidelberger nicht zusagte[664].

De successionibus quae ab intestato deferuntur, libri quinque. Basileae: Oporinus 1566.

Die indizierte Schrift Forsters ist in der ersten Auflage 1566 in Basel erschienen[665]. Sandoval expurgiert diese erbrechtliche Schrift Forsters[666], benutzt aber die Ausgabe „Moguntiae 1607", die in den Seitenzahlen nicht mit der hier zugrundegelegten Auflage übereinstimmt. Die verbesserten Stellen in der Expurgation konnten jedoch aufgefunden und sollen kurz wiedergegeben werden.

Im Kapitel über das Konkubinat beruft sich Forster auf das römische Recht, das das Konkubinat für zulässig erachtete[667] und erörtert dann die Regelungen der alten Kirche, hebt insbesondere die Bestimmungen des Toletanischen Konzils hervor, die das Konkubinat auch bei Verheirateten gestatteten, stellt dagegen aber die Meinung des Kirchenvaters Ambrosius, der das Konkubinat als Ehebruch ablehnt. Die Expurgation läßt die gesamte Erörterung wegfallen.

Im Kapitel: „An ad res seculares fieri possit legitimatio[668]?" wird die Erörterung gestrichen, ob dem Papst ein Legitimationsrecht in den res temporales zustehe, was Forster verneint. Forster untersucht hier prinzipiell die Frage des Gesetzgebungsrechts der Päpste in weltlichen Angelegenheiten. Er leugnet einen universalen Gesetzgebungsanspruch der Päpste unter Berufung auf die Fälschung der Konstantinischen Schenkung und beschränkt die Gesetzgebungskompetenz und Jurisdiktionsgewalt der Päpste auf die causae spirituales. Danach übt der Papst auch zu Unrecht in weltlichen Dingen Legitimationsgewalt aus[669]. Dieses Recht habe der Papst auf Grund der Fälschung der Konstantinischen Schenkung usurpiert.

Im übrigen bleibt das Werk unbeanstandet. Da auch die römischen Zensoren die Schrift für expurgationsfähig erklärt haben, ist wohl an-

---

[664] Über Forster schreiben Strieder IV S. 138—145; du Roi; Stintzing S. 396—402.

[665] Strieder IV S. 143 gibt weitere Auflagen an: Heidelberg 1583; Coloniae Agrippinae 1594; Moguntiae 1607; 1615; Francofurti 1615.

[666] Sandoval S. 812.

[667] S. 139—142 in der Ausgabe von 1566, in der Ausgabe von 1607 S. 365 ff.

[668] S. 200 in der Ausgabe von 1566, in der Ausgabe von 1607 S. 422.

[669] S. 205 in der Ausgabe von 1566, in der Ausgabe von 1607 S. 427.

zunehmen, daß das Werk im übrigen von weiteren häretischen Äußerungen frei ist.

γ) Simonus Schardius (Simon Schard) 1535—1573

Verzeichnis seiner verbotenen Schriften

1. Index librorum prohibitorum Clemens VIII. 1595/96

In der zweiten Klasse des Buchstaben „L“ steht folgende Eintragung: „Lexicon Simonis Schardii, donec expurgentur[670].“

Dieses Verbot des „Lexicon iuridicum“ findet sich erstmals im Clementinischen Index. Außer diesem Verbot einer Schrift von Schard erscheint in der dritten Klasse des Buchstabens „O“ ein anonymes Schriftenverbot, das durch die Benediktinische Indexrevision Schard als Herausgeber zugeschrieben wird:

„Orationes funebres et epicedia, opus per tomos distinctum[671].“ Da hier Schard nur als Herausgeber angesprochen wird, sollen die Reden nicht weiter behandelt werden.

2. Dekret vom 9. November 1609, publiziert durch den Magister Sacri Palatii Ludov. Ystella[672]

„De Principum (quibus electio Imperatoris in Germania commendata est) origine, seu Institutione, liber unus. Simonis Scardij, Argentorati, impensis Lazari Zetzneri 1608.“

3. Dekret der Indexkongregation vom 3. Juli 1623[673]

„Syntagma tractatuum de Imperiali iurisdictione, auctoritate & praeeminentia, Auctorum variorum cum Dedicatoria Simonis Schardii.“

4. Index librorum prohibitorum Gregors XVI. 1841

„Schardius Simon. Lexicon Juridicum. Donec corrigatur. App. Ind. Trid. De Principum, quibus electio Imperatoris in Germania commendata est, origine, seu institutione. Decr. 9. Nov. 1609.

Syntagma Tractatuum de Imperiali jurisdictione, authoritate & praeeminentia, ac potestate Ecclesiastica, deque juribus Regni & Imperii. Decr. 3. Julii 1623[674].“

5. Index librorum prohibitorum Leos XIII. 1900

„Schardius, Simon. De principum, quibus electio ... origine; anamnaesis iuris quod in approbandis pontificibus imperatores habuerunt. Decr. 21. dec. 1613[675].“

---

[670] Reusch: Index S. 562.
[671] Reusch: Index S. 569.
[672] Index decretorum des Index Alexanders VII. 1664 S. 303.
[673] Index decretorum des Index Alexanders VII. 1664 S. 324.
[674] S. 349 des Gregorianischen Index von 1841.
[675] S. 275 des Leoninischen Index von 1900.

„Scripta (de iurisdictione, auctoritate et praeeminentia imperiali, ac potestate ecclesiastica, deque juribus regni et imperii) variorum authorum collecta et redacta in unum. Decr. 13. aug. 1611; 24. sept. 1611[676]."

Die Dekretangaben stimmen nicht mit den in den vorausgegangenen Indices angegebenen Daten überein.

6. Index librorum prohibitorum Pius XII. 1948

Auf S. 430/431 und S. 437 stehen die schon bei Leo XIII. genannten Schriftenverbote.

Die indizierten Schriften Simon Schards

Schard (1535—28. 6. 1573) stammt aus Neu-Haldensleben. Er ist der Sohn eines ehemaligen Mönchs, der zum protestantischen Glauben übergetreten war und geheiratet hatte. Nach seinem Jurastudium in Leipzig und Italien (1549—1560) wurde Schard Rat des Herzogs von Pfalz-Zweibrücken. Seit 1566 Beisitzer beim Reichskammergericht in Speyer. 1573 Verleihung der Pfalzgrafenwürde[677]. Schard arbeitete vorwiegend auf historischem Gebiet und edierte viele Quellentexte zur Erforschung der deutschen Geschichte.

1. Lexicon Iuridicum Iuris Rom. simul & Pontificii. Basileae: Episcopus 1582. 1. Auflage.

Dieses Lexikon über juristische Begriffe stützt sich in der Hauptsache auf ein entsprechendes Werk des Juristen Jakob Spiegel und die Lexika von Oldendorp, Hotomannus und Brissonius, was sich aus den vielen Zitaten der genannten Lexika ergibt. Das Werk ist bei Sotomaior expurgiert worden, die Verbesserungen nehmen fünf Foliospalten ein[678].

Deshalb können nur auszugsweise die Beanstandungen wiedergegeben werden.

Es ist nicht verwunderlich, daß die Erwähnung von Ketzernamen und lobenden Äußerungen über Ketzer gestrichen werden müssen. Dazu gehören besonders Erasmus und Oldendorp.

„Apostolicam Ecclesiam interpretes[679]." Unter diesem Begriff erörtert Schard seine Auffassung von der apostolischen Kirche. Er trennt scharf zwischen dem direkten göttlichen Auftrag der Apostel und der daraus abgeleiteten und daher Irrtümern unterworfenen Amtsausübung der Bischöfe.

---

676 S. 278 des Leoninischen Index von 1900.

677 Über ihn schreiben Stintzing S. 508 ff.; Eisenhart ADB, 30. S. 581—583.

678 Sotomaior S. 889—891. Sotomaior legt der Expurgation die Ausgabe Köln 1593 zugrunde.

679 Ausg. Köln S. 98 = Ausg. Basel col. 266.

„Canonizo[680].“ Diesen Begriff will Schard mehr „ad regulam examinare“ interpretiert wissen. Im übrigen behauptet er, die Gesetzgeber der canones seien mehr rechtschaffen als gelehrt gewesen.

„Catholica Ecclesia[681].“ Schard versteht darunter eine durch die Einheit und Einzigkeit des Glaubens zusammengefaßte Glaubensgemeinschaft. Wahrscheinlich fällt diese Stelle weg, weil Schard auf das die katholische Christenheit leitende Oberhaupt, den Bischof von Rom, den Papst, nicht eingeht.

„Cucullus[682].“ Hierunter bringt Schard einige Spitznamen der Bettelorden.

„Diaconus[683].“ Den Begriff des Diakons umschreibt Schard in negativem Sinn, indem er ihm nur untergeordnete Tätigkeiten zubilligt.

„Dioecesis gubernatio[684].“ Hier stellt Schard die These auf, daß die Bischöfe in der Urkirche keine Jurisdiktionsgewalt ausgeübt hätten, sondern nur das ihnen übertragene Amt verwaltet haben.

„Divortium[685].“ Schard rechtfertigt die Scheidung der Ehe, wenn Ehebruch eines Partners vorliegt und beruft sich auf Matthäus, Kapitel 5 und 19. Verbrechen wie Gattenmord, Blasphemie, Raub und dergleichen stellt Schard dem Ehebruch als Scheidungsvoraussetzung gleich[686].

„Episcopus[687].“ Hier hebt Schard hervor, daß der Bischof nach Aussagen des neuen Testaments, des ersten Philipperbriefs, der Apostelgeschichte usw. einst ein Presbyter gewesen ist. Die heutige Stellung des Bischofs in der Hierarchie des Klerus sei eine Schöpfung der Kirche.

„Fides catholica[688] est, quae verum cultum retinet.“ Es folgt eine Abgrenzung des echten katholischen Glaubens vom Häresiebegriff, wobei Schard auf dem Glaubensbekenntnis der Confessio Augustana steht und dieses als Richtschnur des orthodoxen Glaubens ansieht.

„Leges naturae[689].“ Hier geht Schard von der Melanchthon'schen Naturrechtskonzeption aus.

„Matrimonium[690].“ Hierunter versteht Schard eine auf Zuneigung beruhende Lebensgemeinschaft ohne religiösen Charakter. Auch Schard fordert die Einwilligung der Eltern bei der Eheschließung gewaltunter-

680 Ausg. Köln S. 165 = Ausg. Basel col. 384.
681 Ausg. Köln S. 180 = Ausg. Basel col. 418.
682 Ausg. Köln S. 270 = Ausg. Basel col. 627.
683 Ausg. Köln Seite nicht genannt = Basel col. 699.
684 Ausg. Köln S. 310 = Ausg. Basel col. 719.
685 Ausg. Köln S. 317 = Ausg. Basel col. 731.
686 Ausg. Köln S. 318 = Ausg. Basel col. 737—738.
687 Ausg. Köln S. 347 = Ausg. Basel col. 806.
688 Ausg. Köln S. 390 = Ausg. Basel col. 906.
689 Ausg. Köln S. 550 = Ausg. Basel col. 1272.
690 Ausg. Köln S. 597 = Ausg. Basel col. 1380.

worfener Kinder[691]. Seiner Meinung nach fordere dies das göttliche Recht, das Naturrecht und auch die menschlichen Gesetze.

„Usura ab utendo[692].“ Hier setzt sich Schard für das Zinsennehmen in vernünftigen Grenzen ein. Die „Usura“ verstößt nach Schard nicht gegen Vorschriften des Evangeliums.

2. Syntagma Tractatuum de Imperiali iurisdictione, authoritate et praeeminentia ac postate ecclesiastica deque Juribus Regni & Imperii; authorum variorum qui ante nostram aetatem vixerunt. Argentorati: Zetzner 1609.

Dieses Werk enthält die wichtigsten Streitschriften, die seit Heinrich IV. gegen päpstliche Machtansprüche zugunsten des deutschen Kaisers geschrieben worden sind. Im einzelnen sind folgende Schriften darin abgedruckt:

1. De unitate Ecclesiae conservanda & schismate, quod fuit inter Henricum IV & Gregorium VII, Pont. Max., Cuiusdam ejus temporis Theologi liber: quem quidam Venericum Vercellensem esse existimant: alii Walthranum Naumburgensem 1092.

2. Epistola Leodiensium adversus Paschalem II Papam. 1107 und 1109.

3. Walthrami Episcopi Naumburgensis Tractatus de Investura Episcoporum, per Imperatores facienda. 1109.

4. Disputatio inter Clericum & Militem, super potestate Praelatis Ecclesiae atque principibus terrarum commissa: incerto authore; temporibus Bonifacii VIII scripta. 1299.

5. Catalogus testium veritatis tribuit Wilhelmo Occam, circa 1324.

6. Dantis Aligherii Florentini Monarchia, scripta temporibus Ludovici Bavari. 1320.

7. Chronica Mag. Iordanis: qualiter Romanum Imper. translatum fuit in Germanos.

8. Fratris Joannis de Parisiis Tractatus de potestate Regia et Papali. 1322.

9. Marsilii Patavini Tractatus de translatione Imperii, tempore Ludovici Bavari editus. 1324.

10. Radulphus de Columna Tractatus de translatione Imperii. 1324.

11. Lupoldi de Babenberg Tractatus de Juribus Regni & Imperii. 1340.

12. Eiusdem Lupoldi Libellus de zelo Catholicae fidei veterum Principum Germanorum.

13. Francisci de Zabarellis, de Schismatibus authoritate Imperatoris tollendis. 1406.

---

691 Ausg. Köln S. 597 = Ausg. Basel col. 1381.

692 Ausg. Köln S. 1030 = Ausg. Basel col. 2372 und 2377.

14. Privilegia & Iura Imperii, circa Investituras Episcopatum & Abbatiarum, restituta a Papis Imperatoribus Romanis: simul variae historiae, ad eorum illustrationem utiles, per Theodoricum a Niem.

15. Nicolai de Cusa De concordantia Catholica libri tres, oblati Concilio Basiliensi. 1440.

16. Aeneae Sylvii Libellus de ortu & authoritate Imperii Romani, ad Fridericum III. 1465.

17. Laurentii Vallensis De falso redita & eminentia Constantini donatione Declamatio.

18. De Imperii a Graecis ad Germanos translatione, opusculum Michaelis Coccinii Tubingensis. 1506.

19. De Principum, quibus Electio Imperatoris in Germania commendata est, origine seu institutione, liber I Simonis Schardii. 1566.

Die letzte Schrift (Nr. 19) wurde 1613 noch einmal einzeln indiziert, obwohl das Verbot des Sammelwerks alle darin aufgeführten Schriften meint.

Schard nimmt in dieser Abhandlung gegen die von dem Augustiner Onuphrius Panvinus vertretene Ansicht Stellung, daß die deutschen Kurfürsten erst seit Friedrich II. existierten, und schließt sich der allgemeinen Meinung an, wonach die Kurfürsten durch Kaiser Otto III. mit Zustimmung des Papstes Gregors V. eingesetzt worden seien.

δ) Joannes Schenekdewinus (Johann Schneidewin) 1519—1568

Verzeichnis seiner verbotenen Schriften

1. Index librorum prohibitorum Clemens VIII. 1595/96

In der zweiten Klasse des Buchstabens „A“ findet sich die Eintragung: „Annotationes super Inst. Joannis Schenekdewini, nisi emendentur[693].“ In der zweiten Klasse des Buchstabens „J“ wird das Verbot noch einmal wiederholt: „Joannis Schenekdewini Super Instit. commentaria seu annotationes, nisi corrigantur[694].“ Schon der Sixtinische Index bringt beide Verbote in der zweiten Klasse des Buchstabens „A“ und „J“[695]. Auf einem der vorausgehenden lokalen Indices ist kein Verbot dieser Schrift Schneidewins zu entdecken. V. Jacobi[696] erwähnt die Indizierung Schneidewins und behauptet, daß das Verbot vom Index von Parma[697] aus dem Jahre 1580 stammt. Eine Durchsicht des bei Reusch wiedergegebenen Abdrucks des Parmaischen Index ist jedoch negativ verlaufen. Ein Ver-

---

[693] Reusch: Index S. 539.
[694] Reusch: Index S. 560.
[695] Reusch: Index S. 463 und S. 495.
[696] ADB, 32 S. 148 ff.
[697] Abdruck des Parmaischen Index bei Reusch: Index S. 579—592.

bot des Institutionenkommentars Schneidewins auf dem Parmaischen Index konnte nicht entdeckt werden.

Die Verstümmelung des Nachnamens im römischen Index kann auf einen Druckfehler beim Druck des Sixtinischen Index zurückzuführen sein, der von den Kompilatoren des Clementinischen Index nicht bemerkt und so wiederaufgenommen wurde. Möglicherweise ist man aber auch einer schlecht leserlichen schriftlichen Denunziation gefolgt. Setzt man voraus, daß die Schrift vor dem Verbot gelesen worden ist, dann ist die Fehlerhaftigkeit des Nachnamens nur durch ein Versehen beim Druck zu erklären.

Die Aufnahme des Verbots an zwei Stellen im Index erklärt sich nicht etwa aus besonderer Vorsicht, vielmehr ist anzunehmen, daß mehrere Kompilatoren an der Zusammenstellung des Index gearbeitet haben, ohne ihre Eintragungen zu koordinieren.

2. Index librorum prohibitorum Innozenz XI. 1704

In diesem Index fehlt der Name Schneidewins ganz, sein Werk ist jedoch nicht in der Zwischenzeit erlaubt worden, da die folgenden Indices seinen Namen und die verbotene Schrift nennen.

3. Index librorum prohibitorum Gregors XVI. 1841

„Schneidewinus Joannes. Commentaria in quatuor libros Institutionum Juris Civilis Justiniani. Donec corrigantur. App. Ind. Trid.[698]." Die Benediktinische Indexrevision hat den Verfassernamen richtiggestellt und den Titel vervollständigt.

Für die Zeit von 1900 bis 1966 gelten die Leoninischen Regeln und die Bestimmungen des CIC.

Die indizierte Schrift Johann Schneidewins

Johann Schneidewin (4. 12. 1519—3./4. 12. 1568) stammte aus Stollberg und wurde seit seinem elften Lebensjahr im Hause Luthers erzogen[699]. Studium der Rechtswissenschaft in Wittenberg unter Schürpf, Goldstein und Kling. 1544 Lizentiat der Rechte, 1549 Professor der Institutionen in Wittenberg. Auch Schneidewin war nebenher Beisitzer des Hofgerichts und des Konsistoriums[700].

In quatuor Institutionum Imperalium Justiniani libros, commentarii, nunc post mortem eius in usum & gratiam iuris ... ex recognitione et cum novis annot. ac supplement. Matthaei Wesenbecii. Argentorati: Rihel 1586.

---

[698] S. 350 des Gregorianischen Index von 1841.

[699] Schneidewin hat zusammen mit Veit Dietrich die meisten conciones, die Luther zu Hause hielt, herausgegeben.

[700] Über ihn schreiben Stintzing S. 309; v. Jacobi ADB 32. S. 146—149.

Das einzige juristische Werk Schneidewins, das bei seinem Tode im Manuskript vorlag und von seinem Lehrstuhlnachfolger Matthäus Wesenbeck herausgegeben worden ist — wie v. Jacobi berichtet[701] —, ist bis zum Jahre 1762 rund 80mal nachgedruckt worden, teilweise stark erweitert. Auf dem Titelblatt steht oftmals „Oinotomos", die griechische Form für Schneidewin.

Unter diesem Pseudonym findet sich auch bei Sandoval[702] eine Expurgation des Institutionenkommentars. v. Jacobi kennt außerdem eine von dem Jesuiten Antonio Possevin[703] angefertigte Expurgation, die 1603 in Venedig erschienen ist. Der römische Index hat keine der Expurgationen als verbindlich anerkannt, so daß beide Expurgationen bloße Verbesserungsvorschläge geblieben sind.

Der Kommentar geht über ein Institutionenlehrbuch hinaus, er enthält das gesamte praktische Recht, das kanonische Recht, die Reichsabschiede, die Peinliche Halsgerichtsordnung Karls V. und das sächsische Recht. Systematisch steht Schneidewin zwischen der analytischen und der synthetischen Richtung.

In der Expurgation von Sandoval werden folgende Stellen verbessert[704]:

Die Erörterung Schneidewins über die Konstantinische Schenkung[705] muß völlig gelöscht werden. Schneidewin zitiert Gratians Darstellung[706], wonach Kaiser Konstantin die Kaiserwürde über die Stadt Rom und die westliche Reichssphäre Papst Silvester übertragen habe. Diese Stelle halte man vielerorts für eine Fiktion. Dafür spreche auch, daß keiner der alten Schriftsteller der Konstantinischen Schenkung Erwähnung tue.

In Lib. I tit. 8[707] behandelt Schneidewin das Recht des Delinquenten, in den Mauern der Kirche Schutz vor Rechtsverfolgung zu finden, das im kanonischen Gesetzbuch verankert ist. Bei leichteren Delikten will Schneidewin nichts an diesem Recht geändert wissen, diese Vorschrift dürfe aber nicht gelten, wenn es sich um Verbrechen handele, die vor die Inquisitionsgerichte gehörten. Seiner Ansicht nach sind die canones, die einem Schwerverbrecher kirchlichen Schutz gewähren, ohne Verstand

---

[701] v. Jacobi ADB. 32 S. 148 ff.

[702] Sandoval S. 540—541.

[703] Die von Possevin, der auch die Expurgation des Zasius'schen Gesamtwerks veröffentlicht hat, publizierte Expurgation konnte nicht beschafft werden.

[704] Sandoval hat die Ausgabe „Lugdani: a Porta 1595" der Expurgation zugrundegelegt, hier wurde die in den Seitenzahlen abweichende Ausgabe „Argentorati: Rihel 1586" benutzt.

[705] Ausg. Lugduni S. 3 = Ausg. Argentorati S. 2, 4.

[706] c. Constantinus 96. dist. videlicet quod Constantinus corinam & omnem regiam . . .

[707] Ausg. Lugduni S. 25 = Ausg. Argentorati S. 35.

gemacht und verstoßen gegen göttliches Recht. Denn wenn Christus sogar die Käufer und Verkäufer nicht in der Kirche dulde, um wieviel eher würde er die „latrones, homicidae etc." hinausgeworfen haben.

Die nun in der Expurgation folgenden Beanstandungen betreffen ausschließlich die Materie des Eherechts.

Es handelt sich um den Titel 10: „De nuptiis", der besonders breit angelegt ist und 1585 von den Erben Schneidewins als selbständige Monographie unter dem Titel: „Joannis Schneidewin in Institutionum Imperialium titulum decimum de nuptiis ... commentarii seorsum nunc editi. Jenae 1585"[708] herausgegeben wurde. Die von Schneidewin gewählte Gliederung des Stoffes entspricht nicht der Ordnung des Gesetzes, sondern lehnt sich stark an die Kling'sche Systematik an. Zuerst handelt Schneidewin „de sponsalibus", dann „de nuptiis licitis", „de nuptiis illicitis", „de divortio" und „de redintegratione matrimonii". Voraus geht eine Darstellung der Eheverbote wegen Verwandtschaft und Schwägerschaft. Im wesentlichen wendet Schneidewin hier das kanonische Recht an, seine Darstellung der Eheverbote nach göttlichem Recht wird jedoch gestrichen. In dieser Darstellung vertritt Schneidewin unter Berufung auf Moses 3, 18 die Ansicht[709], daß eine Dispensation in den Graden möglich sei, die die Kirche aus eigener Machtvollkommenheit den durch göttliches Recht vorgegebenen Verwandtschaftsgraden angehängt hat.

Anschließend leitet Schneidewin zu den Sponsalien über. Seine Ausführungen über die klandestine Ehe[710] weichen vom kanonischen Recht ab. Schneidewin erörtert die Doppelnatur des Begriffs der klandestinen Ehe und prüft die Frage der Beweiskraft der geheimen Verlöbnisse. In diesem Fall entscheidet er sich dafür, demjenigen, der das Verlöbnis behauptet, den Eid zuzuschieben. Auch im Kapitel „De nuptiis licitis"[711] müssen einige Stellen wegfallen. Den fünf im Institutionentext aufgezählten Ehevoraussetzungen fügt er das Erfordernis des elterlichen Konsenses bei und begründet dieses aus dem natürlichen, dem römischen, dem kanonischen und endlich dem göttlichen Recht. Die Ehe sei jedoch dann nicht mehr zu trennen, wenn bereits concubitus erfolgt sei. Er stützt diese Ansicht auf die Lehren der Wittenberger Theologen und die Entscheidungspraxis des Konsistoriums. Im Kapitel „de divortiis"[712] behandelt Schneidewin die Scheidungsgründe: nimia saevitia, desertio nach 1. Korintherbrief 7, 3; adulterium, malitiosa desertio, error virginitatis. Die Frage der Wiederverheiratung ist für Schneidewin nicht mehr

---

[708] Aus Mejer S. 161.

[709] Ausg. Lugduni S. 35 = Ausg. Argentorati S. 50/51.

[710] Ausg. Lugduni S. 40 = Ausg. Argentorati S. 57.

[711] Ausg. Lugduni S. 45—49 = Ausg. Argentorati S. 66—70.

[712] Ausg. Lugduni S. 53—55 = Ausg. Argentorati S. 76—79.

problematisch. Nach jeder Scheidung ist Wiederverheiratung rechtlich zulässig[713]. Im übrigen bleibt das Werk unbeanstandet.

ε) Thomas Phreigius (Johann Thomas Freigius, zu deutsch Freige) 1543—1583

Verzeichnis seiner verbotenen Schriften

1. Index von Parma 1580

Unter dem Buchstaben „P" findet sich das Verbot: „Partitiones iuris Thomae Fugii[714]."

Gemeint ist die nach ramistischer Methode etwas umgestaltete, von Freigius neu bearbeitete „Methodica" des Konrad Lagus.

2. Index Sixtus V. 1589/90

In der zweiten Klasse des Buchstabens „J" steht: Joannis Thomas Phrigii opera omnia, donec juxta earundem regularum formam recognoscantur et approbentur[715]." In der zweiten Klasse des Buchstaben „T" erscheint dasselbe Verbot: „Thomae Phreigii opera omnia, rum regularum ratione non corrigantur[716]." Offensichtlich ist die Klammer, die bei dem Abdruck des Sixtinischen Index das „donec corrigantur" einleitet, zu tief gerutscht; das erste Wort nach der Klammer beginnt mit „rum", einer Silbe, die keine Bedeutung hat, aber die Endsilbe des vor dem Freigius-Verbot stehenden Wortes „piorum" wiederholt und sich daher nicht mehr auf das opera omnia-Verbot des Freigius beziehen kann. Angesichts dieses Druckfehlers beim Abdruck des zweiten opera omnia-Verbots, das sich auf Freigius im Sixtinischen Index bezieht, muß angenommen werden, daß auch das unter „J" stehende opera omnia-Verbot ohne Eröffnung der Expurgationsmöglichkeit erlassen wurde.

Die unterschiedliche Schreibweise des Namens Freigius an zwei verschiedenen Stellen des Index läßt wieder darauf schließen, daß mehrere Kompilatoren an der Zusammenstellung des Index gearbeitet und wahrscheinlich aus verschiedenen Quellen geschöpft haben.

3. Index librorum prohibitorum Clemens VIII. 1595/96

In der zweiten Klasse des Buchstabens „T" steht das schon bei Sixtus enthaltene Verbot: „Thomae Phreigii opera omnia, donec expurgentur[717]." Der Abdruck des Clementinischen Index in der Reusch'schen Sammlung wiederholt denselben Druckfehler, wie er sich beim Abdruck des Sixtinischen Index ereignet hat, und hängt an das opera omnia-Ver-

---

[713] Ausg. Lugduni S. 56 = Ausg. Argentorati S. 80/81.
[714] Reusch: Index S. 589.
[715] Reusch: Index S. 495.
[716] Reusch: Index S. 518.
[717] Reusch: Index S. 576.

bot ein „donec expurgentur". Der Kölner Abdruck des Clementinischen Index von 1597 bringt das Verbot ohne Expurgationsvermerk, so daß sicher ist, daß die Werke von Freigius verboten wurden, ohne daß eine Expurgationsmöglichkeit eröffnet worden wäre. Die Wirkung des opera omnia-Verbots ist die gleiche wie die der Verbote in der ersten Klasse, der Autor ist jedoch nicht zum Häretiker erklärt, da die zweite Klasse nur von verbotenen Schriften, nicht von Autoren ausgeht. Das opera omnia-Verbot in der zweiten Klasse könnte sich aber härter ausgewirkt haben, da ein Verbot in der ersten Klasse gegebenenfalls durch die Tridentiner Regel II gemildert werden kann, wonach einzelne Schriften expurgierbar sind bzw. ohne Expurgation freigegeben werden können, während bei einem opera omnia-Verbot in der zweiten Klasse ohne den Vermerk „donec expurgentur" die Werke absolut verboten bleiben.

Auf welche Weise die römischen Zensoren auf Freigius aufmerksam wurden, ist nicht zu ermitteln. Möglicherweise hat der Parmaische Index vorgelegen, die völlig verstümmelte Schreibweise des Namens Freigius dort spricht jedoch nicht dafür, daß die Römer aus diesem Verbot auf ein opera omnia-Verbot in der zweiten Klasse geschlossen haben. Da das opera omnia-Verbot in der zweiten Klasse dogmatisch nicht zu erklären ist, da es sich um ein das gesamte Schrifttum umfassendes Verbot der zweiten Klasse handelt, soll die Ermittlung von Indizierungsgründen auf Leben und Werk des Autors gerichtet werden.

4. Index librorum prohibitorum Gregors XVI. 1841

Seit dem Clementinischen Verbot hat sich nichts mehr geändert: „Freigius Johannes Thomas. opera omnia. App. Ind. Trid.[718]."

Dieser Index gibt das Verbot auch ohne „donec corrigatur" wieder, was für die Richtigkeit des Kölner Abdrucks von 1597 spricht.

Für die Zeit von 1900 bis 1966 gelten die decreta generalia Leos XIII. und die Bestimmungen des CIC.

Ermittlung eines Indizierungsgrundes
im Leben des Johann Thomas Freigius

Bei einem Verbot in der zweiten Klasse ist nach den kirchlichen Regeln[719] der Indizierungsgrund in den Schriften zu suchen, die im Verbot genannt werden. Konsequenterweise müßten alle Schriften von Freigius verbotswürdig sein.

Dies scheint jedoch nicht der Fall zu sein, da Sotomaior[720] vier der Schriften des J. T. Freigius mit kleinen Verbesserungen und 14 Schriften

718 S. 148 des Gregorianischen Index von 1841.

719 Vgl. den allgemeinen Teil II dieser Schrift.

720 Sotomaior S. 655—656.

ohne jede Beanstandung zum Lesen freigibt. Damit ist praktisch auch das gesamte Schrifttum Freigius' erfaßt. Mascaregnas[721] und Sandoval[722] expurgieren dieselben Werke wie Sotomaior. Da die kirchlichen Stellen in Spanien strenge Maßstäbe an die Bücherzensur und an die Bücherexpurgation gestellt haben, ist anzunehmen, daß die freigegebenen Schriften tatsächlich nicht verbotswürdig sind.

In diesem Falle wird die Regel, daß die Verbotswürdigkeit der in der zweiten Klasse des römischen Index indizierten Schriften aus den Schriften selbst zu erklären ist und nicht mit der Person des Autors zusammenhängt, äußerst zweifelhaft.

Im Index von Sotomaior wird Freigius als „Lutheranus" bezeichnet[723] und in die erste Klasse des Index gesetzt.

Als Lutheraner müßte er im römischen Index auch in der ersten Klasse stehen. Möglicherweise haben ihn die römischen Zensoren für einen Katholiken gehalten, der im Glauben geschwankt hat, aber nicht von der Kirche abgefallen ist. Da der Katholik Zasius in derselben Weise durch den Clementinischen Index verboten worden ist, könnte man den Schluß ziehen, daß das opera omnia-Verbot in der zweiten Klasse einen im Glauben schwankenden Katholiken mit einem absoluten Schriftenverbot strafen will, ohne ihn jedoch eindeutig zum Häretiker zu stempeln. Aber auch diese Vermutung ist letztlich nicht zwingend, da es Fälle von opera omnia-Indizierungen in der zweiten Klasse gegeben hat, die Häretiker betreffen.

Angesichts dieser Schwierigkeiten ist es angebracht, Leben und Schriften des Freigius zu untersuchen, um auf Indizierungsgründe zu stoßen.

Johann Thomas Freigius wurde 1543 als Sohn des Nikolaus Freigius in Freiburg geboren. Von Hause aus ist er Katholik gewesen. Von 1554 bis 1559 studierte er in Freiburg die „humaniora". Seit 1562 hielt er Vorlesungen über die niedere Dialektik in Freiburg und, zwei Jahre später wirkte er schon als Professor für lateinische Grammatik. Nebenher studierte Freigius Rechtswissenschaft. Sein bevorzugter Lehrer in der Jurisprudenz war nicht — wie häufig angegeben — Ulrich Zasius, der zu dieser Zeit längst tot war, sondern dessen Schüler Theobald Babst[724]. Freigius promovierte nicht in Freiburg zum doctor iuris, sondern in Basel, um dem von Erzherzog Ferdinand angeregten und von der Universität am 4. Dezember 1567 beschlossenen Dekret auf Beschwörung des Triden-

---

721 Mascaregnas S. 826—827.

722 Sandoval S. 644—646.

723 Sotomaior S. 655.

724 Stintzing S. 441.

tiner Glaubensbekenntnisses[725] zu entgehen, die jedem Universitätsangehörigen zur Auflage gemacht worden war.

1568 lernte Freigius in Basel Petrus Ramus kennen. Aus der persönlichen Bekanntschaft und Freundschaft entwickelte sich bald ein Lehrer-Schüler-Verhältnis[726]. Freigius begeisterte sich für die von Ramus entwickelte Lehrmethode und bemühte sich, diese in seinen vielfältigen Schriften über Philosophie, Mathematik, Naturwissenschaften, Geschichte und Jurisprudenz anzuwenden. Nach dem Tode des Petrus Ramus 1572 gab Freigius mehrere seiner Schriften heraus und bezeichnete sich dort als des Ramus Erben[727]. 1573 erhielt Freigius in Freiburg die Professur der Ethik und des Organon, prägte seiner Darstellung jedoch den ramistischen Stil auf unter Verzicht auf die bis dahin übliche aristotelisch-scholastische Lehrmethode. Diese Art der Darstellung eines wissenschaftlichen Stoffes wurde an der konservativen Universität Freiburg heftig kritisiert, weil man fürchtete, die Übernahme der Lehrmethode des Ramus würde auch die Glaubenshaltung der Ramus-Schüler im Hinblick auf das calvinistische Bekenntnis ihres Lehrers beeinflussen. Trotzdem war dies nicht allein der Grund, der Freigius zwang, die Universität Freiburg zu verlassen.

Freigius hatte sich bereit erklärt, für den 1575 verstorbenen Gönner der Universität, Johann Andreas von Schwanbach, die Trauerrede zu halten, sagte dies jedoch ab, als er erfuhr, daß Schwanbach den Jesuiten ein Legat vermacht hatte. Dieser Affront gegen einen katholischen Orden zusammen mit seinen unliebsamen Lehrvorträgen nach ramistischer Methode veranlaßten den Senat der Universität, Freigius 1575 die Professur zu entziehen[728].

Bald darauf ging Freigius nach Basel, um dort in einer Druckerei als Korrektor zu arbeiten.

Durch Vermittlung des Augsburger Schulrektors Hieronymus Wolff, der ebenfalls begeisterter Anhänger des Petrus Ramus gewesen war, übernahm Freigius schließlich die Rektorstelle des Altdorfer Gymnasiums. In Altdorf hielt Freigius philosophische, philologische und juristische Vorlesungen nach ramistischer Methode[729], machte sich damit aber auch dort unbeliebt. 1582 verbot man auch in Altdorf, den Ramismus zu verbreiten. Bei der Umwandlung des Altdorfer Gymnasiums in eine Akademie im Jahre 1580 mußte Freigius gehen. Er wandte sich wieder nach Basel, um dort bis zu seinem Tode am 16. Januar 1583 als Korrektor in der Henricpetri'schen Druckerei zu arbeiten.

---

[725] Schreiber II S. 36.
[726] Will I S. 479.
[727] Stintzing S. 442.
[728] Schreiber II S. 225.
[729] Stintzing S. 444.

Der Lebensgang Freigius' zeigt viel persönliches Unglück und kompromißloses Einstehen für wissenschaftliche und religiöse Überzeugung. Seine Biographen Stintzing und Schreiber betonen diesen Charakterzug seines Wesens, erwähnen aber nirgends, ob er zum Luthertum oder Calvinismus übergetreten ist.

Schreiber[730] zitiert am Ende seiner Darstellung den Index Sotomaiors, dem er entnimmt, daß Freigius ein „Lutheranus" gewesen sei. Er selbst enthält sich einer eigenen Stellungnahme. Die Indizierung Freigius' im römischen Index, die für Deutschland allein maßgeblich gewesen ist, läßt Schreiber im übrigen unerwähnt.

Immerhin beweisen die Weigerung, das Tridentinische Glaubensbekenntnis zu beschwören, und der Affront gegen den Jesuitenorden, daß Freigius zumindest dem katholischen Glauben und den kirchlichen Einrichtungen gegenüber kritisch eingestellt war, wenn er nicht sogar selbst Protestant geworden ist.

Überblick über einige seiner Schriften

Zur Besprechung der expurgierten Werke wird die Ausgabe der Expurgationen im Index von Sotomaior herangezogen, weil sie die späteste ist und daher die vorausgehenden Expurgationen von Sandoval und Mascaregnas enthält.

Ohne jede Verbesserungen erlaubt Sotomaior folgende Werke[731]:

Ciceronianus. Basileae: Henricpetri 1575.
Notae in Horatium[732].
Quaestiones oeconomicae & politicae.
Quaestiones Logicae & Ethicae, cum analysi Logica, Ethica, Politica.
Trium artium Logicarum Schematismi. Basileae 1569.
Paralipomena in Historiam Aemilii & Ferroni.
Partitiones iuris utriusque. Basil. 1571.
Rectoratus & delineatio Gymnasii Altorphiani. Norimbergae.
Grammatica Graeca ad usum puerorum. Norimbergae.
De Logica Jurisconsultorum, libri duo. Basil. 1582.
Oratio de laude Politicae doctrinae.
Orationes recitatae in Gymnasio Altorphiano, ipso Rectore Norimberg.
Quaestiones Justinianae. Basileae.
Historia de bello Africano, ex Lusitano in Latinum translata. Norimbergae.

---

730 Schreiber II S. 232.
731 Sotomaior S. 655.
732 Sotomaior S. 656.

Kleinere Beanstandungen weisen folgende Werke auf:

Paratitla seu Synopsis Pandectarum iuris civilis. Basileae: Henricpetri 1583[733].

In Ciceronis Orationis Annotationes, ex perpetuis notis Logicis Arithmeticis. Basileae: Perna 1583.

Quaestiones physicae. Basileae: Henric petri 1585.

Quaestiones geometricae stereometricae. Basileae: Henricpetri 1583.

Paedagogus. Basileae: Henricpetri 1582.

Unter den aufgeführten Schriften ist nur eine juristische Schrift expurgiert. Die „Paratitla" sind aus den vielen juristischen Vorlesungen des Freigius erwachsen und in Anlehnung an die Paratitla des Zasius, jedoch nach ramistischer Methode, angelegt.

Methodische Bemängelungen finden sich in der Expurgation von Sotomaior nicht[734], dafür werden ironische Bemerkungen über die Theologen, Zweifel an der geistlichen Zielsetzung des Papsttums[735] und im eherechtlichen Teil[736]: „De ritu nuptiarum" die Auffassung der Notwendigkeit des elterlichen Konsenses bei Eheschließung gewaltunterworfener Kinder gelöscht.

Im übrigen bleibt das Werk unbeanstandet.

Die einzige Expurgation nur einer juristischen Schrift zeigt, daß Freigius den Vorstellungen der Protestanten vom Papsttum und von der Ehe recht nahe kam.

---

733 Diese Ausgabe lag der Bearbeitung ebenfalls zugrunde.

734 In den übrigen Werken des Freigius, die expurgiert worden sind, ist die ramistische Methode ebenfalls unbeanstandet geblieben.

735 S. 1128 „Qua ratione & Pontificem & Augustum appellabimus, qui ad vitam aeternam pontem non faciat & qui imperii corpus non augeat".

736 Lib. 23, tit. 2 S. 481.

C. Ergebnisse

Nachdem zu Beginn dieser Arbeit bereits eine Übersicht über die gesamte Problematik gegeben und in den einzelnen Abschnitten hierauf jeweils die Beantwortung der durch das Thema aufgeworfenen speziellen Fragen versucht worden ist, soll zum Schluß auf eine längere Zusammenfassung verzichtet werden, um Wiederholungen zu vermeiden und die Vielschichtigkeit des Gegenstandes nicht in unzulässiger Weise zu vereinfachen.

Die strenge Beschränkung auf eine Analyse der Gründe, die zur kirchlichen Indizierung zahlreicher deutscher Juristen und ihrer Schriften im 16. Jahrhundert geführt haben, läßt insbesondere solche konfessionspolitischen Stellungnahmen nicht zu, die Tatsachenbehauptungen und Rechtsansichten der Kirche und der Juristen in Frage stellen könnten. Es wurde vielmehr versucht, allein solchen Fragen nachzugehen, in denen die römischen Indices dieser Zeit für die Geschichte der Rechtswissenschaft des 16. Jahrhunderts in Deutschland bedeutsam gewesen sind.

Im Hinblick darauf folgt nun hier — unter Verzicht auf rechts- und kirchenrechtsgeschichtliche Erörterungen im ganzen — nur noch die Zusammenstellung einiger neuer Ergebnisse, die der Forschung in unserem Bereich vielleicht von Nutzen sein können.

1. Da sich ein Aktenstudium in Rom nicht durchführen ließ, sind durch biographische und bibliographische Untersuchungen 50 deutsche Juristen des 16. Jahrhunderts ermittelt worden. Von ihnen wurden 25 durch Indexverbote des 16. Jahrhunderts und 25 durch Dekretverbote des 17. Jahrhunderts betroffen. Hiervon ist in dieser Arbeit nur die erste Gruppe im Hinblick auf die Gründe der Indizierung näher untersucht worden, weil die Namen dieser im 16. Jahrhundert kirchlich verurteilten Autoren und die Titel der in dieser Zeit verbotenen Bücher seit dem römischen Index von 1900 nicht mehr wiederholt wurden. Dieses Ergebnis könnte unter Umständen durch Akteneinsicht ergänzt werden.

2. Zur Feststellung der nicht veröffentlichten Verbotsgründe sind die rechtlichen Grundlagen, Besonderheiten und Entwicklungen der römischen Indices des 16. Jahrhunderts untersucht worden. Die Indices des 16. Jahrhunderts sind Listenverbote mit Gesetzeskraft nach kanonischem Recht gewesen; sie haben konstitutive Wirkung mit dem Inkrafttreten erhalten. Im Unterschied hierzu waren die Indices seit dem 17. Jahr-

hundert lediglich Verbotslisten, die außer der Wiederholung der Verbote des 16. Jahrhunderts allein die Ergebnisse der vorangegangenen und rechtskräftigen Verbotsdekrete listenmäßig erfaßten; sie hatten daher allein deklaratorische Bedeutung. Die Indices des 16. Jahrhunderts wurden nach Anschlag in Rom und nach Fristablauf bereits rechtswirksam, bevor sie im Druck veröffentlicht worden sind.

3. Von erheblicher Bedeutung für die Ermittlung der Verbotsgründe hat sich die Rechtssystematik der Klasseneinteilung der Indices des 16. Jahrhunderts erwiesen. Ihr zentraler Verbotstatbestand war zumeist — auch bei Juristen — der der Häresie. Allerdings weist die Zuordnung der Häretiker ohne Schrifttumsangabe in die erste Klasse (mit dem Verbot aller vorhandenen und zukünftigen Schriften), der aufgezählten verbotenen Einzelschriften bestimmter Autoren (mit einem hierauf bezogenen Leseverbot) in die zweite Klasse und der verbotenen anonymen Einzelschriften (mit Hinweisen auf verbotene Schrifttumsgattungen) in die dritte Klasse beachtliche Unregelmäßigkeiten auf, die die Überprüfung erschwert haben. Dazu gehören Zufälligkeiten der Indizierung, Ungenauigkeiten der Ermittlungen von Namen und Werk in mehreren Fällen, Fragwürdigkeit der Einordnung einiger Autoren und offensichtliche Abweichungen von der Systematik der Klasseneinteilung (z. B. Katholiken in der ersten und Protestanten in der zweiten Klasse, opera omnia-Verbote in der zweiten Klasse, Nennung von Einzelschriften von Personengruppen der ersten Klasse in der zweiten Klasse, Doppelindizierungen in der zweiten und dritten Klasse etc.). Es ist auch für die Bücherverbote deutscher Juristen interessant, daß die Väter des Tridentinischen Konzils bei der Überprüfung der vorangegangenen Indizierungen die Vorlage zahlreicher indizierter Schriften vermißt haben.

4. Die allgemeinen Regeln für Leseverbote der häretischen und häresieverdächtigen Schriften aus dem Tridentiner Index reichen nicht aus, um alle Indexverbote zu ergründen. Sonst wären abweichende Beurteilungen, z. B. in Rom, Madrid, Lissabon und Antwerpen nicht zu erklären. Die allgemeinen Regeln können maßgeblich gewesen sein; die Indizierungen der deutschen Juristen des 16. Jahrhunderts können aber auch auf zusätzlichen Gründen beruhen, die freilich im einzelnen nicht angegeben sind.

5. Wertvolle Hinweise geben die Expurgationen, die allerdings in Rom selten, in Spanien, Portugal und den Niederlanden häufiger vorgekommen sind. Obwohl sie sich bei Neuauflagen juristischer Bücher nur sehr selten ausgewirkt haben und hierbei fast ganz unberücksichtigt geblieben sind, hat sich die Benutzung der Expurgationsindices überwiegend als unentbehrliches Hilfsmittel zur Erforschung der möglichen Verbotsgründe erwiesen. Dies gilt sowohl bei Freigabe einzelner Schriften der wegen Häresie Verurteilten als auch bei Streichungen und Textänderungen von Worten, Sätzen oder Seiten verbotener Schriften als Vorausset-

zung für die Aufhebung des Leseverbots. Hieraus lassen sich Indizierungsgründe ableiten, auch wenn die Expurgationen überwiegend nicht von Rom ausgegangen, sondern nur in Teilbereichen der katholischen Kirche wirksam gewesen sind. Allerdings sind bei den Korrekturen mehrfach abweichende Beurteilungen zu berücksichtigen.

6. Die Einzeluntersuchungen der verurteilten deutschen Juristen und der verbotenen juristischen Schriften in den Indices des 16. Jahrhunderts haben in fast allen Fällen Kollisionen mit der katholischen Glaubens- und Sittenlehre, eine abfällige Kritik der kirchlichen Verhältnisse oder einen Verstoß gegen den Genehmigungsvorbehalt für Schriften religiösen Inhalts (auch bei Juristen) ergeben. Die Indizierung erscheint als Abwehrmaßnahme gegenüber Angriffen und Mißachtung sowie als Mittel zur Bewahrung gegenüber konfessionspolitischen Veränderungen im Zeitalter der Reformation und Gegenreformation.

7. Auch in den juristischen Schriften werden Anlehnungen an heidnische Ausdrücke ebenso beanstandet wie die Erwähnung der Namen verurteilter Ketzer, deren Zitate selbst dagegen nicht selten unberührt bleiben. Gestrichen werden auch in juristischen Büchern die Leugnung bestimmter Sakramente, die Ablehnung der mündlichen Überlieferung als einer kirchlich anerkannten Rechtsquelle, die Verneinung des Primats des Papstes u. a. m.

8. Kirchenrechtliche Korrekturen beziehen sich in den Expurgationen unter anderem auf die Trennung von geistlichen und weltlichen Angelegenheiten, die Ablehnung der Konstantinischen Schenkung, die Abweichungen in der Naturrechtslehre, die Stellung des Papstes und der Bischöfe in der Kirche sowie zum Kaiser und zum Landesherrn, die Unterstellung der geistlichen Gerichte unter die landesherrliche Gewalt, die Unterordnung der Kirchenorganisation unter die weltliche Obrigkeit, den Streit der Rechtsmeinungen über das Verlöbnis, die Eheschließung (besonders auch im Verhältnis zur elterlichen Gewalt), die Ehescheidung, das Konkubinat, die Priesterehe und die Legitimation, die Rechtsansichten über den Eid, das Zinsennehmen, das kirchliche Asylrecht für Verbrecher sowie die Verurteilung von Hexen, Zauberern und Giftmischern. Hinzu kommen die alten Kontroversen über das Verhältnis von Staat und Kirche in neuen Versionen sowie die nach der katholischen Auffassung eigenmächtige Revision des kanonischen Rechts durch protestantische Kirchenrechtslehrer, abgesehen von den Leugnern des kanonischen Rechts.

9. In den Expurgationen gibt es keine staatsrechtlichen Beanstandungen, solange der Status der Kirche unberührt bleibt, keine Korrektur der rechtlichen Methodenlehre sowie grundsätzlich keine Einwände gegen die juristischen Quellenlehren, die rechtliche Dogmen- und System-

geschichte, die weltliche Rechtsgeschichte, die Rechtsprechung und das Prozeßrecht, soweit nicht Angriffe auf kirchliche Lehren und Verhältnisse Anlaß geboten haben.

Ausnahmen hiervon sind verhältnismäßig selten und beruhen in der Regel auf Irrtümern oder Mißverständnissen. Unverständlich bleibt nur, daß die römische Indexkongregation ihren Expurgationsauftrag im Falle der Indizierung juristischer Bücher kaum erfüllt hat, während in Spanien, Portugal und in den Niederlanden in erheblichem Umfang davon Gebrauch gemacht worden ist. So ist das Leseverbot für Schriften deutscher Juristen im Ausland vielfach aufgehoben worden, während solche Aufhebungen in den deutschen Territorien offensichtlich nicht erfolgt sind.

10. Allerdings sind die kirchlichen Leseverbote nicht nur von den protestantischen Landesherrn unbeachtet gelassen worden, sondern haben auch bei der katholisch gebliebenen Obrigkeit entweder keine oder nur seltene Berücksichtigung gefunden. Ausnahmen haben sich jeweils nur kurze Zeit halten können. Die juristischen Fakultäten wären konkurrenzunfähig geworden, wenn die Verbote strikt befolgt worden wären. Die katholische Kirche hat nicht primär die Fortbildung des Rechts unmöglich machen, sondern das alte Bekenntnis schützen und die alte Kirche als Institution bewahren wollen. Sie hat im Zeitalter des aufkommenden Absolutismus gegen jeden gekämpft, der sich ihr widersetzte, ohne freilich längst vollzogene Entscheidungen rückgängig machen zu können.

Literaturverzeichnis

I. Quellen

1. Die benutzten Indexausgaben in chronologischer Folge

Die Indices librorum prohibitorum des 16. Jahrhunderts. Gesammelt und herausgegeben von Fr. Heinrich Reusch. Tübingen 1886. (Bibliothek des litterarischen Vereins. 176.)
(Zitiert: Reusch: Index)

Ordnung, Statuten und Edict, Keiser Carols des fünfften, publicirt in der namhafften Stat Brüssel, in beysein irer Mayestet Schwester und Königin, Gubernant un Regent seiner Niderland, den 4. Octobris, anno Christi 1540. In Branantischer Sprach erstlich außgegangen. 2 Teile in einem Druck. (Nürnberg: Rottmaier 1540)

Catalogus haereticorum Romae conflatus 1559. Continens alios quatuor catalogos, qui post decennium in Italia, nec non eos omnes, qui in Gallia & Flandria post renatum Evangelium fuerunt aediti. Cum Annotationibus Vergerii 1560
(Zitiert: Vergerius)

Moderatio indicis librorum prohibitorum (1561). Abgedruckt von Hilgers in: Zentralblatt für Bibliothekswesen. Jg. 28. 1911. S. 120—121
(Zitiert: ZfB)

Index expurgatorius librorum qui hoc seculo prodierunt, vel doctrinae non sanae erroribus inspersis, vel inutilis & offensivae maledicentiae fellibus permixtis, iuxta sacri Concilii Tridentini decretum: Philippi II Regis Catholici iussu & auctoritate, atque Albani Ducis consilio ac ministerio in Belgia concinnatus; anno 1571
(Zitiert: Antwerpener Expurgationsindex)

Uldaricus Zasius. In: Anton Possevini Apparatus sacer ad scriptores veteris & novi Testamenti. Eorum interpretes, synodos & Patres Latinos ac Graecos. Horum versiones. Theologos scholasticos quique contra hereticos egerunt. Tom. 2: Quo item reliqui Auctores, partim indicantur, partim expendentur. Hac postrema ab authore auctus et nunc primum in Germania editus. Coloniae Agrippinae apud Joannem Gymnicum 1608. S. 533—543 (Expurgation von 1587)
(Zitiert: Possevin)

Index librorum prohibitorum cum regulis confectis per Patres a Tridentina Synodo delectos. Auctoritate Pii IV primum editus postea vero a Syxto V. auctus et nunc demum S. D. N. Clementis PP. VIII. iussu, recognitus, & publicatus. Coloniae apud Gosuinum Cholinum 1597

Indicis librorum expurgandorum in studiosorum gratiam confecti. Tomus primus in quo quinquaginta auctorum libri prae caeteris desiderati emendantur. Per Fr. Jo. Mariam Brasichellen. Sacri Palatii Apostolici Magistrum

in unum corpus redactus & publicae commoditati aeditus. Romae ex typographia R. Cam. Apost. 1607. Superiorum permissu
(Zitiert: Brasichellen)

Index librorum prohibitorum et expurgatorum Illmi ac R. D. D. Bernardi de Sandoval & Roxas Card. & Archiep. Tolet. Hispaniarum Primatis, Majoris Castellae Cancellarij, Generalis Inquisitoris Regij status Consiliarij, auctoritate & jussu editus. De consilio Supremi Senatus S. Generalis Inquisitionis Hispaniarum. Juxta exemplar excusum Madriti apud Ludovicum Sanchez ... 1612 cum appendice 1614
(Zitiert: Sandoval)

Index auctorum damnatae memoriae, tum etiam librorum, qui vel simpliciter vel ad expungationem usque prohibentur, vel denique iam expurgati permittuntur. Editus auctoritate Illmi D. Fernandi Martins Mascaregnas Algarbiorum Episcopi, Regii status Consiliarii, ac Regnorum Lusitaniae Inquisitoris Generalis. De consilio supremi senatus S[tae] Generalis Inquisitionis Lusitaniae. Ulyssipone ex officina Petri Craesbeeck, Regii Typogr. 1624
(Zitiert: Mascaregnas)

Index librorum prohibitorum Alexandri VII Pont. Max. iussu editus. Romae ex typographia Camerae Apostolicae 1664

Index librorum prohibitorum et expurgandorum novissimus pro Catholicis Hispaniarum regnis Philippi IV, Regis Cathol. Ill. ac. R. D. D. Antonii a Sotomaior Supremi Praesidis & in regnis Hispaniarum, Siciliae & Indiarum Generalis Inquisitoris, & c. jussu ac studiis, de consilio supremi senatus inquisitionis generalis. Madriti ex typographaeo Didaci 1667
(Zitiert: Sotomaior)

Index librorum prohibitiorum Innoc. XI P. M. jussu editus usque ad annum 1681. Eidem accessit in fine Appendix usque ad mensem Junij 1704. Romae typis Rev. Cam. Apost. 1704

Index librorum prohibitorum S. D. N. Pii Septimi Pont. Max. jussu editus. Romae ex typographia Rev. Camerae Apostolicae 1819

Index librorum prohibitorum S. D. N. Gregorii XVI Pont. Max. jussu editus. Romae ex typographia Rev. Cam. Apost. 1841

Index librorum prohibitorum SSMI D. N. Leonis XIII iussu et auctoritate recognitus et editus praemittuntur Constitutiones Apostolicae de examine et prohibitione librorum. Romae Typis Vaticanis 1900

Index librorum prohibitorum SSMI D. N. Pii XII jussu editus anno 1948. Civitas Vaticana typis polyglottis vaticanis 1948

2. Sammlung kirchlicher Gesetze, Erlasse und Kommentare in der Folge ihres Berichtszeitraumes

Ludwig von Pastor. Allgemeine Dekrete der römischen Inquisition aus den Jahren 1555—1597. Nach den Notariatsprotokollen des S. Ufficio zum ersten Mal veröffentlicht. In: Historisches Jahrbuch. Bd. 33. 1912. S. 479—549

Corpus iuris canonici. 3 vol. Romae 1582

Die evangelischen Kirchenordnungen des 16. Jahrhunderts. Urkunden und Regesten zur Geschichte des Rechts und der Verfassung der evangelischen Kirche in Deutschland. Herausgegeben von Aemilius Ludwig Richter. Bd. 1. Weimar 1846
(Zitiert: Richter)

Directorium Inquisitorum F. Nicolai Eymerici cum commentariis Francisci Pegne in hac postrema editione iterum emendatum & auctum & multis litteris Apostolicis locupletatum. Venetiis apud Marcum Antonium Zalterium 1607
(Zitiert: Eymericus-Pegna)

Magnum Bullarium Romanum a Beato Leone Magno usque ad S. D. N. Benedictum XIV. Opus Laertii Cherubini ... deinde a Angelo a Lantusca & Joanne Paulo a Roma ... Editio novissima. Luxemburgi sumptibus Henrici-Alberti Gosse & c. 1742 ff.
(Zitiert: Bull.)

Sacrosanctum oecumenicum Concilium Tridentini additis declarationibus cardinalium Concilii Interpretum, ex ultima recognitione Joannis Gallemart, et citationibus Joannis Sotealli Theologi, et Horatii Lucii Jurisconsulti, nec non remissionibus D. Augustini Barbosae, quibus recens accesserunt utilissimae additiones Balthasaris Andreae J. C. ... cum decisionibus variis Rotae Romanae eodem spectantibus e Bibliotheca D. Prosperi Farinacii JC. Nunc demum ... annotationibus practicis reformationem & forensia concernentibus D. Cardinalis de Luca illustratum ... cum indice librorum prohibitorum ex praescripto concilii ... Coloniae Agrippinae ex officina Metternichiana sub Signo Gryphi. Anno 1754
(Zitiert: Gallemart)

Acta et decreta S. et œcumen. concilii Vaticani, die 8 Dec. 1869 a Pio IX inchoati. Friburgi Br. 1871

Acta Apostolicae Sedis. Commentarium officiale. Vol 1 ff. Romae 1909 ff.
(Zitiert: AAS)

Codex iuris canonici Pii X iussu digestus Benedicti XV auctoritate promulgatus. Praef. Gasparri. Friburgi Br., Ratisbonae 1918
(Zitiert: CIC)

Jone, Heribert: Gesetzbuch der lateinischen Kirche. 2. Aufl. Bd. 1.3. Paderborn 1950—53

3. Primärliteratur

Die Amerbach-Korrespondenz. Bearb. u. hrsg. v. Alfred Hartmann. Bd. 2.3. Basel 1943—1947
(Zitiert: Hartmann: Amerbach-Korrespondenz)

Apel, Johann: Defensio ad Episcopum Herbipolensem pro suo coniugio. Praefixa Martini Lutheri. Witembergae 1523

— Methodica dialectices ratio ad jurisprudentiam accomodata. Norimbergae: Peypus 1535

— Qua ratione ac methodo institutionum libri IV. Divi Justiniani Imperatoris legi debeant, eleganter ac concinne in dialogos redacti, Coloniae: Birckmann et Richwin 1564 (Diese Kölner Ausgabe enthält einen der Abdrucke der „Isagoge per dialogum in quatuor libros Institutionum divi Justiniani Imperatoris“)

— Isagoge per dialogum, in IV lib. Institutionum Dive Justiniani Imperatoris. Lovanii ex officina Bartholomei Gravii 1551

Beust, Joachim von: Lectura in titulum Digesti veteris de Jurejurando. Wittenbergae: Crato 1576

Beust, Joachim von: Tractatus de sponsalibus et matriomoniis ad praxim forensem accomodatus. Wittembergae: Crato 1586

Beyer, Christian: Ein Brief des Christian Beyer, mitgeteilt von V. Wirth. In: Blätter für bayerische Kirchengeschichte. Jg. 2. 1888/89. S. 159—160

Brus, Anton: Briefe des Prager Erzbischofs Anton Brus von Müglitz 1562—1563. Herausgegeben von S. Steinherz. Prag 1907
(Zitiert: Steinherz)

Dick, Leopold: Ad Christum sponsum Ecclesiae sponsae Epistola multum lepida ac concinna qua collachrymat praesentem, tam pertinacem humanae vitae functionem, atque interim seipsam male habentem deplorat, manus auxiliares ut porrigat Christus spons. o. O. u. J.

— Adversus impios anabaptistarum errores, longe omnium pestilentissimos. Haganoae: Secer 1530

— De dira & ultra hominum fidem exitiali, Mediolanensium in Germanos milites seditione vera. Narratio. Ad Invictiss. Imperatorem Carolum V. o. O. u. J.

— De Mysterio venerabilis sacramenti Eucharistiae, et dnica coena syllois sive compilatio, ob quorundam impios caninosque latratus, ac mentinum misere seductores omnium facile elegantissima. o. O. u. J.

— De optima studiorum ratione, idque in omni facultatum genere, Methodus. Eiusdem christianae et civilis vitae compendium: in quo & de signis sive notis cognoscendorum hominum, per locos aliquot communes. o. O. 1564

— Gnad Frid und barmhertzigkait von unserm herrn Jesu Christo. L. D. L. In summa summe: das ist so vil alles mit diser binden beknüpfft. Allen und yden, inn was stands, gaystlichen oder weltlichen, auß sonderer briederlicher trew un Christenlicher liebe zu leßen. Nolite confidere in principibus, neque in filijs hominum in quibus non est salus. Benedictus dominus deus israhel quia visitavit et fecit Redemptionem. Babilonice venationis plebecule sue. Sic ad fortunatorum vireta balsamitice stillantia itur. At nostrates sacrificuli papistici complusculi exletheo inferorum gurgite. Longissima evangelice Doctrine. Oblivia biberunt. Quod erroris poculum permanus quasi nobis tradidere. o. O. u. J.

— Oikonomia constituendi explicandique iudicii ordinarii. Basileae: Oporinus 1562

— Paraclesis, id est adhortatio, ad universos sub velamine Christi merentes christiculos, per modum Contionis, ut errorum pedicis illaqueatos corrigent, ac passim varias ingeniorum opiniones nostra iam tempestate anhelantes, charitatis symbolum renatum denuo efflorescere patiantur, ecclesiaeque sacrae Cymbam ad salutis portum remigent. Eiusdem ad Antistitem Maximum & illustrissimum principem Matthaeum cardinalem & Archiepiscopum Saltzburgensem epistola nuncupatoria. o. O. u. J.

— Paraphrastica meditatio in sacrosanctam precationem Dominicam, pia atque utilis. Moguntiae: Behem 1543

Erasmus: Opus Epistolarum Des. Erasmi Roterodami. Denuo recognitum et auctum per P. S. Allen ... Bd. V: 1522—1524. Oxonii 1924. Bd. X: 1532—1534. Oxonii 1941. Bd. XI: 1534—1536. Oxonii 1947
(Zitiert: Allen: Erasmi Epistolae)

Forster, Valentin: De successionibus quae ab intestato deferuntur, libri quinque. Basileae: Oporinus 1566

Freigius, Johann Thomas: Paratitla seu Synopsis Pandectarum iuris civilis. Basileae: Henricpetri 1583

Godelmann, Johann Georg: Tractatus de magis, veneficis et lamiis, deque his recte cognoscendis et puniendis... in tres libros distributus. Francfurti: Bassaeus 1591

Hegendorph, Christoph: Annotationes in Evangelium Marci; in Epistolam Pauli ad Hebraeos; in Epistolam Petri Priorem; in Passionem Matthaei, Johannis. Haganoae: Secer 1525

— Carmen Lipsici de Disputatione Lipsiensi inter praestantissimos Theologiae Professores, Joh. Eccium, Carolstadium & Mart. Lutherum. Lipsiae: Monacensis 1519

— Christiana studiosae iuventutis institutio. Explicatio locorum implicatissimorum in colloquiis Erasmi. Haganoae: Secer 1526

— Commentarii in sex titulos Pandectarum juris civilis. Basileae: Brylinger 1537

— Compendiariae titulorum Codicis Iustiniani Exegeses. Haganoae: Secer 1529

— De instituenda vita, et moribus corrigendis Iuventutis, Paraeneses... Haganoae: Secer 1529

— Dialecticae legalis libri quinque. Lugduni 1534

— Die zehen gepot der glaub, und das Vater unser, für die kinder, kürtzlich ausgelegt durch Christophorum Hegendorff. Wittemberg o. J. (Wiedergegeben von Kawerau S. 53—59)

— Epitome Tyrocinii iuris civilis. In: Varia opuscula de exercitatione Jurisconsultorum. S. 539—600. Argentorati: Rihel 1554

— Methodus conscribendi epistolas. In: De conscribendis epistolis Des. Erasmi Roterodami opus. S. 537—577. Moguntiae: Schoeffer 1550

— Oratio de artibus, futuro iurisconsulto & necessariis & frugiferis, comparandis. Item consilium de compendiaria discendi Iura civilia, ratione. Haganoae: Secer 1529

— Querela eloquentiae, Helleborus Gregorio Schamotulano Archidiacono Posnensi non satis compotimentis, paratus. Cui accessit farrago errorum pudendorum eiusdem Archidiaconi Posnensis, & in rebus Sacris & Iure. Explicantur autem in hoc libello & leges multae & iura pontificia, loca sacrarum scripturarum & alia non indigna cognitione. Wittembergae: Klug 1536

Heresbach, Konrad: Celeuma exhortatorium ad praeparationem christiane moriendi. Francofurti ad Moenum: Feyerabend 1592

— Christianae jurisprudentiae epitome. Neostadii in Palatinatu typis Matthaei Harnisch 1586

— De educandis erudiendisque principum liberis, reipublicae gubernandae destinatis, deque republica Christiana administranda libri duo. Francofurti ad Moenum: Feyerabend 1570

— Diarium seu quotidianae preces in usum simplicium singulis diebus hebdomadis accomodatae. Francofurti ad Moenum: Feyerabend 1592

— Historia Anabaptistica de factione Monasteriensi anno 1534 & sqq. ad Erasmum Roterodamum Epistolae forma anno 1536 descripta, nunc demum ex authoris autographo... opera et studio Theodori Strackii. Amsterdam: Laurencius 1637

Heresbach, Konrad: Psalmorum Davidicorum simplex et dulcida explicatio. Vulgata translatio cum graeca LXX. interpretum versione ad hebraicam veritatem collata castigataque. Cum praefatione Joannis Sturmii. Basileae: Perna 1578

Kling, Melchior: Commentaria in praecipuos secundi libri antiquorum Decretalium titulos. Francofurti: Egenolph 1550

— Das Gantze sechsisch Landrecht mit Text und Gloß in eine richtige Ordnung gebracht durch Melchior Klingen. Leipzig 1572

— Explicatio & continuatio titulorum Juris civilis & canonici. Coloniae: Birckmann 1561

— In quatuor Institutionum Iuris civilis, Justiniani libros Enarrationes. Francofurti: Egenolph 1543

— Tractatus matrimonialium causarum, impressus Francofurti apud Christophorum Egenolphum 1553

Lagus, Konrad: Compendium juris civilis et Saxonici. In gründlicher, ordentlicher außzug, begriff und einhalt des Keys. und Sächsischen Rechten durch Cunradum Lagum verfasset und vorhin in Druck nicht außgangen, jetzt aber mit fleisse übersehen, in 6 Bücher und Titel distribuiert ... durch Joachimum Gregorij von Prietzen. Magdeburg: Francken 1597

— Juris utriusque traditio methodica. Cum summariis & scholiis Justini Gobleri. Basileae 1553

— Protestatio adversus improbam suorum commentariorum de doctrina iuris editionem ab Egenolpho factam. Gedani 1544

Leunclavius, Johann: Paratitlorum libri tres antiqui, Latini de Graecis facti. Ejusdem Notatorum libri duo. Francofurti: Haeredes Wecheli & Marnius & Aubius 1593

Luther, Martin: Sämmtliche Schriften. Hrsg. von Joh. Georg Walch. Bd. XV. 2. Aufl. St. Louis o. J.

— Werke. Kritische Gesamtausgabe. Tischreden. Bd. 3. Weimar 1914

— Briefwechsel. Bearb. u. mit Erl. vers. von Ernst Ludwig Enders. Bd. 9. 1531—1534. Calw, Stuttgart 1903

Melanchthon, Philipp: Brief Melanchthons über Schürpf Nr. 4093 im Corpus Reformatorum (zitiert: C. R.) Bd. VI. Halle a. d. S. 1839

— Oratio de vita clarissimi Hieronymi Schurffi, J. V. Doctoris, recitata a D. Michaele Teubero Doctore. Witebergae: Seitz 1554. In: Kisch: Melanchthon. S. 288—297

Oldendorp, Johann: Actionum forensium progymnasmata. Francofurti: Hofmann 1627

— Collatio Juris civilis & canonici. Coloniae: Gymnicus 1541

— De copia verborum & rerum in Iure Civili. Lugduni: Gryphius 1543

— De iure et aequitate forensis disputatio, secundum quam civilis disciplina, cum scholis, tum in indiciis recte tractati potest. Coloniae Agrippinae: Gymnicus 1573

— Wat byllick un recht ys, eyne korte erklaring, allen stenden denstlick. Rostock: Dietz 1529 (Nachdr.: Schwerin 1894 mit einer Einl. von A. Freybe)

— Opera. Basileae: Hervagius 1559

Perellius, Johann: Ein Gespräch von der Jesuiter lehr und wesen, thun und lassen wider die schmach und lästerwort, die ain Sacramentierer auß Hessen, Wilhelm Rodig, genant, in der Franciscaner schul zu Haidelberg wonhafft, den erwelten Jesuiten boßhafftig, mutwilliglich unnd mit unwarhait zugemessen hat. Verteutschet durch Johann Götz. Ingolstadt: Sartorius 1576

Rauchbar, Andreas: Oratio de vita et obitu clarissimi iurisconsulti Matthaei Wesenbecij in Academia Wittebergensi quondam Professoris celeberrimi. Wittebergae: Lehrmann 1587

Roding, Wilhelm: Contra impias scholas Jesuitarum, et eos qui suos pueros ipsis informandos committunt, ad Christianos homines oratio. Haidelbergae: Maier 1575

— De iudicio Rom. Imp. institutionum libri II de audientia camerali ejusque processu. Ambergae: Forster 1594

— Oratio ad ill. principem Joannem Casimirum, Ducem Bavariae, comitem Palatinum Rheni, Ill. Friderici ... e Gallia pace & tranquillitate Regni constituta redeuntem. Heidelbergae: Mareschall 1576

— Oratio funebris in laudem Friderici Pii ... Comitis Palatini ad Rhenum, Ducis Bavariae, qui obiit A. D. VII. Calend. Novemb. Anno Christi 1576 habita. Heidelbergae ibid. Novemb.: Mareschall 1577

— Petri Rami ... Dialecticae lib. duo, ex variis ipsius disputationibus et multis tudomari Talaei commentariis denuo breviter explicati. Francofurti: Wechel 1576

Sambucus, Johann: Hans Gerstinger. Die Briefe des Johann Sambucus 1554—1584. Graz, Wien Köln 1968. (Österr. Akad. d. Wiss., phil.-hist. Kl. Bd. 255)

Schard, Simon: Lexicon Iuridicum Iuris Rom. simul & Pontificii. Basileae: Episcopus 1582

— Syntagma Tractatuum de Imperiali iurisdictione, authoritate et praeeminentia ac potestate ecclesiastica deque Juribus Regni & Imperii; authorum variorum qui ante nostram aetatem vixerunt. Argentorati: Zetzner 1609

Schneidewin, Johann: In quatuor Institutionum Imperalium Justiniani libros, commentarii, nunc mortem eius in usum & gratiam iuris ... ex recognitione et cum novis annot. ac supplement. Matthaei Wesenbecii. Argentorati: Rihel 1586

Schürpf, Hieronymus: Consiliorum seu Responsorum iuris Centuria 1—3. Francofurti: Haeredes Egenolphi 1594

Wesenbeck, Matthäus: Commentaria Juris, oeconomia iam olim dictus. Basileae: Episcopius 1579

— In Pandectas iuris civilis & codicis Justinianei libros commentarii olim Paratitla dicti. Francofurti: Hieratus 1619

— Narratio de M. Wesenbecio. In: Papinianus cum aliis Miscellaneis. Wittebergae 1570

Zanger, Johann: De excommunicatione maiore, qua toties in Principes tam nefarie Pontifices Romani fuerunt abusi, Dissertatio theologico-Juridica. Resoluta ab Andrea Scifardo. Witebergae: Herwich 1607

Zanger, Johann: Joannis Zangeri J. C. Olim Decretalium Professoris, Facultatis Juridicae Senioris & Ordinarii in inclyta Electorali Academia Wittebergensi Commentationes in Lib. II Decretalium hos quatuor tit.: De sententia et re iudicata Appellationibus Clericis peregrinantibus & confirmatione utili et inutili. (Hrsg.:) Daniel Johann Zanger J. U. D. Wittenbergae: Berger & Helwig 1620

— Orationes duae, I. quod, licet Pontifex Romanus nullam habeat potestatem condendae legis, tamen Ius canonicum, licite in Scholis & foro doceatur & observatur. II. qualenam debeat esse judicatum, ne ab ulla parte contendentium merito in dubium, aut in suspicionem vocari possit. Habitae Witebergae in Auditorio Jurisconsultorum, I. 1594, II. 1600. Witebergae: Helwig 1601

Zasius, Ulrich: Operum omnium, partim a Jo. Uldarico Zasio, folio- partim a Joach. Mynsingero a Frundeck... repurgatorum Tom. 1—6. Lugduni: Gryphius 1550

— Udalrici Zasii Epistolae ad viros aetatis suae doctissimos, quas partim exautographis partim edidit, partim hinc atque illinc dispersas collegit, illustravit et commentarium de illius vita praemisit. Jos. Ant. Rieggerus, JC. Friburg. Ulmae: Lebrecht 1774
(Zitiert: Riegger)

II. Sekundärliteratur

Adam, Melchior: Vitae Germanorum Jureconsultorum et politicorum, qui superiori seculo, et quod excurrit, floverunt. Heidelbergae: Rosa 1620

Allen, P. S.: Erasmus. Lectures and wayfaring sketches. Oxford 1934

Allgemeines Gelehrten-Lexikon. Hrsg. von Christian Gottlieb Jöcher. 4 Teile. Leipzig 1750—1751

Arndt, August: De libris prohibitis commentarii. Ratisbonae 1895

Babinger, Franz: Herkunft und Jugend Hans Lewenklaws. In: Westfälische Zeitschrift. 1. Abt. 98/99. 1949. S. 112—127

Beck, Jacob Christoff und August Johann *Buxtorff:* Supplement zu dem Baselischen Allgemeinen Historischen Lexikon. Teil II. Basel 1744
(Zitiert: Beck-Buxtorff)

Bertram, Johann Georg: Das evangelische Lüneburg oder Reformations- und Kirchenhistorie der altberühmten Stadt Lüneburg. Braunschweig 1719

Bianchi, Eugene C.: Vorzensur in der Kirche. In: Stimmen der Zeit. Bd. 178. 1966. S. 459—461

Böhmer, Justus Henning: Jus Ecclesiasticum protestantium usum hodiernum iuris canonici iuxta seriem decretalium ostendens et ipsius rerum argumentis illustrans. Tomus I. Ed. 5. Halae, Magdeburgicae 1756

Bonnant, Georges: Les Index prohibitifs et expurgatoires contrefaits par les protestants au XVIe et au XVIIe siècle. In: Bibliothèque d'humanisme et renaissance. T. 31. 1969. S. 611—640

Bortolotti, Robertus: Librorum prohibitorum iuxta Notificationem S. Congr. pro Doctrina Fidei, die 14 iun. 1966. In: Periodica de re morali canonica, liturgica. Tom. LVI. 1967. Fasc. 1. S. 116—138

Boudinhon, A.: La nouvelle législation de l'index. 2. éd. Paris 1924

Browe, P.: Die Judenmission im Mittelalter und die Päpste. Roma 1942. (Miscellanea historiae pontificiae. 6)

Connell, Francis J.: Censorship and the prohibition of books in catholic Church law. In: Columbia law review. New York. 1954. N. 5. S. 699—709

Conrad, Hermann: Das Tridentinische Konzil und die Entwicklung des kirchlichen und weltlichen Eherechts. In: Das Weltkonzil von Trient. Hrsg. von Georg Schreiber. Bd. 1. Freiburg 1951. S. 297—324

Diendorfer: „Index librorum prohibitorum". In: Wetzer und Welte's Kirchenlexikon oder Enzyklopädie der katholischen Theologie und ihrer Hilfswissenschaften. 2. Auflage. Begonnen von J. Hergenröther, fortges. von Franz Kaulen. Bd. 6. Freiburg i. Br. 1889. Sp. 643—663

Dietze, Hans-Helmut: Johann Oldendorp als Rechtsphilosoph und Protestant. Königsberg 1933. (Öffentlichrechtliche Vorträge und Schriften. 16)

Du Roi, Julius Georg Paul: Biographien der Helmstädtischen Rechtslehrer. Valentin Forster. In: Archiv für die theoretische und praktische Rechtsgelehrsamkeit. T. 3. 1788. S. 77—89

Ebers, Godehard Jos.: Grundriß des katholischen Kirchenrechts. Wien 1950

Ehses, Stephan: Neues zu Paolo Sarpis Geschichte des Konzils von Trient. In: Abhandlungen und Mitteilungen der Herren O. Hellinghaus, Stephan Ehses, E. Drerup. Jahresbericht für 1919. Köln 1920

Eichmann, Eduard und Klaus *Mörsdorf:* Lehrbuch des Kirchenrechts auf Grund des Codex Iuris Canonici. Bd. 1—3. 10. Aufl. München, Paderborn, Wien 1959
(Zitiert: Eichmann-Mörsdorf)

Eisenhart: „Roding", in: Allgemeine deutsche Biographie. 29. S. 30—32
(Zitiert: ADB)

— „Schard", in: Allgemeine deutsche Biographie. 30. S. 581—583
(Zitiert: ADB)

— „Wesenbeck", in: Allgemeine deutsche Biographie. 42. S. 134—138
(Zitiert: ADB)

Ennen: „Heresbach", in: Allgemeine deutsche Biographie. 12. S. 103—105
(Zitiert: ADB)

Fabian, Ekkehart: Dr. Gregor Brück 1557—1957. Lebensbild und Schriftwechselverzeichnis des Reformationskanzlers J. U. D. Gregor Heinze-Brück zu seinem 400. Todestag. Tübingen 1957. (Schriften zur Kirchen- und Rechtsgeschichte. 2)
(Zitiert: Fabian: Brück)

— Die Entstehung des Schmalkaldischen Bundes und seiner Verfassung 1524/29—1531/35. Darstellung und Quellen mit einer Brück-Bibliographie. 2. Aufl. Tübingen 1962. (Schriften zur Kirchen- und Rechtsgeschichte. 1)
(Zitiert: Fabian: Schmalkalden)

Fahnenberg, Egid Joseph Karl von: Litteratur des Kaiserlichen Reichskammergerichts. Wetzlar 1792

Fessler, Joseph: Censur und Index. 1858. In: Sammlung vermischter Schriften über Kirchengeschichte und Kirchenrecht. Freiburg i. Br. 1869. S. 125—183

Fock, Otto: Rügen-Pommersche Geschichten aus sieben Jahrhunderten. Bd. V: Reformation und Revolution. Leipzig 1868

Franzen, A.: „Heresbach, Konrad von", in: Lexikon für Theologie und Kirche. Bd. 5. 2. Aufl. Freiburg 1960. Sp. 245

Freher, Paul: Theatrum virorum eruditione clarorum in quo vitae et scripta Theologorum, Jureconsultorum, Medicorum & Philosophorum ... repraesentantur. Noribergae 1688

Freybe, A.: Was billig und recht ist. Die deutsche Erstlingsschrift des sogenannten Naturrechts von Joh. Oldendorp. Eingeleitet und hrsg. von A. Freybe. Schwerin 1894. S. 1—70

Friedberg, Emil: Lehrbuch des katholischen und evangelischen Kirchenrechts. 5. Aufl. Leipzig 1903

Friedensburg, Walter: Geschichte der Universität Wittenberg. Halle a. S. 1917

Gesner, Konrad: Bibliotheca universalis. Zürich: Froschauer 1545

Großes vollständiges Universallexikon aller Wissenschaften und Künste ... Bd. 1 ff. Halle, Leipzig: Zedler 1732 ff.

Hallische Beyträge zu der juristischen Gelehrtenhistorie. 3 Bde. Halle 1755

Hartzheim, Joseph: Bibliotheca Coloniensis. Coloniae Augustae Agrippinensium 1747

Hautz, Johann Friedrich: Geschichte der Universität Heidelberg. Bd. 1.2. 1864

Heckel, Johannes: Das Decretum Gratiani und das deutsche evangelische Kirchenrecht. In: Studia Gratiana. III. 1955. S. 484—537
(Zitiert: Heckel: Decretum Gratiani)

Hefele, Karl Joseph von: Konziliengeschichte. Bd. 1—7. Bd. 8—9. Fortges. von J. v. Hergenröther. 2. Aufl. Freiburg 1873—1890

Henner, Camillo: Beiträge zur Organisation und Competenz der päpstlichen Ketzergerichte. Leipzig 1890

Henschel, A.: Christophorus Hegendorf. In: Zeitschrift der Historischen Gesellschaft für die Provinz Posen. 7. 1892. S. 337—343

Hilgers, Joseph: Der Index der verbotenen Bücher. Freiburg i. Br. 1904

Hinschius, Paul: Das Kirchenrecht der Katholiken und Protestanten in Deutschland. Bd. 1—6. Berlin, Leipzig 1869—97

Historischer Schauplatz vornehmer und berühmter Staats- und Rechtsgelehrten. Frankfurt, Leipzig 1710

Hollweck, Joseph: Das kirchliche Bücherverbot. Ein Kommentar zur Konstitution Leos XIII. „Officiorum ac munerum". 2. Aufl. Mainz 1897

Horawitz: „Leunclavius", in: Allgemeine deutsche Biographie. 18. S. 488—493 (Zitiert: ADB)

Huizinga, Johan: Erasmus. Deutsch v. Wern. Kaegi. 4. Aufl. Basel 1951

Jacobi, v.: „Schneidewin", in: Allgemeine deutsche Biographie. 32. S. 146—149 (Zitiert: ADB)

Jensen, Wilhelm: Johann Oldendorp und das Hamburger Domkapitel. In: Zeitschrift des Vereins für Hamburgische Geschichte. Bd. 41: Festschrift zum 70. Geburtstag Heinrich Reinckes 1951. S. 204—213

Jugler, Johann Friedrich: Beiträge zur juristischen Biographie. Bd. 1—6. Leipzig 1773

Kawerau, G.: Zwei älteste Katechismen der lutherischen Reformation von P. Schultz und Chr. Hegendorf. Neu herausgegeben von G. Kawerau. Halle a. S. 1890

Kisch, Guido: Erasmus und die Jurisprudenz seiner Zeit. Basel 1960. (Basler Studien zur Rechtswissenschaft. 56.)
(Zitiert: Kisch: Erasmus)

— Gestalten und Probleme aus Humanismus und Jurisprudenz. Neue Studien und Texte. Berlin 1969
(Zitiert: Kisch: Humanismus)

— The Jews in medieval Germany. A study of their legal and social status. Chicago 1949

— Melanchthons Rechts- und Soziallehre. Berlin 1967
(Zitiert: Kisch: Melanchthon)

— Zasius und Reuchlin. Konstanz, Stuttgart 1961. (Pforzheimer Reuchlinschriften. 1.)

Knoche, Hansjürgen: Ulrich Zasius und das Freiburger Stadtrecht von 1520. Karlsruhe 1957. (Freiburger Rechts- und Staatswissenschaftliche Abhandlungen. 10.)

Köhler, K.: Luther und die Juristen. Gotha 1873

Kolde, Th.: Der Kanzler Brück und seine Bedeutung für die Entwicklung der Reformation. In: Zeitschrift für die historische Theologie. 1874. S. 343—408

Koschaker, Paul: Europa und das römische Recht. 4. unveränderte Aufl. München, Berlin 1966

Kosegarten, Johann Gottfried Ludwig: Geschichte der Universität Greifswald mit urkundlichen Beilagen. T. 1. Greifswald 1857

Kossowski, Stanislaus: Christophorus Hegendorphinus in der bischöflichen Akademie zu Posen (1530—1535). In: Jahresbericht des K. K. zweiten Obergymnasiums in Lemberg für das Schuljahr 1903. Lemberg 1903. S. 3—43

Krabbe, Otto: David Chyträus. Rostock 1870
(Zitiert: Krabbe: Chyträus)

— Die Universität Rostock im 15. und 16. Jahrhundert. T. 1. 2. Rostock, Schwerin 1854

Kühner, Hans: Index Romanus. Nürnberg 1963

Landry, Bernard: Duns Scot. Paris 1922

Landsberg, Ernst: „Oldendorp", in: Allgemeine Deutsche Biographie. 33. S. 265—267
(Zitiert: ADB)

— „Schurff", in: Allgemeine Deutsche Biographie. 33. S. 86—90
(Zitiert: ADB)

— „Zanger", in: Allgemeine Deutsche Biographie. 44. S. 685
(Zitiert: ADB)

Lea, Henry Charles: Geschichte der Spanischen Inquisition. Deutsch bearb. v. Prosper Müllendorff. Bd. 1 und 3. Leipzig 1911 und 1912

Liermann, Hans: Evangelisches Kirchenrecht und staatliches Eherecht in Deutschland. In: Existenz und Ordnung. Festschrift für Erik Wolf. Frankfurt a. M. 1962. S. 109—121

Ligorius, Alphonsus de: Theologia moralis. Juxta methodum Medullae R. P. Hermanni Busembaum, cuius ideo liber in hoc opere praemittitur. Ed. 5. Tom. 3. Bononiae 1763

Lipenius, Martin: Bibliotheca realis iuridica ... post F. G. Struvii et G. A. Jenichenii curas emendata. Tom. 1. 2. Lipsiae 1757

Lübtow, Ulrich von: Cicero und die Methode der römischen Jurisprudenz. In: Festschrift für Leopold Wenger. Bd. 1. München 1944. S. 224—235. (Münchener Beitr. z. Papyrusforschung u. antiken Rechtsgeschichte. 34.)

Maldfeld, G.: „Melchior Kling", in: Hanauisches Magazin. Jg. 9. Nr. 12. 1930. S. 91—94

Mandl, Josef: Das Elternrecht nach der natürlichen und übernatürlichen Ordnung. Freiburg 1960. (Freiburger theolog. Studien. 77.)

Maurer, W.: „Oldendorp", in: Religion in Geschichte und Gegenwart. 3. Aufl. 1960. Bd. 4. Sp. 1624
(Zitiert: RGG)

May, Georg: Die Aufhebung der kirchlichen Bücherverbote. In: Ecclesia et Ius. Festgabe für Audomar Scheuermann. München, Paderborn, Wien 1968. S. 547—571

May, Jakob: Der Kurfürst, Cardinal und Erzbischof Albrecht II. von Mainz und Magdeburg. Bd. 1. München 1865
(Zitiert: May: Albrecht)

Mejer, Otto: Zum Kirchenrechte des Reformationsjahrhunderts. Hannover 1891

Mendham, Joseph: The literary policy of the Church of Rome. 2. ed. London 1830

Merzbacher, Friedrich: Johann Apels dialektische Methode der Rechtswissenschaft. In: Zeitschrift der Savigny-Stiftung für Rechtsgeschichte. 75. 1958. Rom. Abt. S. 364—374
(Zitiert: Merzbacher: Apel)

— Johann Oldendorp und das kanonische Recht. In: Für Kirche und Recht. Festschrift für Johannes Heckel. Köln, Graz 1959. S. 222—249
(Zitiert: Merzbacher: Oldendorp)

Müller, Johann Joachim: Entdecktes Staatscabinet. 1. Jena 1714
(Zitiert: Müller, J. J.)

Müller, Nikolaus: Die Wittenberger Bewegung 1521 und 1522. 2. Aufl. Leipzig 1911
(Zitiert: Müller)

Muther, Theodor: D. Johann Apel. In: Muther: Aus dem Universitäts- und Gelehrtenleben im Zeitalter der Reformation. Vorträge. Erlangen 1866. S. 230—328 und Beilage IV, S. 455—487
(Zitiert: Muther: Apel)

— „Gregor Brück", in: Allgemeine Deutsche Biographie. 3. S. 388—392
(Zitiert: ADB)

— Dr. Conrad Lagus. In: Glaser's Jahrbücher für Gesellschafts- und Staatswissenschaften. 5. 1866. S. 394—424
(Zitiert: Muther: Lagus)

— Zur Geschichte der Rechtswissenschaft und der Universitäten in Deutschland. Ges. Aufs. Nachdruck der Ausgabe Jena 1876. Amsterdam 1961
(Zitiert: Muther: Rechtswissenschaft)

Muther, Theodor: D. Hieronymus Schürpf. In: Muther: Aus dem Universitäts- und Gelehrtenleben im Zeitalter der Reformation. Vorträge. Erlangen 1866. S. 178—229 und Beilage III. S. 415—454
(Zitiert: Muther: Schürpf)

— Zur Literaturgeschichte des Civilprozesses. In: Zeitschrift für Rechtsgeschichte. Bd. 6. 1867. S. 206—233
(Zitiert: Muther: Zivilprozeß)

Naurois, Louis de und Audomar *Scheuermann:* Der Christ und die kirchliche Strafgewalt. München 1964
(Zitiert: Naurois-Scheuermann)

Neff: „Leopold Dick", in: Mennonitisches Lexikon, hrsg. von Christian Hege und Chr. Neff. Bd. 1. 1913. S. 438

Niessen, Jos.: Konrad von Heresbach, ein Pädagoge des 16. Jahrhunderts. In: Pädagogische Monatshefte. Jg. 2. H. 8. 1896. S. 409—416

Pastor, Ludwig von: Geschichte der Päpste seit dem Ausgang des Mittelalters. Bd. 7: 1559—1565. 1.—4. Aufl. Freiburg i. Br. 1920
(Zitiert: v. Pastor VII)

Paulus, Nikolaus: Zur Revision des Index. Censurierte katholische Schriftsteller Deutschlands des 16. Jahrhunderts. In: Der Katholik. 75. 1895. S. 193—213

Peignot, G.: Dictionnaire critique, littéraire et bibliographique des principaux livres condamnés au feu, supprimés ou censurés. Tom 2. Paris 1806

Peries, G.: L'Index. Commentaire de la constitution apostolique „Officiorum". Paris 1898

Petit, L.: L'Index. Son histoire, ses lois, sa force obligatoire. Paris 1888

Petri, Hans: Staatsrecht und Staatslehre bei Konrad von Heresbach. Düsseldorf 1938. Jur. Diss. Bonn

Plöchl, Willibald: Geschichte des Kirchenrechts. Bd. II. 2. Aufl. Wien, München 1962

Putnam, George Haven: The censorship of the church of Rome. 2 vol. New York, London 1906

Ranke, Leopold von: Deutsche Geschichte im Zeitalter der Reformation. Bd. 1. Berlin 1839

Redlich, Otto R.: Freundesbriefe Conrads v. Heresbach an Johann v. Vlatten. 1524—36. In: Zeitschrift des Bergischen Geschichtsvereins. 41. N. F. 31. Bd. 1908. S. 160—184

Reusch, Franz Heinrich: Der Index der verbotenen Bücher. Bd. 1 und 2, 1. Neudruck der Ausgabe Bonn 1883 und 1885. Aalen 1967
(Zitiert: Reusch I und Reusch II)

Ritter, Gerh.: Erasmus und der deutsche Humanistenkreis am Oberrhein. Freiburg 1937. (Freiburger Universitätsreden. 23.)

Die Römische Warte. Beil. d. „Deutschen Tagespost". — Berichte und Kommentare aus dem „Osservatore Romano". Folge VII/24. Jg. 7. 1966. S. 189—190: „Ein klarer Schritt nach vorne. Erklärung der Kongregation für die Glaubenslehre zum Index"

Rouco-Varela, Antonio: Staat und Kirche im Spanien des 16. Jahrhunderts. München 1965. (Münchener theol. Studien. 3. Kan. Abt. Bd. 23.)

Sachse, Friedrich: Die Anfänge der Bücherzensur in Deutschland. Leipzig 1870

Saran, G.: Der Kryptocalvinismus in Kursachsen und Dr. Nikolaus Krell. In: Deutsch-evangelische Blätter. Jg. 4. 1879. S. 596—614

Schäfer, Rudolf: Die Geltung des kanonischen Rechts in der evangelischen Kirche Deutschlands von Luther bis zur Gegenwart. In: Zeitschrift der Savigny-Stiftung für Rechtsgeschichte. Bd. 36. Kan. Abt. 5. 1915. S. 165—413

Schätti, Karl: Erasmus von Rotterdam und die römische Kurie. Basel, Stuttgart 1954. (Baseler Beitr. zur Geschichtswissenschaft. 48.) Zugl. Diss. Basel

Schaffstein, Friedrich: Zum rechtswissenschaftlichen Methodenstreit im 16. Jahrhundert. In: Festschrift für Hans Niedermeyer. Göttingen 1953. S. 195—214. (Göttinger rechtswiss. Studien. 10.)

Schaich-Klose, Wiebke: D. Hieronymus Schürpf. Leben und Werk des Wittenberger Reformationsjuristen 1481—1554. Trogen (Schweiz) 1967. Zugl. jur. Diss. Tübingen

Schelhorn, Johann Georg: Amoenitates Historiae Ecclesiasticae et Literariae. 2 Tom. Francofurti, Lipsiae 1737

Scherer, Johann Baptist: Vierhundert Jahre Index Romanus. Düsseldorf 1957

Schneider, Philipp: Die neuen Büchergesetze der Kirche. Ein Kommentar zur Bulle „Officiorum ac munerum" und zu den decreta generalia de prohibitione et censura librorum. Mainz 1900

Schottenloher, Karl: Der Rechtsgelehrte Leopold Dick als Publizist. In: Zentralblatt für Bibliothekswesen. 38. 1921. S. 26—33
(Zitiert: ZfB)

Schreiber, Heinrich: Geschichte der Albert-Ludwigs-Universität zu Freiburg im Breisgau. Teil II. Freiburg 1859

Schröteler, Jos.: Das Elternrecht in der katholisch-theologischen Auseinandersetzung. Auf Grund ungedruckter und gedruckter Quellen dargest. München 1936

Schwerin, Claudius von und Hans *Thieme:* Grundzüge der deutschen Rechtsgeschichte. 4. Aufl. besorgt von Hans Thieme. Berlin, München 1950
(Zitiert: Schwerin-Thieme)

Schulte, Johann Friedrich von: Geschichte der Quellen und Literatur des kanonischen Rechts von Gratian bis auf die Gegenwart. Bd. 3. Stuttgart 1880

Sincerus, Claudius: Vitae et scripta magnorum jurisconsultorum. Das ist Vollständige Leben und Schriften großer Juristen. Wittenberg 1713—18

Stintzing, Roderich von: Geschichte der deutschen Rechtswissenschaft. 1. Abt. München, Leipzig 1880. Unveränd. Nachdr. Aalen 1957

— „Melchior Kling", in: Allgemeine Deutsche Biographie. 16. S. 185—186
(Zitiert: ADB)

— „Conrad Lagus", in: Allgemeine Deutsche Biographie. 17. S. 522—524
(Zitiert: ADB)

— Ulrich Zasius. 2. unveränd. Aufl. 1961. Photomechan. Nachdr. d. 1. Aufl. Basel 1857. Darmstadt 1961
(Zitiert: Stintzing: Zasius)

Stobbe, O.: Geschichte der deutschen Rechtsquellen. 2. Abt. Braunschweig 1864

Strieder, Friedrich Wilhelm: Grundlage zu einer hessischen Gelehrten- und Schriftstellergeschichte. Bd. 1 ff. Göttingen 1781 ff.

Suarez, Franciscus: Opera omnia. Editio nova, a Carolo Berton. Tom. 12. Parisiis 1858

Teichmann: „Hartmanni", in: Allgemeine Deutsche Biographie. 10. S. 680 (Zitiert: ADB)

Theologia Dogmatica et moralis ad mentem S. Thomae Aquinatis et S. Alphonsi de Ligorio nec non juxta recentiora. Sedis Apostolicae documenta accurate explanata auctoribus. Professoribus Theologiae ... approbante Petro Maria Belmont. Ed. 8. Tom. 1. Parisiis 1899

Thieme, Hans: Die Basler Doktorthesen des Johannes Althusius. In: Festschrift für Hans Liermann zum 70. Geburtstag. S. 297—304. Erlangen 1964. (Erlanger Forschungen. Reihe A: Geisteswissenschaften. 16.)

— Der Prozeß Jürgen Wullenwevers. In: Städtewesen und Bürgertum als geschichtliche Kräfte. Gedächtnisschrift für Fritz Rörig. S. 349—375. Lübeck 1953

Vermeersch, Arthur: De prohibitione et censura librorum. Const. „Officiorum ac Munerum" Leonis XIII et Dissertatio Canonico-Moralis. 2. Ed. Tornaci 1898

Vogel, Werner: Franz Hotmann und die Privatrechtswissenschaft seiner Zeit. Münster/Westf. 1960. Jur. Diss. Freiburg i. Br.

Wächter, Carl Georg von: Beiträge zur deutschen Geschichte, insbesondere zur Geschichte des deutschen Strafrechts. Tübingen 1845

Wahl, Johannes: Die Stellung der Spanier zu dem Problem der klandestinen Ehen in den Verhandlungen auf dem Konzil von Trient. Bonn 1958. Jur. Diss.

Weber, Karl von: Dr. Joachim von Beust. In: Archiv für die sächsische Geschichte. Bd. 6. 1868. S. 337—381

Widmann, Simon: Eine Mainzer Presse der Reformationszeit im Dienste der katholischen Litteratur. Paderborn 1889

Wieacker, Franz: Humanismus und Rezeption. Eine Studie zu Johannes Apels Dialogus oder Isagoge per dialogum in IV libros Institutionum. In: Wieacker: Gründer und Bewahrer. Göttingen 1959. S. 44—91
(Zitiert: Wieacker: Apel)

— Privatrechtsgeschichte der Neuzeit. 2. Aufl. Göttingen 1967

Wiedemann. Theodor: Dr. Johann Eck. Regensburg 1865

Will, Georg Andreas: Nürnbergisches Gelehrtenlexikon. Nürnberg, Altdorf 1755

— Georg Andreas Will's Nürnbergisches Gelehrtenlexikon fortges. v. Christian Conrad Nopitsch. T. 5 od. 1. Suppl. Bd. A—G. Altdorf 1802
(Zitiert: Will: Nopitsch)

Winterberg, Hans: Die Schüler von Ulrich Zasius. Stuttgart 1961. (Veröffentlichungen der Kommission für geschichtliche Landeskunde in Baden-Württemberg. 18.)

Wolf, Erik: Johann Oldendorp. In: Wolf: Große Rechtsdenker der deutschen Geistesgeschichte, 4. Aufl. Tübingen 1963. S. 138—176
(Zitiert: Wolf: Rechtsdenker, Oldendorp)

Wolf, Erik: Ulrich Zasius. In: Wolf: Große Rechtsdenker der deutschen Geistesgeschichte. 4. Aufl. Tübingen 1963. S. 59—101
(Zitiert: Wolf: Rechtsdenker, Zasius)

Wolters, Albrecht: Konrad von Heresbach und der Clevesche Hof zu seiner Zeit. Elberfeld 1867

Zaccaria, Francescantonio: Storia polemica delle proibizioni de' libri. Roma 1777

Zeumer, M. Jo. Casp.: Vitae professorum jurium ... in academia Jenensi ... Jenae 1719

FSC
www.fsc.org
MIX
Papier | Fördert
gute Waldnutzung
FSC® C083411

Kolibri 360 GmbH
Ferdinand-Jühlke-Straße 7
99095 Erfurt, Deutschland
produktsicherheit@kolibri360.de

Druck:
CPI Druckdienstleistungen GmbH
im Auftrag der
Kolibri 360 GmbH
Ferdinand-Jühlke-Str. 7
99095 Erfurt